TRANSLATE

Translated Language Learning

Les Aventures de Pinocchio

The Adventures of Pinocchio

Carlo Collodi

Français / English

Copyright © 2024 Tranzlaty
All rights reserved
Published by Tranzlaty
ISBN: 978-1-83566-248-9
Le Avventure di Pinocchio. Storia di un Burattino
Original text by Carlo Callodi
First published in Italianin 1883
Illustrated By Alice Carsey
www.tranzlaty.com

Le morceau de bois qui riait et pleurait comme un enfant
The Piece of Wood that Laughed and Cried like a Child

Il y a des siècles, il y avait de...
Centuries ago there lived...
« Un roi ! » diront immédiatement mes petits lecteurs
"A king!" my little readers will say immediately
Non, les enfants, vous vous trompez
No, children, you are mistaken
Il était une fois un morceau de bois
Once upon a time there was a piece of wood
le bois était dans l'atelier d'un vieux charpentier
the wood was in the shop of an old carpenter
ce vieux charpentier s'appelait Maître Antonio
this old carpenter was named Master Antonio
Tout le monde, cependant, l'appelait Maître. Cerise
Everybody, however, called him Master. Cherry
ils l'appelaient Maître. Cerise à cause de son nez
they called him Master. Cherry on account of his nose
son nez était toujours aussi rouge et poli qu'une cerise mûre
his nose was always as red and polished as a ripe cherry
Maître Cerise posa les yeux sur le morceau de bois
Master Cherry set eyes upon the piece of wood
Son visage rayonna de joie quand il vit la bûche
his face beamed with delight when he saw the log
Il se frotta les mains avec satisfaction
he rubbed his hands together with satisfaction
et le bon maître se parla doucement à lui-même
and the kind master softly spoke to himself
« Ce bois est venu à moi au bon moment »
"This wood has come to me at the right moment"
« J'ai prévu de faire une nouvelle table »
"I have been planning to make a new table"
« Il est parfait pour le pied d'une petite table »
"it is perfect for the leg of a little table"
Il sortit immédiatement pour trouver une hache tranchante
He immediately went out to find a sharp axe

il allait d'abord enlever l'écorce du bois
he was going to remove the bark of the wood first
puis il allait enlever toute surface rugueuse
and then he was going to remove any rough surface
et il était sur le point de frapper le bois avec sa hache
and he was just about to strike the wood with his axe
mais juste avant de toucher le bois, il entendit quelque chose
but just before he struck the wood he heard something
« Ne me frappez pas si fort ! » implora une petite voix
"Do not strike me so hard!" a small voice implored
Il tourna ses yeux terrifiés tout autour de la pièce
He turned his terrified eyes all around the room
D'où pouvait bien venir la petite voix ?
where could the little voice possibly have come from?
Il a regardé partout, mais il n'a vu personne !
he looked everywhere, but he saw nobody!
Il regarda sous le banc, mais il n'y avait personne
He looked under the bench, but there was nobody
Il regarda dans une armoire qui était toujours fermée
he looked into a cupboard that was always shut
mais il n'y avait personne à l'intérieur du placard non plus
but there was nobody inside the cupboard either
Il regarda dans un panier où il gardait de la sciure de bois
he looked into a basket where he kept sawdust
Il n'y avait personne dans le panier de sciure de bois non plus
there was nobody in the basket of sawdust either
enfin il ouvrit même la porte de la boutique
at last he even opened the door of the shop
et il jeta un coup d'œil de haut en bas dans la rue vide
and he glanced up and down the empty street
Mais il n'y avait personne dans la rue non plus
But there was no one to be seen in the street either
« Qui donc cela pouvait-il être ? » se demanda-t-il
"Who, then, could it be?" he asked himself
Enfin il rit et gratta sa perruque

at last he laughed and scratched his wig
« Je vois comment c'est, se dit-il, amusé
"I see how it is," he said to himself, amused
« De toute évidence, la petite voix était toute mon imagination »
"evidently the little voice was all my imagination"
« Mettons-nous au travail », conclut-il
"Let us set to work again," he concluded
Il reprit sa hache et se mit au travail
he picked up his axe again and set to work
il frappa un coup terrible sur le morceau de bois
he struck a tremendous blow to the piece of wood
« Oh ! oh! tu m'as fait du mal ! s'écria la petite voix
"Oh! oh! you have hurt me!" cried the little voice
c'était exactement la même voix qu'avant
it was exactly the same voice as it was before
Cette fois, Maître. Cerise était pétrifiée
This time Master. Cherry was petrified
Ses yeux lui sortirent de la tête de peur
His eyes popped out of his head with fright
sa bouche restait ouverte et sa langue pendait
his mouth remained open and his tongue hung out
Sa langue arriva presque au bout de son menton
his tongue almost came to the end of his chin
et il ressemblait à un visage sur une fontaine
and he looked just like a face on a fountain
Maître. Cerise dut d'abord se remettre de sa frayeur
Master. Cherry first had to recover from his fright
l'usage de son discours lui revint
the use of his speech returned to him
et il se mit à parler en bégayant ;
and he began to talk in a stutter;
« D'où diable cette petite voix a-t-elle pu venir ? »
"where on earth could that little voice have come from?"
«Se pourrait-il que ce morceau de bois ait appris à pleurer ? »
"could it be that this piece of wood has learned to cry?"
« Je ne peux pas le croire, se dit-il

"I cannot believe it," he said to himself
« Ce morceau de bois n'est rien d'autre qu'une bûche pour le combustible »
"This piece of wood is nothing but a log for fuel"
« c'est comme toutes les bûches de bois que j'ai »
"it is just like all the logs of wood I have"
« Il suffirait à peine de faire bouillir une casserole de haricots »
"it would only just suffice to boil a saucepan of beans"
« Quelqu'un peut-il être caché à l'intérieur de ce morceau de bois ? »
"Can anyone be hidden inside this piece of wood?"
« Si quelqu'un est à l'intérieur, tant pis pour lui »
"If anyone is inside, so much the worse for him"
« Je vais l'achever tout de suite, » menaça-t-il le bois
"I will finish him at once," he threatened the wood
il saisit le pauvre morceau de bois et le frappa
he seized the poor piece of wood and beat it
il le frappa impitoyablement contre les murs de la pièce
he mercilessly hit it against the walls of the room
Puis il s'arrêta pour voir s'il pouvait entendre la petite voix
Then he stopped to see if he could hear the little voice
Il attendit deux minutes, rien. Cinq minutes, rien
He waited two minutes, nothing. Five minutes, nothing
Il attendit encore dix minutes, toujours rien !
he waited another ten minutes, still nothing!
« Je vois comment c'est », se dit-il alors
"I see how it is," he then said to himself
Il se força à rire et releva sa perruque
he forced himself to laugh and pushed up his wig
« Évidemment, la petite voix était toute mon imagination ! »
"evidently the little voice was all my imagination!"
« Mettons-nous au travail », décida-t-il nerveusement
"Let us set to work again," he decided, nervously
Ensuite, il commença à polir le morceau de bois
next he started to polish the bit of wood
mais en polissant il entendit la même petite voix

but while polishing he heard the same little voice
cette fois, la petite voix riait de manière incontrôlable
this time the little voice was laughing uncontrollably
« Arrêtez ! vous me chatouillez partout ! »
"Stop! you are tickling me all over!" it said
pauvre Maître. Cerise tomba comme frappée par la foudre
poor Master. Cherry fell down as if struck by lightning
Quelque temps plus tard, il rouvrit les yeux
sometime later he opened his eyes again
Il se retrouva assis sur le sol de son atelier
he found himself seated on the floor of his workshop
Son visage était très différent d'avant
His face was very changed from before
et même le bout de son nez avait changé
and even the end of his nose had changed
son nez n'était pas de sa couleur cramoisie habituelle
his nose was not its usual bright crimson colour
son nez était devenu bleu glacé à cause de la peur
his nose had become icy blue from the fright

Maître. Cerise donne le bois
Master. Cherry Gives the Wood Away

À ce moment-là, quelqu'un frappa à la porte
At that moment someone knocked at the door
« Entrez », dit le charpentier au visiteur
"Come in," said the carpenter to the visitor
il n'avait pas la force de se relever
he didn't have the strength to rise to his feet
Un petit vieillard plein de vie entra dans la boutique
A lively little old man walked into the shop
ce petit homme plein de vie s'appelait Geppetto
this lively little man was called Geppetto
bien qu'il y ait eu un autre nom sous lequel il était connu
although there was another name he was known by
Il y avait un groupe de vilains garçons du quartier

there was a group of naughty neighbourhood boys
quand ils voulaient le mettre en colère, ils l'appelaient pudding
when they wished to anger him they called him pudding
il y a un célèbre pudding jaune à base de maïs indien
there is a famous yellow pudding made from Indian corn
et la perruque de Geppetto ressemble à ce fameux pudding
and Geppetto's wig looks just like this famous pudding
Geppetto était un petit vieillard très fougueux
Geppetto was a very fiery little old man
Malheur à celui qui l'appelait pudding !
Woe to him who called him pudding!
quand furieux, il n'y avait pas moyen de le retenir
when furious there was no holding him back
« Bonjour, maître. Antonio", a déclaré Geppetto
"Good-day, Master. Antonio," said Geppetto
« Qu'est-ce que tu fais là sur le sol ? »
"what are you doing there on the floor?"
« J'enseigne l'alphabet aux fourmis »
"I am teaching the alphabet to the ants"
« Je ne peux pas imaginer le bien que cela vous fait »
"I can't imagine what good it does to you"
« Qu'est-ce qui t'a amené à moi, voisin Geppetto ? »
"What has brought you to me, neighbour Geppetto?"
« Mes jambes m'ont amené ici à toi »
"My legs have brought me here to you"
« Mais laissez-moi vous dire la vérité, Maître. Antonio"
"But let me tell you the truth, Master. Antonio"
« la vraie raison pour laquelle je suis venu est de vous demander une faveur »
"the real reason I came is to ask a favour of you"
— Me voici, prêt à vous servir, répondit le charpentier
"Here I am, ready to serve you," replied the carpenter
et il se leva du sol et se mit à genoux
and he got off the floor and onto his knees
« Ce matin, une idée m'est venue à l'esprit »
"This morning an idea came into my head"

« Laissez-nous entendre l'idée que vous aviez »
"Let us hear the idea that you had"
« Je pensais faire une belle marionnette en bois »
"I thought I would make a beautiful wooden puppet"
« une marionnette qui pouvait danser et escrimer »
"a puppet that could dance and fence"
« une marionnette qui peut sauter comme un acrobate »
"a puppet that can leap like an acrobat"
« Avec cette marionnette, je pourrais voyager dans le monde entier ! »
"With this puppet I could travel about the world!"
« La marionnette me laisserait gagner un morceau de pain »
"the puppet would let me earn a piece of bread"
« Et la marionnette me laisserait gagner un verre de vin »
"and the puppet would let me earn a glass of wine"
« Que penses-tu de mon idée, Antonio ? »
"What do you think of my idea, Antonio?"
« Bravo, pudding ! » s'exclama la petite voix
"Bravo, pudding!" exclaimed the little voice
il était impossible de savoir d'où venait la voix
it was impossible to know where the voice had came from
Geppetto n'aimait pas s'entendre appeler pudding
Geppetto didn't like hearing himself called pudding
Vous pouvez imaginer qu'il est devenu aussi rouge qu'une dinde
you can imagine he became as red as a turkey
« Pourquoi m'insultes-tu ? » demanda-t-il à son ami
"Why do you insult me?" he asked his friend
« Qui t'insulte ? » a répondu son ami
"Who insults you?" his friend replied
« Tu m'as appelé pudding ! » Geppetto l'accusa
"You called me pudding!" Geppetto accused him
« Ce n'était pas moi ! » Antonio a dit honnêtement
"It was not I!" Antonio honestly said
« Pensez-vous que je m'appelais pudding ? »
"Do you think I called myself pudding?"
« C'était toi, dis-je ! », « Non ! », « Oui ! », « Non ! »

"It was you, I say!", "No!", "Yes!", "No!"
De plus en plus en colère, ils en vinrent aux mains
becoming more and more angry, they came to blows
ils volaient l'un vers l'autre, se mordaient, se battaient et se griffaient
they flew at each other and bit and fought and scratched
Aussi vite qu'il avait commencé, le combat était terminé
as quickly as it had started the fight was over again
Geppetto avait la perruque grise du charpentier entre les dents
Geppetto had the carpenter's grey wig between his teeth
et Maître. Antonio avait la perruque jaune de Geppetto
and Master. Antonio had Geppetto's yellow wig
« Rends-moi ma perruque » cria le Maître. Antonio
"Give me back my wig" screamed Master. Antonio
« Et tu me rends ma perruque » cria le Maître. Cerise
"and you give me back my wig" screamed Master. Cherry
« Redevenons amis », ont-ils convenu
"let us be friends again" they agreed
Les deux vieillards se rendirent leurs perruques
The two old men gave each other their wigs back
et les vieillards se serrèrent la main
and the old men shook each other's hands
ils jurèrent que tout avait été pardonné
they swore that all had been forgiven
ils resteraient amis jusqu'à la fin de leur vie
they would remain friends to the end of their lives
« Eh bien, voisin Geppetto », dit le charpentier
"Well, then, neighbour Geppetto" said the carpenter
Il demanda : « Quelle est la faveur que vous me voulez ? »
he asked "what is the favour that you wish of me?"
cela prouverait que la paix était faite
this would prove that peace was made
« Je veux un peu de bois pour faire ma marionnette »
"I want a little wood to make my puppet"
voulez-vous me donner du bois ?
"will you give me some wood?"

Maître. Antonio était ravi de se débarrasser du bois
Master. Antonio was delighted to get rid of the wood
Il se dirigea immédiatement vers son établi
he immediately went to his work bench
et il rapporta le morceau de bois
and he brought back the piece of wood
le morceau de bois qui lui avait causé tant de peur
the piece of wood that had caused him so much fear
il apportait le morceau de bois à son ami
he was bringing the piece of wood to his friend
Mais le morceau de bois a commencé à trembler !
but then the piece of wood started to shake!
le morceau de bois lui échappa violemment des mains
the piece of wood wriggled violently out of his hands
Ce morceau de bois savait faire des ennuis !
this piece of wood knew how to make trouble!
de toutes ses forces, il frappa le pauvre Geppetto
with all its might it struck against poor Geppetto
et il l'a frappé en plein sur ses pauvres tibias desséchés
and it hit him right on his poor dried-up shins
vous pouvez imaginer le cri que Geppetto a poussé
you can imagine the cry that Geppetto gave
« Est-ce la façon courtoise dont vous faites vos cadeaux ? »
"is that the courteous way you make your presents?"
« Vous m'avez presque frappé, Maître. Antonio ! "
"You have almost lamed me, Master. Antonio!"
— Je vous jure que ce n'était pas moi !
"I swear to you that it was not I!"
« Penses-tu que je me suis fait ça à moi-même ? »
"Do you think I did this to myself?"
« Le bois est entièrement à blâmer ! »
"The wood is entirely to blame!"
« Je sais que c'était le bois »
"I know that it was the wood"
mais c'est toi qui m'as frappé les jambes avec !
"but it was you that hit my legs with it!"
« Je ne t'ai pas frappé avec ça ! »

"I did not hit you with it!"
« Menteur ! » s'écria Geppetto
"Liar!" exclaimed Geppetto
« Geppetto, ne m'insulte pas ou je t'appellerai Pudding ! »
"Geppetto, don't insult me or I will call you Pudding!"
« Valet ! », « Pudding ! », « Âne ! »
"Knave!", "Pudding!", "Donkey!"
« Pudding ! », « Babouin ! », « Pudding ! »
"Pudding!", "Baboon!", "Pudding!"
Geppetto était à nouveau fou de rage
Geppetto was mad with rage all over again
Il avait été appelé pudding trois fois !
he had been called been called pudding three times!
il tomba sur le charpentier et ils se battirent désespérément
he fell upon the carpenter and they fought desperately
Cette bataille a duré aussi longtemps que la première
this battle lasted just as long as the first
Maître. Antonio avait deux autres égratignures sur le nez
Master. Antonio had two more scratches on his nose
son adversaire avait perdu deux boutons de son gilet
his adversary had lost two buttons off his waistcoat
Leurs comptes étant ainsi réglés, ils se serrèrent la main
Their accounts being thus squared, they shook hands
et ils ont juré de rester de bons amis pour le reste de leur vie
and they swore to remain good friends for the rest of their lives
Geppetto emporta son beau morceau de bois
Geppetto carried off his fine piece of wood
il remercia le Maître. Antonio et rentra chez lui en boitant
he thanked Master. Antonio and limped back to his house

Geppetto nomme sa marionnette Pinocchio
Geppetto Names his Puppet Pinocchio

Geppetto vivait dans une petite pièce au rez-de-chaussée
Geppetto lived in a small ground-floor room
sa chambre n'était éclairée que par l'escalier
his room was only lighted from the staircase
Le mobilier n'aurait pas pu être plus simple
The furniture could not have been simpler
une chaise branlante, un lit pauvre et une table cassée
a rickety chair, a poor bed, and a broken table
Au fond de la pièce, il y avait une cheminée
At the end of the room there was a fireplace
mais le feu était peint et ne donnait pas de feu
but the fire was painted, and gave no fire
et près du feu peint se trouvait une casserole peinte
and by the painted fire was a painted saucepan
et la casserole peinte bouillait joyeusement
and the painted saucepan was boiling cheerfully
Un nuage de fumée s'élevait exactement comme de la vraie fumée
a cloud of smoke rose exactly like real smoke
Geppetto est rentré chez lui et a sorti ses outils

Geppetto reached home and took out his tools
et il se mit immédiatement à l'œuvre sur le morceau de bois
and he immediately set to work on the piece of wood
il allait découper et modeler sa marionnette
he was going to cut out and model his puppet
« Quel nom lui donnerai-je ? » se dit-il
"What name shall I give him?" he said to himself
« Je pense que je l'appellerai Pinocchio »
"I think I will call him Pinocchio"
« C'est un nom qui lui portera chance »
"It is a name that will bring him luck"
« J'ai connu une fois toute une famille appelée Pinocchio »
"I once knew a whole family called Pinocchio"
« Il y avait Pinocchio le père et Pinocchio la mère »
"There was Pinocchio the father and Pinocchio the mother"
« et il y avait Pinocchio les enfants »
"and there were Pinocchio the children"
« Et tous ont bien réussi dans la vie »
"and all of them did well in life"
« Le plus riche d'entre eux était un mendiant »
"The richest of them was a beggar"
il avait trouvé un bon nom pour sa marionnette
he had found a good name for his puppet
il commença donc à travailler sérieusement
so he began to work in good earnest
il fit d'abord ses cheveux, puis son front
he first made his hair, and then his forehead
puis il travailla soigneusement sur ses yeux
and then he worked carefully on his eyes
Geppetto pensa qu'il avait remarqué la chose la plus étrange
Geppetto thought he noticed the strangest thing
il était sûr de voir les yeux bouger !
he was sure he saw the eyes move!
les yeux semblaient le regarder fixement
the eyes seemed to look fixedly at him
Geppetto se mit en colère d'être regardé
Geppetto got angry from being stared at

les yeux de bois ne le quittaient pas de leur vue
the wooden eyes wouldn't let him out of their sight
« Méchants yeux de bois, pourquoi me regardes-tu ? »
"Wicked wooden eyes, why do you look at me?"
mais le morceau de bois ne répondit pas
but the piece of wood made no answer
Il a ensuite commencé à sculpter le nez
He then proceeded to carve the nose
mais dès qu'il eut fait le nez, il commença à pousser
but as soon as he had made the nose it began to grow
Et le nez grandissait, grandissait, grandissait et grandissait
And the nose grew, and grew, and grew
en quelques minutes, il était devenu un nez immense
in a few minutes it had become an immense nose
il semblait qu'il ne cesserait jamais de croître
it seemed as if it would never stop growing
Le pauvre Geppetto se fatigua à le couper
Poor Geppetto tired himself out with cutting it off
mais plus il coupait, plus le nez grandissait !
but the more he cut, the longer the nose grew!
La bouche n'était même pas encore terminée
The mouth was not even completed yet
mais il commençait déjà à rire et à se moquer de lui
but it already began to laugh and deride him
— Arrêtez de rire ! dit Geppetto, irrité
"Stop laughing!" said Geppetto, provoked
mais il aurait tout aussi bien pu parler au mur
but he might as well have spoken to the wall
« Arrêtez de rire, dis-je ! » rugit-il d'un ton menaçant
"Stop laughing, I say!" he roared in a threatening tone
La bouche cessa alors de rire
The mouth then ceased laughing
mais le visage tira la langue aussi loin qu'il le put
but the face put out its tongue as far as it would go
Geppetto ne voulait pas gâcher son travail
Geppetto did not want to spoil his handiwork
alors il fit semblant de ne pas voir, et continua ses travaux

so he pretended not to see, and continued his labours
Après la bouche, il façonna le menton
After the mouth he fashioned the chin

puis la gorge et enfin les épaules
then the throat and then the shoulders
puis il a sculpté le ventre et a fait les bras des mains
then he carved the stomach and made the arms hands
maintenant Geppetto travaillait à la fabrication de mains pour sa marionnette
now Geppetto worked on making hands for his puppet
et en un instant il sentit sa perruque lui être arrachée de la tête
and in a moment he felt his wig snatched from his head
Il se retourna, et que vit-il ?
He turned round, and what did he see?
Il vit sa perruque jaune dans la main de la marionnette
He saw his yellow wig in the puppet's hand
« Pinocchio ! Rends-moi ma perruque instantanément !
"Pinocchio! Give me back my wig instantly!"
Mais Pinocchio a fait autre chose que de lui rendre sa perruque
But Pinocchio did anything but return him his wig
Pinocchio a mis la perruque sur sa propre tête à la place !

Pinocchio put the wig on his own head instead!
Geppetto n'aimait pas ce comportement insolent et moqueur
Geppetto didn't like this insolent and derisive behaviour
il se sentait plus triste et plus mélancolique qu'il ne l'avait jamais ressenti
he felt sadder and more melancholy than he had ever felt
se tournant vers Pinocchio, il dit : « Jeune coquin ! »
turning to Pinocchio, he said "You young rascal!"
« Je ne t'ai même pas encore terminé »
"I have not even completed you yet"
« Et tu manques déjà de respect à ton père ! »
"and you are already failing to respect to your father!"
« C'est mauvais, mon garçon, très mauvais ! »
"That is bad, my boy, very bad!"
Et il essuya une larme sur sa joue
And he dried a tear from his cheek
Les jambes et les pieds restaient à faire
The legs and the feet remained to be done
mais il regretta bientôt d'avoir donné des pieds à Pinocchio
but he soon regretted giving Pinocchio feet
En guise de remerciement, il reçut un coup de pied sur la pointe de son nez
as thanks he received a kick on the point of his nose
« Je le mérite ! » se dit-il
"I deserve it!" he said to himself
J'aurais dû y penser plus tôt !
"I should have thought of it sooner!"
« Maintenant, il est trop tard pour faire quoi que ce soit à ce sujet ! »
"Now it is too late to do anything about it!"
Il prit ensuite la marionnette sous les bras
He then took the puppet under the arms
et il le plaça sur le sol pour lui apprendre à marcher
and he placed him on the floor to teach him to walk
Les jambes de Pinocchio étaient raides et il ne pouvait pas bouger
Pinocchio's legs were stiff and he could not move

mais Geppetto le conduisit par la main
but Geppetto led him by the hand
et il lui montra comment mettre un pied devant l'autre
and he showed him how to put one foot before the other
finalement, les jambes de Pinocchio sont devenues souples
eventually Pinocchio's legs became limber
et bientôt il se mit à marcher seul
and soon he began to walk by himself
et il se mit à courir dans la chambre
and he began to run about the room
Puis il sortit de la porte de la maison
then he got out of the house door
et il sauta dans la rue et s'échappa
and he jumped into the street and escaped
le pauvre Geppetto se précipita après lui
poor Geppetto rushed after him
Bien sûr, il n'a pas pu le dépasser
of course he was not able to overtake him
car Pinocchio bondit devant lui comme un lièvre
because Pinocchio leaped in front of him like a hare
et il frappa ses pieds de bois contre le pavé
and he knocked his wooden feet against the pavement
il faisait autant de bruit que vingt paires de sabots de paysans
it made as much clatter as twenty pairs of peasants' clogs
« Arrêtez-le ! arrête-le ! » cria Geppetto
"Stop him! stop him!" shouted Geppetto
mais les gens dans la rue restèrent immobiles d'étonnement
but the people in the street stood still in astonishment
ils n'avaient jamais vu une marionnette en bois courir comme un cheval
they had never seen a wooden puppet running like a horse
et ils riaient et riaient du malheur de Geppetto
and they laughed and laughed at Geppetto's misfortune
Enfin, comme par hasard, un soldat arriva
At last, as good luck would have it, a soldier arrived
le soldat avait entendu le tumulte

the soldier had heard the uproar
il s'imagina qu'un poulain s'était échappé de chez son maître
he imagined that a colt had escaped from his master
Il s'est planté au milieu de la route
he planted himself in the middle of the road
il attendit dans le but déterminé de l'arrêter
he waited with the determined purpose of stopping him
il préviendrait ainsi les risques de catastrophes pires
thus he would prevent the chance of worse disasters
Pinocchio vit le soldat barricader toute la rue
Pinocchio saw the soldier barricading the whole street
aussi s'efforça-t-il de le prendre par surprise
so he endeavoured to take him by surprise
il avait prévu de courir entre ses jambes
he planned to run between his legs
mais le soldat était trop intelligent pour Pinocchio
but the soldier was too clever for Pinocchio
Le soldat l'attrapa adroitement par le nez
The soldier caught him cleverly by the nose
et il rendit Pinocchio à Geppetto
and he gave Pinocchio back to Geppetto
Souhaitant le punir, Geppetto avait l'intention de lui tirer les oreilles
Wishing to punish him, Geppetto intended to pull his ears
Mais il ne pouvait pas trouver les oreilles de Pinocchio !
But he could not find Pinocchio's ears!
Et en connaissez-vous la raison ?
And do you know the reason why?
il avait oublié de lui faire des oreilles
he had forgotten to make him any ears
alors il le prit par le col
so then he took him by the collar
« Nous allons rentrer tout de suite », le menaça-t-il
"We will go home at once," he threatened him
« Dès que nous arriverons, nous réglerons nos comptes »
"as soon as we arrive we will settle our accounts"

À cette information, Pinocchio se jeta à terre
At this information Pinocchio threw himself on the ground
il a refusé de faire un pas de plus
he refused to go another step
Une foule de curieux commença à se rassembler
a crowd of inquisitive people began to assemble
ils ont fait un anneau autour d'eux
they made a ring around them
Certains d'entre eux ont dit une chose, d'autres une autre
Some of them said one thing, some another
« Pauvre marionnette ! » dirent plusieurs spectateurs
"Poor puppet!" said several of the onlookers
il a raison de ne pas vouloir rentrer chez lui !
"he is right not to wish to return home!"
« Qui sait comment Geppetto le battra ! »
"Who knows how Geppetto will beat him!"
« Geppetto a l'air d'un homme bon ! »
"Geppetto seems a good man!"
mais avec les garçons, c'est un tyran ordinaire !
"but with boys he is a regular tyrant!"
« Ne laisse pas cette pauvre marionnette entre ses mains »
"don't leave that poor puppet in his hands"
il est tout à fait capable de le mettre en pièces !
"he is quite capable of tearing him to pieces!"
D'après ce qui a été dit, le soldat a dû intervenir à nouveau
from what was said the soldier had to step in again
le soldat rendit la liberté à Pinocchio
the soldier gave Pinocchio his freedom
et le soldat conduisit Geppetto en prison
and the soldier led Geppetto to prison
Le pauvre homme n'était pas prêt à se défendre par des paroles
The poor man was not ready to defend himself with words
il cria comme un veau : « Misérable garçon ! »
he cried like a calf "Wretched boy!"
« Penser comme j'ai travaillé pour en faire une bonne marionnette ! »

"to think how I laboured to make him a good puppet!"
« Mais tout ce que j'ai fait me sert bien ! »
"But all I have done serves me right!"
J'aurais dû y penser plus tôt !
"I should have thought of it sooner!"

Le petit grillon qui parle gronde Pinocchio
The Talking Little Cricket Scolds Pinocchio

le pauvre Geppetto était emmené en prison
poor Geppetto was being taken to prison
Tout cela n'était pas de sa faute, bien sûr
all of this was not his fault, of course
il n'avait rien fait de mal du tout
he had not done anything wrong at all
et ce petit diablotin Pinocchio se trouva libre
and that little imp Pinocchio found himself free
il avait échappé aux griffes du soldat
he had escaped from the clutches of the soldier
et il s'enfuit aussi vite que ses jambes pouvaient le porter
and he ran off as fast as his legs could carry him
il voulait rentrer chez lui le plus rapidement possible
he wanted to reach home as quickly as possible
il se précipita donc à travers champs
therefore he rushed across the fields
dans sa folle hâte, il sauta par-dessus des haies épineuses
in his mad hurry he jumped over thorny hedges
et il sauta par-dessus des fossés pleins d'eau
and he jumped across ditches full of water
En arrivant à la maison, il trouva la porte entrouverte
Arriving at the house, he found the door ajar
Il l'ouvrit, entra et ferma le loquet
He pushed it open, went in, and fastened the latch
il se jeta sur le sol de sa maison
he threw himself on the floor of his house
et il poussa un grand soupir de satisfaction

and he gave a great sigh of satisfaction
Mais bientôt il entendit quelqu'un dans la pièce
But soon he heard someone in the room
quelque chose faisait un bruit comme « Cri-cri-cri ! »
something was making a sound like "Cri-cri-cri!"
« Qui m'appelle ? » dit Pinocchio effrayé
"Who calls me?" said Pinocchio in a fright
« C'est moi ! » répondit une voix
"It is I!" answered a voice
Pinocchio se retourna et vit un petit grillon
Pinocchio turned round and saw a little cricket
le grillon rampait lentement le long du mur
the cricket was crawling slowly up the wall
« Dis-moi, petit grillon, qui peux-tu être ? »
"Tell me, little cricket, who may you be?"
« Qui je suis, c'est le Grillon qui parle »
"who I am is the talking cricket"
« et j'ai vécu dans cette chambre pendant cent ans ou plus »
"and I have lived in this room a hundred years or more"
« Maintenant, cependant, cette chambre est à moi », dit la marionnette
"Now, however, this room is mine," said the puppet
« Si vous voulez me faire plaisir, partez tout de suite »
"if you would do me the pleasure, go away at once"
« Et quand tu seras parti, s'il te plaît, ne reviens jamais »
"and when you're gone, please never come back"
« Je ne partirai pas avant de vous avoir dit une grande vérité »
"I will not go until I have told you a great truth"
« Dis-le-moi, alors, et dépêche-toi »
"Tell it me, then, and be quick about it"
« Malheur à ces garçons qui se rebellent contre leurs parents »
"Woe to those boys who rebel against their parents"
« Et malheur aux garçons qui s'enfuient de chez eux »
"and woe to boys who run away from home"
« Ils n'arriveront jamais à rien de bon dans le monde »
"They will never come to any good in the world"

« Et tôt ou tard, ils se repentiront amèrement »
"and sooner or later they will repent bitterly"
« Chante tout ce que tu veux, petit grillon »
"Sing all you want you little cricket"
« Et n'hésitez pas à chanter aussi longtemps que vous le souhaitez »
"and feel free to sing as long as you please"
« Pour moi, j'ai décidé de m'enfuir »
"For me, I have made up my mind to run away"
« demain à l'aube, je m'enfuirai pour de bon »
"tomorrow at daybreak I will run away for good"
« si je reste, je n'échapperai pas à mon destin »
"if I remain I shall not escape my fate"
« C'est le même sort que tous les autres garçons »
"it is the same fate as all other boys"
« si je reste, je serai envoyé à l'école »
"if I stay I shall be sent to school"
« et je serai obligé d'étudier par amour ou par force »
"and I shall be made to study by love or by force"
« Je vous le dis en confidence, je n'ai aucune envie d'apprendre »
"I tell you in confidence, I have no wish to learn"
« C'est beaucoup plus amusant de courir après les papillons »
"it is much more amusing to run after butterflies"
« Je préfère grimper aux arbres avec mon temps »
"I prefer climbing trees with my time"
« et j'aime sortir les jeunes oiseaux de leurs nids »
"and I like taking young birds out of their nests"
« Pauvre petite oie » interrompit le grillon qui parlait
"Poor little goose" interjected the talking cricket
« Ne sais-tu pas que tu deviendras un âne parfait ? »
"don't you know you will grow up a perfect donkey?"
« et tout le monde se moquera de vous »
"and every one will make fun of you"
Pinocchio n'était pas satisfait de ce qu'il entendait
Pinocchio was not pleased with what he heard

« Tais-toi, méchant croasseur de mauvais augure ! »
"Hold your tongue, you wicked, ill-omened croaker!"
Mais le petit grillon était patient et philosophe
But the little cricket was patient and philosophical
Il ne s'est pas fâché de cette impertinence
he didn't become angry at this impertinence
Il continua sur le même ton qu'auparavant
he continued in the same tone as he had before
« Peut-être que vous ne voulez vraiment pas aller à l'école »
"perhaps you really do not wish to go to school"
« Alors pourquoi ne pas au moins apprendre un métier ? »
"so why not at least learn a trade?"
« Un emploi vous permettra de gagner un morceau de pain ! »
"a job will enable you to earn a piece of bread!"
« Que voulez-vous que je vous dise ? » répondit Pinocchio
"What do you want me to tell you?" replied Pinocchio
il commençait à perdre patience avec le petit grillon
he was beginning to lose patience with the little cricket
« il y a beaucoup de métiers dans le monde que je pourrais faire »
"there are many trades in the world I could do"
« Mais une seule vocation me plaît »
"but only one calling really takes my fancy"
— Et quelle est la vocation qui vous plaît ?
"And what calling is it that takes your fancy?"
« manger, boire et dormir »
"to eat, and to drink, and to sleep"
« Je suis appelé à m'amuser toute la journée »
"I am called to amuse myself all day"
« mener une vie vagabonde du matin au soir »
"to lead a vagabond life from morning to night"
Le petit grillon parlant avait une réponse à cela
the talking little cricket had a reply for this
« La plupart de ceux qui suivent ce métier finissent à l'hôpital ou en prison »
"most who follow that trade end in hospital or prison"

« Prenez garde, méchant croasseur de mauvais augure »
"Take care, you wicked, ill-omened croaker"
« Malheur à vous si je me mets en colère ! »
"Woe to you if I fly into a passion!"
« Pauvre Pinocchio, je te plains vraiment ! »
"Poor Pinocchio I really pity you!"
« Pourquoi avez-vous pitié de moi ? »
"Why do you pity me?"
« Je te plains parce que tu es une marionnette »
"I pity you because you are a puppet"
« Et je te plains parce que tu as une tête en bois »
"and I pity you because you have a wooden head"
À ces derniers mots, Pinocchio se leva d'un bond de rage
At these last words Pinocchio jumped up in a rage
Il a arraché un marteau en bois sur le banc
he snatched a wooden hammer from the bench

et il lança le marteau sur le grillon qui parlait
and he threw the hammer at the talking cricket
Peut-être n'a-t-il jamais eu l'intention de le frapper
Perhaps he never meant to hit him
mais malheureusement cela le frappa exactement à la tête
but unfortunately it struck him exactly on the head
le pauvre Grillon avait à peine le souffle pour crier : « Cri-cri-cri ! »
the poor Cricket had scarcely breath to cry "Cri-cri-cri!"

il resta séché et aplati contre le mur
he remained dried up and flattened against the wall

L'œuf volant
The Flying Egg

La nuit rattrapait rapidement Pinocchio
The night was quickly catching up with Pinocchio
il se souvint qu'il n'avait rien mangé de la journée
he remembered that he had eaten nothing all day
Il commença à sentir un rongement dans son estomac
he began to feel a gnawing in his stomach
le rongement ressemblait beaucoup à l'appétit
the gnawing very much resembled appetite
Au bout de quelques minutes, son appétit s'était transformé en faim
After a few minutes his appetite had become hunger
et en peu de temps sa faim devint vorace
and in little time his hunger became ravenous
Le pauvre Pinocchio courut rapidement à la cheminée
Poor Pinocchio ran quickly to the fireplace
la cheminée où une casserole bouillait
the fireplace where a saucepan was boiling
il allait enlever le couvercle
he was going to take off the lid
alors il put voir ce qu'il y avait dedans
then he could see what was in it
mais la casserole n'était peinte que sur le mur
but the saucepan was only painted on the wall
Vous pouvez imaginer ses sentiments lorsqu'il a découvert cela
You can imagine his feelings when he discovered this
Son nez, qui était déjà long, est devenu encore plus long
His nose, which was already long, became even longer
il doit avoir grandi d'au moins trois pouces
it must have grown by at least three inches

Il se mit alors à courir dans la pièce
He then began to run about the room
il chercha dans les tiroirs et dans tous les endroits imaginables
he searched in the drawers and every imaginable place
il espérait trouver un peu de pain ou de croûte
he hoped to find a bit of bread or crust
Peut-être pourrait-il trouver un os laissé par un chien
perhaps he could find a bone left by a dog
un peu de pudding moisi de maïs indien
a little moldy pudding of Indian corn
quelque part, quelqu'un aurait pu laisser une arête de poisson
somewhere someone might have left a fish bone
même un noyau de cerise suffirait
even a cherry stone would be enough
si seulement il y avait quelque chose qu'il pouvait ronger
if only there was something that he could gnaw
Mais il ne trouvait rien à se mettre sous la dent
But he could find nothing to get his teeth into
Et pendant ce temps, sa faim grandissait et grandissait
And in the meanwhile his hunger grew and grew
Le pauvre Pinocchio n'eut d'autre soulagement que de bâiller
Poor Pinocchio had no other relief than yawning
ses bâillements étaient si grands que sa bouche atteignait presque ses oreilles
his yawns were so big his mouth almost reached his ears
et il eut l'impression qu'il allait s'évanouir
and felt as if he were going to faint
Puis il se mit à pleurer désespérément
Then he began to cry desperately
« Le petit grillon qui parle avait raison »
"The talking little cricket was right"
« J'ai eu tort de me rebeller contre mon papa »
"I did wrong to rebel against my papa"
« Je n'aurais pas dû m'enfuir de chez moi »

"I should not have ran away from home"
« Si mon papa était là, je ne mourrais pas de bâillement ! »
"If my papa were here I wouldn't be dying of yawning!"
« Oh ! quelle terrible maladie que la faim !
"Oh! what a dreadful illness hunger is!"
Juste à ce moment, il crut voir quelque chose dans le tas de poussière
Just then he thought he saw something in the dust-heap
quelque chose de rond et de blanc qui ressemblait à un œuf de poule
something round and white that looked like a hen's egg
Il se leva d'un bond et saisit l'œuf
he sprung up to his feet and seized hold of the egg
C'était en effet un œuf de poule, comme il le pensait
It was indeed a hen's egg, as he thought
La joie de Pinocchio était indescriptible
Pinocchio's joy was beyond description
il devait s'assurer qu'il ne faisait pas que rêver
he had to make sure that he wasn't just dreaming
alors il a continué à retourner l'œuf dans ses mains
so he kept turning the egg over in his hands
Il a tâté et embrassé l'œuf
he felt and kissed the egg
« Et maintenant, comment vais-je le cuisiner ? »
"And now, how shall I cook it?"
« **Dois-je faire une omelette ?** »
"Shall I make an omelet?"
« **Il vaudrait mieux le faire cuire dans une soucoupe !** »
"it would be better to cook it in a saucer!"
« **Ou ne serait-il pas plus savoureux de le faire frire ?** »
"Or would it not be more savory to fry it?"
« **Ou dois-je simplement faire bouillir l'œuf ?** »
"Or shall I simply boil the egg?"
« **Non, le moyen le plus rapide est de le faire cuire dans une soucoupe** »
"No, the quickest way is to cook it in a saucer"
« **Je suis si pressé de le manger !** »

"I am in such a hurry to eat it!"
Sans perdre de temps, il a obtenu une soucoupe en terre cuite
Without loss of time he got an earthenware saucer
Il plaça la soucoupe sur un brasero rempli de braises chauffées au rouge
he placed the saucer on a brazier full of red-hot embers
il n'avait ni huile ni beurre à utiliser
he didn't have any oil or butter to use
alors il versa un peu d'eau dans la soucoupe
so he poured a little water into the saucer
et quand l'eau a commencé à fumer, craquez !
and when the water began to smoke, crack!
il a cassé la coquille d'œuf sur la soucoupe
he broke the egg-shell over the saucer
et il laissa tomber le contenu de l'œuf dans la soucoupe
and he let the contents of the egg drop into the saucer
mais l'œuf n'était pas plein de blanc et de jaune
but the egg was not full of white and yolk
Au lieu de cela, un peu de poulet a sorti l'œuf
instead, a little chicken popped out the egg

C'était un petit poulet très gai et poli
it was a very gay and polite little chicken
La petite poule a fait une belle courtoisie
the little chicken made a beautiful courtesy
« Mille mercis, Maître. Pinocchio"
"A thousand thanks, Master. Pinocchio"
« Tu m'as épargné la peine de briser la coquille »
"you have saved me the trouble of breaking the shell"
« Adieu, jusqu'à ce que nous nous revoyions » dit le poulet
"Adieu, until we meet again" the chicken said
« Portez-vous bien, et mes meilleurs compliments à tous ceux qui sont à la maison ! »
"Keep well, and my best compliments to all at home!"
La petite poule déploya ses petites ailes
the little chicken spread its little wings
et la petite poule s'élança par la fenêtre ouverte
and the little chicken darted through the open window
et puis le petit poulet s'envola hors de vue
and then the little chicken flew out of sight
La pauvre marionnette se tenait debout comme si elle avait été ensorcelée
The poor puppet stood as if he had been bewitched
ses yeux étaient fixes, et sa bouche était ouverte
his eyes were fixed, and his mouth was open
et il avait toujours la coquille d'œuf dans sa main
and he still had the egg-shell in his hand
lentement il se remit de sa stupéfaction
slowly he Recovered from his stupefaction
puis il se mit à pleurer et à crier
and then he began to cry and scream
Il tapa du pied sur le sol en désespoir de cause
he stamped his feet on the floor in desperation
Au milieu de ses sanglots, il rassembla ses pensées
amidst his sobs he gathered his thoughts
« Ah, en effet, le petit grillon qui parle avait raison »
"Ah, indeed, the talking little cricket was right"
« Je n'aurais pas dû m'enfuir de chez moi »

"I should not have run away from home"
alors je ne mourrais pas de faim !
"then I would not now be dying of hunger!"
« **Et si mon papa était là, il me nourrirait** »
"and if my papa were here he would feed me"
« **Oh ! quelle terrible maladie que la faim !** »
"Oh! what a dreadful illness hunger is!"
son estomac criait plus que jamais
his stomach cried out more than ever
et il ne savait comment calmer sa faim
and he did not know how to quiet his hunger
Il pensa à quitter la maison
he thought about leaving the house
peut-être pourrait-il faire une excursion dans le voisinage
perhaps he could make an excursion in the neighborhood
il espérait trouver une personne charitable
he hoped to find some charitable person
peut-être lui donneraient-ils un morceau de pain
maybe they would give him a piece of bread

Les pieds de Pinocchio brûlent en cendres
Pinocchio's Feet Burn to Cinders

C'était une nuit particulièrement sauvage et orageuse
It was an especially wild and stormy night
Le tonnerre était extrêmement fort et effrayant
The thunder was tremendously loud and fearful
les éclairs étaient si vifs que le ciel semblait en feu
the lightning was so vivid that the sky seemed on fire
Pinocchio avait une grande peur du tonnerre
Pinocchio had a great fear of thunder
Mais la faim peut être plus forte que la peur
but hunger can be stronger than fear
Il ferma donc la porte de la maison
so he closed the door of the house
et il se précipita désespérément vers le village

and he made a desperate rush for the village
il atteignit le village en cent bonds
he reached the village in a hundred bounds
sa langue pendait de sa bouche
his tongue was hanging out of his mouth
et il haletait comme un chien
and he was panting for breath like a dog
Mais il trouva le village tout sombre et désert
But he found the village all dark and deserted
Les magasins étaient fermés et les fenêtres fermées
The shops were closed and the windows were shut
et il n'y avait pas même un chien dans la rue
and there was not so much as a dog in the street
Il semblait qu'il était arrivé au pays des morts
It seemed like he had arrived in the land of the dead
Pinocchio était poussé par le désespoir et la faim
Pinocchio was urged on by desperation and hunger
il s'est emparé de la cloche d'une maison
he took hold of the bell of a house
et il se mit à sonner de toutes ses forces
and he began to ring the bell with all his might
« Cela amènera quelqu'un, se dit-il
"That will bring somebody," he said to himself
Et cela a amené quelqu'un !
And it did bring somebody!
Un petit vieillard apparut à une fenêtre
A little old man appeared at a window
Le petit vieillard avait encore un bonnet de nuit sur la tête
the little old man still had a night-cap on his head
l'appela-t-il avec colère
he called to him angrily
« Que voulez-vous à une telle heure ? »
"What do you want at such an hour?"
« Auriez-vous la bonté de me donner un peu de pain ? »
"Would you be kind enough to give me a little bread?"
Le petit vieillard était très obligeant
the little old man was very obliging

« Attends, je reviendrai tout de suite »
"Wait there, I will be back directly"
il pensait que c'était l'un des coquins locaux
he thought it was one of the local rascals
ils s'amusent à sonner les cloches de la maison la nuit
they amuse themselves by ringing the house-bells at night
Au bout d'une demi-minute, la fenêtre s'ouvrit à nouveau
After half a minute the window opened again
cria la voix du même petit vieillard à Pinocchio
the voice of the same little old man shouted to Pinocchio
« Viens en dessous et tends ta casquette »
"Come underneath and hold out your cap"
Pinocchio retira sa casquette et la tendit
Pinocchio pulled off his cap and held it out
mais le bonnet de Pinocchio n'était rempli ni de pain ni de nourriture
but Pinocchio's cap was not filled with bread or food
une énorme bassine d'eau fut versée sur lui
an enormous basin of water was poured down on him
l'eau le trempait de la tête aux pieds
the water soaked him from head to foot
comme s'il avait été un pot de géraniums desséchés
as if he had been a pot of dried-up geraniums
Il rentra chez lui comme un poulet mouillé
He returned home like a wet chicken
il était tout à fait épuisé de fatigue et de faim
he was quite exhausted with fatigue and hunger
il n'avait plus la force de se tenir debout
he no longer had the strength to stand
alors il s'assit et reposa ses pieds humides et boueux
so he sat down and rested his damp and muddy feet
il posa ses pieds sur un brasero plein de braises brûlantes
he put his feet on a brazier full of burning embers
puis il s'endormit, épuisé par la journée
and then he fell asleep, exhausted from the day
nous savons tous que Pinocchio a des pieds en bois
we all know that Pinocchio has wooden feet

et nous savons ce qui arrive au bois sur les braises ardentes
and we know what happens to wood on burning embers
Peu à peu, ses pieds ont brûlé et sont devenus des cendres
little by little his feet burnt away and became cinders
Pinocchio continua à dormir et à ronfler
Pinocchio continued to sleep and snore
ses pieds auraient tout aussi bien pu appartenir à quelqu'un d'autre
his feet might as well have belonged to someone else
Enfin, il se réveilla parce que quelqu'un frappait à la porte
At last he awoke because someone was knocking at the door
« Qui est là ? » demanda-t-il en bâillant et en se frottant les yeux
"Who is there?" he asked, yawning and rubbing his eyes
« C'est moi ! » répondit une voix
"It is I!" answered a voice
Et Pinocchio reconnut la voix de Geppetto
And Pinocchio recognized Geppetto's voice

Geppetto donne son propre petit-déjeuner à Pinocchio
Geppetto Gives his own Breakfast to Pinocchio

Les yeux du pauvre Pinocchio étaient encore à moitié fermés de sommeil
Poor Pinocchio's eyes were still half shut from sleep
il n'avait pas encore découvert ce qui s'était passé
he had not yet discovered what had happened
ses pieds avaient été complètement brûlés
his feet had were completely burnt off
Il entendit la voix de son père à la porte
he heard the voice of his father at the door
et il sauta de la chaise sur laquelle il avait dormi
and he jumped off the chair he had slept on
il voulait courir à la porte et l'ouvrir
he wanted to run to the door and open it
mais il trébucha et tomba par terre

but he stumbled around and fell on the floor
imaginez avoir un sac de luttières en bois
imagine having a sack of wooden ladles
Imaginez jeter le sac du balcon
imagine throwing the sack off the balcony
c'était le bruit de Pinocchio tombant au sol
that is was the sound of Pinocchio falling to the floor
« Ouvrez la porte ! » cria Geppetto dans la rue
"Open the door!" shouted Geppetto from the street
« Cher papa, je ne peux pas, » répondit la marionnette
"Dear papa, I cannot," answered the puppet
et il pleura et se roula par terre
and he cried and rolled about on the ground
« Pourquoi ne pouvez-vous pas ouvrir la porte ? »
"Why can't you open the door?"
« Parce que mes pieds ont été mangés »
"Because my feet have been eaten"
« Et qui a mangé tes pieds ? »
"And who has eaten your feet?"
Pinocchio regarda autour de lui à la recherche de quelque chose à blâmer
Pinocchio looked around for something to blame
Finalement, il a répondu « le chat a mangé mes pieds »
eventually he answered "the cat ate my feet"
— Ouvrez la porte, je vous le dis ! répéta Geppetto
"Open the door, I tell you!" repeated Geppetto
« Si tu ne l'ouvres pas, tu auras le chat de moi ! »
"If you don't open it, you shall have the cat from me!"
« Je ne peux pas me tenir debout, croyez-moi »
"I cannot stand up, believe me"
« Oh, pauvre de moi ! » se lamenta Pinocchio
"Oh, poor me!" lamented Pinocchio
« Je devrai marcher sur mes genoux pour le reste de ma vie ! »
"I shall have to walk on my knees for the rest of my life!"
Geppetto pensait que c'était un autre des tours de la marionnette

Geppetto thought this was another one of the puppet's tricks
il songea à un moyen de mettre fin à ses tours
he thought of a means of putting an end to his tricks
Il grimpa sur le mur et entra par la fenêtre
he climbed up the wall and got in through the window
Il était très en colère quand il a vu Pinocchio pour la première fois
He was very angry when he first saw Pinocchio
et il ne fit que gronder la pauvre marionnette
and he did nothing but scold the poor puppet

mais alors il vit que Pinocchio était vraiment sans pieds
but then he saw Pinocchio really was without feet
et il fut de nouveau tout à fait submergé de sympathie
and he was quite overcome with sympathy again
Geppetto prit sa marionnette dans ses bras
Geppetto took his puppet in his arms
et il se mit à l'embrasser et à le caresser
and he began to kiss and caress him
il lui a dit mille choses attachantes
he said a thousand endearing things to him
de grosses larmes coulaient sur ses joues roses
big tears ran down his rosy cheeks
« Mon petit Pinocchio ! » le consola
"My little Pinocchio!" he comforted him
« Comment as-tu réussi à te brûler les pieds ? »

"how did you manage to burn your feet?"
« Je ne sais pas comment j'ai fait, papa »
"I don't know how I did it, papa"
« Mais cela a été une nuit si affreuse »
"but it has been such a dreadful night"
« Je m'en souviendrai toute ma vie »
"I shall remember it as long as I live"
« Il y a eu du tonnerre et des éclairs toute la nuit »
"there was thunder and lightning all night"
« et j'ai eu très faim toute la nuit »
"and I was very hungry all night"
« Et puis le grillon qui parle m'a grondé »
"and then the talking cricket scolded me"
« Le Grillon parlant a dit 'ça vous sert bien' »
"the talking cricket said 'it serves you right'"
« Il a dit : ' tu as été méchant et tu le mérites'"
"he said; 'you have been wicked and deserve it'"
« et je lui ai dit : 'Prends garde, petit Grillon !' »
"and I said to him: 'Take care, little Cricket!'"
« Et il dit : ' Tu es une marionnette'"
"and he said; 'You are a puppet'"
« Et il dit : ' tu as une tête en bois'"
"and he said; 'you have a wooden head'"
« et je lui ai jeté le manche d'un marteau »
"and I threw the handle of a hammer at him"
« Et puis le petit grillon qui parle est mort »
"and then the talking little cricket died"
« Mais c'est de sa faute s'il est mort »
"but it was his fault that he died"
« parce que je ne voulais pas le tuer »
"because I didn't wish to kill him"
« et j'ai la preuve que je ne le voulais pas »
"and I have proof that I didn't mean to"
« J'avais mis une soucoupe en terre cuite sur des braises ardentes »
"I had put an earthenware saucer on burning embers"
« Mais une poule s'est envolée de l'œuf »

"but a chicken flew out of the egg"
« Le poulet dit ; Adieu, jusqu'à ce que nous nous revoyions' »
"the chicken said; 'Adieu, until we meet again'"
« Envoyez mes compliments à tous à la maison »
'send my compliments to all at home'
« et puis j'ai eu encore plus faim »
"and then I got even more hungry"
« Puis il y avait ce petit vieillard en bonnet de nuit »
"then there was that little old man in a night-cap"
« Il a ouvert la fenêtre au-dessus de moi »
"he opened the window up above me"
« Et il m'a dit de tendre mon chapeau »
"and he told me to hold out my hat"
« Et il versa sur moi une bassine d'eau »
"and he poured a basinful of water on me"
«Demander un peu de pain n'est pas une honte, n'est-ce pas?»
"asking for a little bread isn't a disgrace, is it?"
« et puis je suis rentré chez moi immédiatement »
"and then I returned home at once"
« J'avais faim, froid et fatigue »
"I was hungry and cold and tired"
« et j'ai mis mes pieds sur le brasero pour les sécher »
"and I put my feet on the brazier to dry them"
« Et puis tu es revenu le matin »
"and then you returned in the morning"
« et j'ai trouvé que mes pieds étaient brûlés »
"and I found my feet were burnt off"
« et j'ai encore faim »
"and I am still hungry"
mais je n'ai plus de pieds !
"but I no longer have any feet!"
Et le pauvre Pinocchio se mit à pleurer et à rugir
And poor Pinocchio began to cry and roar
il pleura si fort qu'on l'entendit à cinq milles de là
he cried so loudly that he was heard five miles off
Geppetto, ne comprenait qu'une chose de tout cela

Geppetto, only understood one thing from all this
il comprit que la marionnette mourait de faim
he understood that the puppet was dying of hunger
alors il tira de sa poche trois poires
so he drew from his pocket three pears
et il donna les poires à Pinocchio
and he gave the pears to Pinocchio
« Ces trois poires étaient destinées à mon petit-déjeuner »
"These three pears were intended for my breakfast"
« mais je te donnerai volontiers mes poires »
"but I will give you my pears willingly"
« Mangez-les, et j'espère qu'ils vous feront du bien »
"Eat them, and I hope they will do you good"
Pinocchio regarda les poires avec méfiance
Pinocchio looked at the pears distrustfully
« Mais tu ne peux pas t'attendre à ce que je les mange comme ça »
"but you can't expect me to eat them like that"
« Sois assez gentil pour les éplucher pour moi »
"be kind enough to peel them for me"
— Les éplucher ? dit Geppetto, étonné
"Peel them?" said Geppetto, astonished
« Je ne savais pas que tu étais si délicat et méticuleux »
"I didn't know you were so dainty and fastidious"
« Ce sont de mauvaises habitudes à avoir, mon garçon ! »
"These are bad habits to have, my boy!"
« Nous devons nous habituer à aimer et à manger de tout »
"we must accustom ourselves to like and to eat everything"
« on ne sait pas à quoi nous pouvons être amenés »
"there is no knowing to what we may be brought"
« Il y a tellement de chances ! »
"There are so many chances!"
— Vous avez sans doute raison, interrompit Pinocchio
"You are no doubt right," interrupted Pinocchio
« mais je ne mangerai jamais de fruits qui n'ont pas été pelés »
"but I will never eat fruit that has not been peeled"

« Je ne peux pas supporter le goût de la couenne »
"I cannot bear the taste of rind"
Si bon Geppetto a épluché les trois poires
So good Geppetto peeled the three pears
et il posa les écorces de poire sur un coin de la table
and he put the pear's rinds on a corner of the table
Pinocchio avait mangé la première poire
Pinocchio had eaten the first pear
il était sur le point de jeter le cœur de la poire
he was about to throw away the pear's core
mais Geppetto lui saisit le bras
but Geppetto caught hold of his arm
« Ne jetez pas le cœur de la poire »
"Do not throw the core of the pear away"
« Dans ce monde, tout peut être utile »
"in this world everything may be of use"
Mais Pinocchio refusait d'en voir le sens
But Pinocchio refused to see the sense in it
« Je suis déterminé à ne pas manger le cœur de la poire »
"I am determined I will not eat the core of the pear"
et Pinocchio se tourna vers lui comme une vipère
and Pinocchio turned upon him like a viper
« Qui sait ! » répéta Geppetto
"Who knows!" repeated Geppetto
« Il y a tellement de chances », a-t-il déclaré
"there are so many chances," he said
et Geppetto ne perdit pas son sang-froid une seule fois
and Geppetto never lost his temper even once
Et donc les trois noyaux de poire n'ont pas été jetés
And so the three pear cores were not thrown out
ils étaient placés sur le coin de la table avec les couennes
they were placed on the corner of the table with the rinds
après son petit festin, Pinocchio bâilla énormément
after his small feast Pinocchio yawned tremendously
et il parla de nouveau d'un ton inquiet
and he spoke again in a fretful tone
« J'ai aussi faim que jamais ! »

"I am as hungry as ever!"
— Mais, mon garçon, je n'ai plus rien à te donner !
"But, my boy, I have nothing more to give you!"
« Vous n'avez rien ? Vraiment? Rien ?
"You have nothing? Really? Nothing?"
« Je n'ai que l'écorce et le cœur des poires »
"I have only the rind and the cores of the pears"
« Il faut avoir de la patience ! » dit Pinocchio
"One must have patience!" said Pinocchio
« s'il n'y a rien d'autre, je mangerai l'écorce de la poire »
"if there is nothing else I will eat the pear's rind"
Et il se mit à mâcher l'écorce de la poire
And he began to chew the rind of the pear
Au début, il fit une grimace ironique
At first he made a wry face
mais ensuite, l'un après l'autre, il les mangea rapidement
but then, one after the other, he quickly ate them
et après les écorces de poire, il mangea même les noyaux
and after the pear's rinds he even ate the cores
quand il eut tout mangé, il se frotta le ventre
when he had eaten everything he rubbed his belly
— Ah ! maintenant je me sens à nouveau à l'aise"
"Ah! now I feel comfortable again"
— Vous voyez maintenant que j'avais raison, sourit Gepetto
"Now you see I was right," smiled Gepetto
« Il n'est pas bon de s'habituer à nos goûts »
"it's not good to accustom ourselves to our tastes"
« Nous ne saurons jamais, mon cher enfant, ce qui peut nous arriver. »
"We can never know, my dear boy, what may happen to us"
« Il y a tellement de chances ! »
"There are so many chances!"

Geppetto fait de nouveaux pieds à Pinocchio
Geppetto Makes Pinocchio New Feet

la marionnette avait satisfait sa faim
the puppet had satisfied his hunger
mais il se remit à pleurer et à grommeler
but he began to cry and grumble again
Il se souvint qu'il voulait une nouvelle paire de pieds
he remembered he wanted a pair of new feet
Mais Geppetto le punit pour sa méchanceté
But Geppetto punished him for his naughtiness
il lui permit de pleurer et de désespérer un peu
he allowed him to cry and to despair a little
Pinocchio dut accepter son sort pendant la moitié de la journée
Pinocchio had to accept his fate for half the day
À la fin de la journée, il lui dit :
at the end of the day he said to him:
« Pourquoi devrais-je te faire de nouveaux pieds ? »
"Why should I make you new feet?"
— Pour vous permettre de vous échapper de nouveau de chez vous ?
"To enable you to escape again from home?"
Pinocchio sanglota de sa situation
Pinocchio sobbed at his situation
« Je te promets que pour l'avenir je serai bon »
"I promise you that for the future I will be good"
mais Geppetto connaissait maintenant les ruses de Pinocchio
but Geppetto knew Pinocchio's tricks by now
« Tous les garçons qui veulent quelque chose disent la même chose »
"All boys who want something say the same thing"
« Je te promets que j'irai à l'école »
"I promise you that I will go to school"
« et j'étudierai et rapporterai à la maison un bon rapport »
"and I will study and bring home a good report"

« Tous les garçons qui veulent quelque chose répètent la même histoire »
"All boys who want something repeat the same story"
« Mais je ne suis pas comme les autres garçons ! » Pinocchio objecta
"But I am not like other boys!" Pinocchio objected
« Je suis meilleur qu'eux tous », a-t-il ajouté
"I am better than all of them," he added
« et je dis toujours la vérité », mentit-il
"and I always speak the truth," he lied
« Je te promets, papa, que j'apprendrai un métier »
"I promise you, papa, that I will learn a trade"
« Je te promets que je serai la consolation de ta vieillesse »
"I promise that I will be the consolation of your old age"
Les yeux de Geppetto se remplirent de larmes en entendant cela
Geppetto's eyes filled with tears on hearing this
Son cœur était triste de voir son fils comme ça
his heart was sad at seeing his son like this
Pinocchio était dans un état si pitoyable
Pinocchio was in such a pitiable state
Il ne dit pas un mot de plus à Pinocchio
He did not say another word to Pinocchio
Il prit ses outils et deux petits morceaux de bois séché
he got his tools and two small pieces of seasoned wood
Il se mit à l'œuvre avec beaucoup de diligence
he set to work with great diligence
En moins d'une heure, les pieds étaient terminés
In less than an hour the feet were finished
Ils ont peut-être été modelés par un artiste de génie
They might have been modelled by an artist of genius
Geppetto parla alors à la marionnette
Geppetto then spoke to the puppet
« **Ferme les yeux et va dormir !** »
"Shut your eyes and go to sleep!"
Et Pinocchio ferma les yeux et fit semblant de dormir
And Pinocchio shut his eyes and pretended to sleep

Geppetto a pris une coquille d'œuf et y a fait fondre de la colle
Geppetto got an egg-shell and melted some glue in it
et il attacha les pieds de Pinocchio à leur place
and he fastened Pinocchio's feet in their place
c'était magistralement fait par Geppetto
it was masterfully done by Geppetto
on ne voyait aucune trace de l'endroit où les pieds étaient joints
not a trace could be seen of where the feet were joined
Pinocchio s'est vite rendu compte qu'il avait à nouveau des pieds
Pinocchio soon realized that he had feet again
puis il sauta de table
and then he jumped down from the table
Il sauta dans la pièce avec énergie et joie
he jumped around the room with energy and joy
il dansait comme s'il était devenu fou de joie
he danced as if he had gone mad with his delight
« Merci pour tout ce que vous avez fait pour moi »
"thank you for all you have done for me"
« J'irai à l'école tout de suite », promit Pinocchio
"I will go to school at once," Pinocchio promised
mais pour aller à l'école, j'aurai besoin de vêtements.
"but to go to school I shall need some clothes"
vous savez maintenant que Geppetto était un homme pauvre
by now you know that Geppetto was a poor man
il n'avait pas même un sou en poche
he had not so much as a penny in his pocket
alors il lui fit une petite robe de papier fleuri
so he made him a little dress of flowered paper
une paire de chaussures de l'écorce d'un arbre
a pair of shoes from the bark of a tree
et il fit un chapeau avec le pain
and he made a hat out of the bread

Pinocchio courut se regarder dans un pot d'eau
Pinocchio ran to look at himself in a crock of water
il était toujours très satisfait de son apparence
he was ever so pleased with his appearance
et il se pavanait dans la chambre comme un paon
and he strutted about the room like a peacock
« J'ai l'air d'un gentleman ! »
"I look quite like a gentleman!"
— Oui, en effet, répondit Geppetto
"Yes, indeed," answered Geppetto
« Ce ne sont pas les beaux vêtements qui font le gentleman »
"it is not fine clothes that make the gentleman"
« Ce sont plutôt des vêtements propres qui font un gentleman »
"rather, it is clean clothes that make a gentleman"
« À propos, ajouta la marionnette
"By the way," added the puppet
« Pour aller à l'école, il y a encore quelque chose dont j'ai besoin »
"to go to school there's still something I need"
« Je suis toujours sans la meilleure chose »
"I am still without the best thing"
« C'est la chose la plus importante pour un écolier »
"it is the most important thing for a school boy"

— Et qu'est-ce que c'est ? demanda Geppetto
"And what is it?" asked Geppetto
« Je n'ai pas de livre d'orthographe »
"I have no spelling-book"
« Tu as raison », réalisa Geppetto
"You are right" realized Geppetto
mais que ferons-nous pour en avoir un ?
"but what shall we do to get one?"
Pinocchio réconforta Geppetto, « C'est assez facile »
Pinocchio comforted Geppetto, "It is quite easy"
« Tout ce que nous avons à faire, c'est d'aller chez le libraire »
"all we have to do is go to the bookseller's"
« tout ce que j'ai à faire est d'acheter chez eux »
"all I have to do is buy from them"
« Mais comment l'acheter sans argent ? »
"but how do we buy it without money?"
— Je n'ai pas d'argent, dit Pinocchio
"I have got no money," said Pinocchio
— Moi non plus, ajouta le bon vieillard avec beaucoup de tristesse
"Neither have I," added the good old man, very sadly
bien qu'il fût un garçon très joyeux, Pinocchio devint triste
although he was a very merry boy, Pinocchio became sad
La pauvreté, lorsqu'elle est réelle, est comprise par tout le monde
poverty, when it is real, is understood by everybody
— Eh bien, patience ! s'écria Geppetto en se levant
"Well, patience!" exclaimed Geppetto, rising to his feet
et il mit sa vieille veste en velours côtelé
and he put on his old corduroy jacket
et il sortit de la maison en courant dans la neige
and he ran out of the house into the snow
Il est retourné à la maison peu de temps après
He returned back to the house soon after
dans sa main, il tenait un livre d'orthographe pour Pinocchio
in his hand he held a spelling-book for Pinocchio

mais la vieille veste avec laquelle il était parti avait disparu
but the old jacket he had left with was gone
Le pauvre homme était en manches de chemise
The poor man was in his shirt-sleeves
et dehors, il faisait froid et il neigeait
and outdoors it was cold and snowing
— Et ta veste, papa ? demanda Pinocchio
"And your jacket, papa?" asked Pinocchio
— Je l'ai vendu, confirma le vieux Geppetto
"I have sold it," confirmed old Geppetto
« Pourquoi l'avez-vous vendu ? » demanda Pinocchio
"Why did you sell it?" asked Pinocchio
« Parce que je trouvais ma veste trop chaude »
"Because I found my jacket was too hot"
Pinocchio comprit cette réponse en un instant
Pinocchio understood this answer in an instant
Pinocchio ne put contenir l'élan de son cœur
Pinocchio was unable to restrain the impulse of his heart
Parce que Pinocchio avait un bon cœur après tout
Because Pinocchio did have a good heart after all
il se leva d'un bond et jeta ses bras autour du cou de Geppetto
he sprang up and threw his arms around Geppetto's neck
et il l'embrassa mille fois
and he kissed him again and again a thousand times

Pinocchio va voir un spectacle de marionnettes
Pinocchio Goes to See a Puppet Show

Finalement, il a cessé de neiger dehors
eventually it stopped snowing outside
et Pinocchio se mit en route pour aller à l'école
and Pinocchio set out to go to school
et il avait son beau livre d'orthographe sous le bras
and he had his fine spelling-book under his arm
Il marchait avec mille idées en tête
he walked along with a thousand ideas in his head
son petit cerveau pensa à toutes les possibilités
his little brain thought of all the possibilities
et il bâtit mille châteaux dans les airs
and he built a thousand castles in the air
chaque château était plus beau que l'autre
each castle was more beautiful than the other
Et, se parlant à lui-même, il dit :
And, talking to himself, he said;
« Aujourd'hui, à l'école, j'apprendrai à lire tout de suite »
"Today at school I will learn to read at once"
« alors demain je commencerai à écrire »
"then tomorrow I will begin to write"
« et après-demain j'apprendrai les chiffres »
"and the day after tomorrow I will learn the numbers"
« Toutes ces choses s'avéreront très utiles »
"all of these things will prove very useful"
« et alors je gagnerai beaucoup d'argent »
"and then I will earn a great deal of money"
« Je sais déjà ce que je vais faire avec le premier argent »
"I already know what I will do with the first money"
« Je vais immédiatement acheter un beau manteau en tissu neuf »
"I will immediately buy a beautiful new cloth coat"
« Mon papa n'aura plus besoin d'avoir froid »
"my papa will not have to be cold anymore"
« Mais qu'est-ce que je dis ? » réalisa-t-il

"But what am I saying?" he realized
« Tout sera fait d'or et d'argent »
"It shall be all made of gold and silver"
« et il aura des boutons en diamant »
"and it shall have diamond buttons"
« Ce pauvre homme le mérite vraiment »
"That poor man really deserves it"
« Il m'a acheté des livres et me fait enseigner »
"he bought me books and is having me taught"
« Et pour ce faire, il est resté en chemise »
"and to do so he has remained in a shirt"
« Il a fait tout cela pour moi par un temps si froid »
"he has done all this for me in such cold weather"
« Seuls les papas sont capables de tels sacrifices ! »
"only papas are capable of such sacrifices!"
Il se disait tout cela avec beaucoup d'émotion
he said all this to himself with great emotion
mais au loin, il crut entendre de la musique
but in the distance he thought he heard music
Cela ressemblait à des tuyaux et au battement d'un gros tambour
it sounded like pipes and the beating of a big drum
Il s'arrêta et écouta pour entendre ce que cela pouvait être
He stopped and listened to hear what it could be
Les bruits venaient du bout d'une rue
The sounds came from the end of a street
et la rue conduisait à un petit village au bord de la mer
and the street led to a little village on the seashore
« Quelle peut être cette musique ? » se demanda-t-il
"What can that music be?" he wondered
« Quel dommage que je doive aller à l'école »
"What a pity that I have to go to school"
« Si seulement je n'avais pas à aller à l'école... »
"if only I didn't have to go to school..."
Et il est resté irrésolu
And he remained irresolute
Il était cependant nécessaire de prendre une décision

It was, however, necessary to come to a decision
« Dois-je aller à l'école ? » se demanda-t-il
"Should I go to school?" he asked himself
« Ou dois-je aller après la musique ? »
"or should I go after the music?"
« Aujourd'hui, je vais aller écouter la musique » décida-t-il
"Today I will go and hear the music" he decided
« et demain j'irai à l'école »
"and tomorrow I will go to school"
le jeune bouc émissaire d'un garçon avait décidé
the young scapegrace of a boy had decided
et il haussa les épaules à son choix
and he shrugged his shoulders at his choice
Plus il courait, plus les sons de la musique se rapprochaient
The more he ran the nearer came the sounds of the music
et le battement du grand tambour devint de plus en plus fort
and the beating of the big drum became louder and louder
Enfin, il se trouva au milieu d'une place de la ville
At last he found himself in the middle of a town square
La place était assez pleine de monde
the square was quite full of people
tout le monde était entassé autour d'un bâtiment
all the people were all crowded round a building
et le bâtiment était fait de bois et de toile
and the building was made of wood and canvas
et le bâtiment était peint de mille couleurs
and the building was painted a thousand colours
« Quel est ce bâtiment ? » demanda Pinocchio
"What is that building?" asked Pinocchio
et il se tourna vers un petit garçon
and he turned to a little boy
« Lisez la pancarte », lui a dit le garçon
"Read the placard," the boy told him
« Tout est écrit là », a-t-il ajouté
"it is all written there," he added
« Lisez-le et alors vous saurez »
"read it and and then you will know"

— Je le lisais volontiers, dit Pinocchio
"I would read it willingly," said Pinocchio
« mais il se trouve qu'aujourd'hui je ne sais pas lire »
"but it so happens that today I don't know how to read"
« Bravo, imbécile ! Ensuite, je vous le lirai »
"Bravo, blockhead! Then I will read it to you"
« Vous voyez ces mots aussi rouges que le feu ? »
"you see those words as red as fire?"
« Le grand théâtre de marionnettes », lui lut-il
"The Great Puppet Theatre," he read to him
« La pièce a-t-elle déjà commencé ? »
"Has the play already begun?"
« Ça commence maintenant, » confirma le garçon
"It is beginning now," confirmed the boy
« Combien cela coûte-t-il d'entrer ? »
"How much does it cost to go in?"
« Un centime, c'est ce que ça vous coûte »
"A dime is what it costs you"
Pinocchio était dans une fièvre de curiosité
Pinocchio was in a fever of curiosity
Plein d'excitation, il perdit tout contrôle de lui-même
full of excitement he lost all control of himself
et Pinocchio perdit tout sentiment de honte
and Pinocchio lost all sense of shame
« Voudriez-vous me prêter un centime jusqu'à demain ? »
"Would you lend me a dime until tomorrow?"
« Je vous le prêterais volontiers, » dit le garçon
"I would lend it to you willingly," said the boy
« mais malheureusement aujourd'hui je ne peux pas vous le donner »
"but unfortunately today I cannot give it to you"
Pinocchio a eu une autre idée pour obtenir l'argent
Pinocchio had another idea to get the money
« Je vais te vendre ma veste pour un centime »
"I will sell you my jacket for a dime"
« Mais ta veste est en papier fleuri »
"but your jacket is made of flowered paper"

à quoi pourrais-je avoir une pareille veste ?
"what use could I have for such a jacket?"
« Imaginez qu'il pleuve et que la veste soit mouillée »
"imagine it rained and the jacket got wet"
« Il serait impossible de l'enlever de mon dos »
"it would be impossible to get it off my back"
« Voulez-vous acheter mes chaussures ? » essaya Pinocchio
"Will you buy my shoes?" tried Pinocchio
« Ils ne serviraient qu'à allumer le feu »
"They would only be of use to light the fire"
« Combien me donnerez-vous pour ma casquette ? »
"How much will you give me for my cap?"
« Ce serait une merveilleuse acquisition ! »
"That would be a wonderful acquisition indeed!"
« Un bonnet fait de chapelure ! » plaisanta le garçon
"A cap made of bread crumb!" joked the boy
« Il y aurait un risque que les souris viennent le manger »
"There would be a risk of the mice coming to eat it"
ils pourraient le manger pendant qu'il était encore sur ma tête !
"they might eat it whilst it was still on my head!"
Pinocchio était sur les épines à propos de sa situation difficile
Pinocchio was on thorns about his predicament
Il était sur le point de faire une autre offre
He was on the point of making another offer
mais il n'eut pas le courage de le lui demander
but he had not the courage to ask him
Il hésitait, se sentait irrésolu et plein de remords
He hesitated, felt irresolute and remorseful
Enfin, il retrouva le courage de demander
At last he raised the courage to ask
« Voulez-vous me donner un sou pour ce nouveau livre d'orthographe ? »
"Will you give me a dime for this new spelling-book?"
mais le garçon déclina aussi cette offre
but the boy declined this offer too

« Je suis un garçon et je n'achète pas aux garçons »
"I am a boy and I don't buy from boys"
un colporteur de vieux vêtements les avait entendus
a hawker of old clothes had overheard them
« J'achèterai le livre d'orthographe pour un centime »
"I will buy the spelling-book for a dime"
Et le livre a été vendu sur-le-champ
And the book was sold there and then
le pauvre Geppetto était resté à la maison tremblant de froid
poor Geppetto had remained at home trembling with cold
afin que son fils puisse avoir un livre d'orthographe
in order that his son could have a spelling-book

Les marionnettes reconnaissent leur frère Pinocchio
The Puppets Recognize their Brother Pinocchio

Pinocchio était dans le petit théâtre de marionnettes
Pinocchio was in the little puppet theatre
Un incident se produisit qui faillit produire une révolution
an incident occurred that almost produced a revolution
Le rideau s'était levé et la pièce avait déjà commencé
The curtain had gone up and the play had already begun
Arlequin et Punch se querellaient
Harlequin and Punch were quarrelling with each other
à chaque instant, ils menaçaient d'en venir aux mains
every moment they were threatening to come to blows
Tout à coup, Arlequin s'arrêta et se tourna vers le public
All at once Harlequin stopped and turned to the public
Il désigna de la main quelqu'un au fond de la fosse
he pointed with his hand to someone far down in the pit
et il s'écria d'un ton dramatique
and he exclaimed in a dramatic tone
« Dieux du firmament ! »
"Gods of the firmament!"
« Est-ce que je rêve ou suis-je éveillé ? »
"Do I dream or am I awake?"

« Mais, c'est sûrement Pinocchio ! »
"But, surely that is Pinocchio!"
— C'est bien Pinocchio ! s'écria Punch
"It is indeed Pinocchio!" cried Punch
Et Rose jeta un coup d'œil dans les coulisses
And Rose peeped out from behind the scenes
— C'est bien lui-même ! s'écria Rose
"It is indeed himself!" screamed Rose
et toutes les marionnettes crièrent en chœur
and all the puppets shouted in chorus
« C'est Pinocchio ! c'est Pinocchio !
"It is Pinocchio! it is Pinocchio!"
et ils sautèrent de tous les côtés sur la scène
and they leapt from all sides onto the stage
« C'est Pinocchio ! » s'écrièrent toutes les marionnettes
"It is Pinocchio!" all the puppets exclaimed
« C'est notre frère Pinocchio ! »
"It is our brother Pinocchio!"
« Vive Pinocchio ! » s'exclamèrent-ils ensemble
"Long live Pinocchio!" they cheered together
— Pinocchio, viens me voir, s'écria Arlequin
"Pinocchio, come up here to me," cried Harlequin
« Jetez-vous dans les bras de vos frères de bois ! »
"throw yourself into the arms of your wooden brothers!"
Pinocchio ne pouvait pas décliner cette invitation affectueuse
Pinocchio couldn't decline this affectionate invitation
il sauta du fond de la fosse dans les sièges réservés
he leaped from the end of the pit into the reserved seats
un autre bond le fit atterrir sur la tête du tambour
another leap landed him on the head of the drummer
puis il sauta sur la scène
and he then sprang upon the stage
Les étreintes et les pincements amicaux
The embraces and the friendly pinches
et les démonstrations d'une chaleureuse affection fraternelle
and the demonstrations of warm brotherly affection

L'accueil de Pinocchio par les marionnettes était indescriptible
Pinocchio reception from the puppets was beyond description
Le spectacle était sans aucun doute émouvant
The sight was doubtless a moving one
mais le public dans la fosse s'était impatienté
but the public in the pit had become impatient
Ils ont commencé à crier : « Nous sommes venus voir une pièce de théâtre »
they began to shout, "we came to watch a play"
« Continuez la pièce ! » demandèrent-ils
"go on with the play!" they demanded
Mais les marionnettes n'ont pas continué le récital
but the puppets didn't continue the recital
les marionnettes ont doublé leur bruit et leurs cris
the puppets doubled their noise and outcries
ils ont mis Pinocchio sur leurs épaules
they put Pinocchio on their shoulders
et ils l'ont porté en triomphe devant les feux de la rampe
and they carried him in triumph before the footlights
À ce moment-là, le maître de piste sortit
At that moment the ringmaster came out
C'était un homme grand et laid
He was a big and ugly man
sa vue suffisait à effrayer n'importe qui
the sight of him was enough to frighten anyone
Sa barbe était noire comme de l'encre et longue
His beard was as black as ink and long
et sa barbe s'étendait de son menton jusqu'au sol
and his beard reached from his chin to the ground
et il marchait sur sa barbe quand il marchait
and he trod upon his beard when he walked
Sa bouche était aussi grande qu'un four
His mouth was as big as an oven
et ses yeux étaient comme deux lanternes de verre rouge brûlant
and his eyes were like two lanterns of burning red glass

Il portait un grand fouet de serpents tordus et des queues de renards
He carried a large whip of twisted snakes and foxes' tails
et il faisait claquer son fouet constamment
and he cracked his whip constantly
À son apparition inattendue, il y eut un profond silence
At his unexpected appearance there was a profound silence
personne n'osait même respirer
no one dared to even breathe
Une mouche aurait pu être entendue dans le silence
A fly could have been heard in the stillness
Les pauvres marionnettes des deux sexes tremblaient comme des feuilles
The poor puppets of both sexes trembled like leaves
êtes-vous venu pour faire du désordre dans mon théâtre ?
"have you come to raise a disturbance in my theatre?"
il avait la voix bourrue d'un gobelin
he had the gruff voice of a goblin
un gobelin souffrant d'un rhume sévère
a goblin suffering from a severe cold
– Croyez-moi, honoré monsieur, ce n'est pas ma faute !
"Believe me, honoured sir, it it not my fault!"
« C'est assez de votre part ! » hurla-t-il
"That is enough from you!" he blared
« Ce soir, nous réglerons nos comptes »
"Tonight we will settle our accounts"
Bientôt, la pièce fut terminée et les invités partirent
soon the play was over and the guests left
Le maître de piste entra dans la cuisine
the ringmaster went into the kitchen
un beau mouton était préparé pour son souper
a fine sheep was being prepared for his supper
il tournait lentement sur le feu
it was turning slowly on the fire
il n'y avait pas assez de bois pour finir de rôtir l'agneau
there was not enough wood to finish roasting the lamb
alors il appela Arlequin et Punch

so he called for Harlequin and Punch
« Amenez cette marionnette ici », leur ordonna-t-il
"Bring that puppet here," he ordered them
« Vous le trouverez pendu à un clou »
"you will find him hanging on a nail"
« Il me semble qu'il est fait de bois très sec »
"It seems to me that he is made of very dry wood"
« Je suis sûr qu'il ferait un beau brasier »
"I am sure he would make a beautiful blaze"
Au début, Arlequin et Punch hésitèrent
At first Harlequin and Punch hesitated
mais ils furent épouvantés par un regard sévère de leur maître
but they were appalled by a severe glance from their master
et ils n'avaient d'autre choix que d'obéir à ses souhaits
and they had no choice but to obey his wishes
Peu de temps après, ils retournèrent à la cuisine
In a short time they returned to the kitchen
cette fois, ils portaient le pauvre Pinocchio
this time they were carrying poor Pinocchio
il se tortillait comme une anguille hors de l'eau
he was wriggling like an eel out of water
et il criait désespérément
and he was screaming desperately
« Papa ! papa! Sauve-moi! Je ne mourrai pas ! »
"Papa! papa! save me! I will not die!"

Le cracheur de feu éternue et pardonne à Pinocchio
The Fire-Eater Sneezes and Pardons Pinocchio

Le maître de piste avait l'air d'un homme méchant
The ringmaster looked like a wicked man
et il était connu de tous sous le nom de Cracheur de Feu
and he was known by all as Fire-eater
sa barbe noire couvrait sa poitrine et ses jambes
his black beard covered his chest and legs
C'était comme s'il portait un tablier
it was like he was wearing an apron
et cela le faisait paraître particulièrement méchant
and this made him look especially wicked
Dans l'ensemble, cependant, il n'avait pas un mauvais cœur
On the whole, however, he did not have a bad heart
il vit le pauvre Pinocchio amené devant lui
he saw poor Pinocchio brought before him
Il vit la marionnette se débattre et crier
he saw the puppet struggling and screaming
« Je ne mourrai pas, je ne mourrai pas ! »
"I will not die, I will not die!"
et il fut très ému par ce qu'il vit
and he was quite moved by what he saw
il était très désolé pour la marionnette sans défense
he felt very sorry for the helpless puppet
il essayait de garder ses sympathies en lui-même
he tried to hold his sympathies within himself
mais au bout d'un moment, ils sortirent tous
but after a little they all came out
il ne pouvait plus contenir sa sympathie
he could contain his sympathy no longer
et il laissa échapper un énorme éternuement violent
and he let out an enormous violent sneeze
jusqu'à ce moment-là, Arlequin avait été inquiet
up until that moment Harlequin had been worried
il s'était incliné comme un saule pleureur
he had been bowing down like a weeping willow

mais quand il entendit l'éternuement, il devint joyeux
but when he heard the sneeze he became cheerful
il se pencha vers Pinocchio et murmura ;
he leaned towards Pinocchio and whispered;
« Bonne nouvelle, frère, le maître de piste a éternué »
"Good news, brother, the ringmaster has sneezed"
« C'est un signe qu'il a pitié de vous »
"that is a sign that he pities you"
« Et s'il a pitié de vous, alors vous êtes sauvés »
"and if he pities you, then you are saved"
La plupart des hommes pleurent quand ils ressentent de la compassion
most men weep when they feel compassion
ou du moins ils font semblant de se sécher les yeux
or at least they pretend to dry their eyes
Cracheur de Feu, cependant, avait une habitude différente
Fire-Eater, however, had a different habit
lorsqu'il était ému par l'émotion, son nez le chatouillait
when moved by emotion his nose would tickle him
Le maître de piste n'a pas cessé de jouer le rôle de voyou
the ringmaster didn't stop acting the ruffian
« As-tu tout à fait fini de pleurer ? »
"are you quite done with all your crying?"
« J'ai mal au ventre à cause de tes lamentations »
"my stomach hurts from your lamentations"
« Je ressens un spasme qui presque... »
"I feel a spasm that almost..."
et le maître de piste laissa échapper un autre éternuement bruyant
and the ringmaster let out another loud sneeze
— Béni sois-tu ! dit Pinocchio tout à fait gaiement
"Bless you!" said Pinocchio, quite cheerfully
"Merci ! Et ton papa et ta maman ?
"Thank you! And your papa and your mamma?"
« sont-ils encore vivants ? » demanda Cracheur de Feu
"are they still alive?" asked Fire-Eater
« Mon papa est toujours vivant et en bonne santé », a déclaré

Pinocchio
"My papa is still alive and well," said Pinocchio
mais ma maman, je ne l'ai jamais connue, ajouta-t-il
"but my mamma I have never known," he added
« **Heureusement que je ne t'ai pas jeté sur le feu** »
"good thing I did not have you thrown on the fire"
« **Ton père aurait perdu tout ce qu'il avait encore** »
"your father would have lost all who he still had"
« **Pauvre vieillard ! Je le plains !** »
"Poor old man! I pity him!"
« **Etchoo ! Etchoo ! etchoo !**" **Cracheur de feu éternua**
"Etchoo! etchoo! etchoo!" Fire-eater sneezed
et il éternua de nouveau trois fois
and he sneezed again three times
« **Béni sois-tu, disait Pinocchio à chaque fois**
"Bless you," said Pinocchio each time
"**Merci ! Une certaine compassion m'est due** »
"Thank you! Some compassion is due to me"
« **comme vous pouvez le voir, je n'ai plus de bois** »
"as you can see I have no more wood"
« **alors j'aurai du mal à finir de rôtir mon mouton** »
"so I will struggle to finish roasting my mutton"
vous m'auriez été d'une grande utilité !
"you would have been of great use to me!"
« **Cependant, j'ai eu pitié de toi** »
"However, I have had pity on you"
« **alors je dois avoir de la patience avec toi** »
"so I must have patience with you"
« **À ta place, je brûlerai une autre marionnette** »
"Instead of you I will burn another puppet"
À cet appel, deux gendarmes en bois apparurent immédiatement
At this call two wooden gendarmes immediately appeared
C'étaient des marionnettes très longues et très fines
They were very long and very thin puppets
et ils avaient des chapeaux bancals sur la tête
and they had wonky hats on their heads

et ils tenaient des épées dégainées dans leurs mains
and they held unsheathed swords in their hands
Le maître de piste leur dit d'une voix rauque :
The ringmaster said to them in a hoarse voice:
« Prenez Arlequin et attachez-le solidement »
"Take Harlequin and bind him securely"
« Et puis jetez-le sur le feu pour le brûler »
"and then throw him on the fire to burn"
« Je suis déterminé à ce que mon mouton soit bien rôti »
"I am determined that my mutton shall be well roasted"
imaginez ce qu'a dû ressentir le pauvre Arlequin !
imagine how poor Harlequin must have felt!
Sa terreur était si grande que ses jambes se pliaient sous lui
His terror was so great that his legs bent under him
et il tomba le visage à terre
and he fell with his face on the ground
Pinocchio était agonisé par ce qu'il voyait
Pinocchio was agonized by what he was seeing
il se jeta aux pieds du maître de piste
he threw himself at the ringmaster's feet
il baigna sa longue barbe de ses larmes
he bathed his long beard with his tears
et il essaya de supplier pour la vie d'Arlequin
and he tried to beg for Harlequin's life
« Ayez pitié, Sir Cracheur de Feu ! » Pinocchio supplia
"Have pity, Sir Fire-Eater!" Pinocchio begged
« Ici, il n'y a pas de messieurs », répondit sévèrement le maître de piste
"Here there are no sirs," the ringmaster answered severely
« Ayez pitié, sire chevalier ! » Pinocchio essaya
"Have pity, Sir Knight!" Pinocchio tried
« Ici, il n'y a pas de chevaliers ! » répondit le maître de piste
"Here there are no knights!" the ringmaster answered
« Ayez pitié, Commandant ! » Pinocchio essaya
"Have pity, Commander!" Pinocchio tried
« Ici, il n'y a pas de commandants ! »
"Here there are no commanders!"

« Aie pitié, Excellence ! » Pinocchio supplia
"Have pity, Excellence!" Pinocchio pleaded
Cracheur de feu aimait beaucoup ce qu'il venait d'entendre
Fire-eater quite liked what he had just heard
L'excellence était quelque chose à laquelle il aspirait
Excellence was something he did aspire to
et le maître de piste recommença à sourire
and the ringmaster began to smile again
et il devint à la fois plus gentil et plus docile
and he became at once kinder and more tractable
Se tournant vers Pinocchio, il demanda :
Turning to Pinocchio, he asked:
« Eh bien, que voulez-vous de moi ? »
"Well, what do you want from me?"
« Je t'implore de pardonner au pauvre Arlequin »
"I implore you to pardon poor Harlequin"
« Pour lui, il ne peut y avoir de pardon »
"For him there can be no pardon"
« Je t'ai épargné, si tu t'en souviens »
"I have spared you, if you remember"
« Il faut donc le mettre au feu »
"so he must be put on the fire"
« Je suis déterminé à ce que mon mouton soit bien rôti »
"I am determined that my mutton shall be well roasted"
Pinocchio a fièrement tenu tête au maître de piste
Pinocchio stood up proudly to the ringmaster
et il jeta son chapeau de mie de pain
and he threw away his cap of bread crumb
« Dans ce cas, je connais mon devoir »
"In that case I know my duty"
« Venez, gendarmes ! » appela-t-il les soldats
"Come on, gendarmes!" he called the soldiers
« Liez-moi et jetez-moi parmi les flammes »
"Bind me and throw me amongst the flames"
ce ne serait pas juste qu'Arlequin meure pour moi !
"it would not be just for Harlequin to die for me!"
« Il a été un véritable ami pour moi »

"he has been a true friend to me"
Pinocchio avait parlé d'une voix forte et héroïque
Pinocchio had spoken in a loud, heroic voice
et ses actions héroïques firent pleurer toutes les marionnettes
and his heroic actions made all the puppets cry
Même si les gendarmes étaient en bois
Even though the gendarmes were made of wood
ils pleuraient comme deux agneaux nouveau-nés
they wept like two newly born lambs
Cracheur de feu resta d'abord aussi dur et impassible que la glace
Fire-eater at first remained as hard and unmoved as ice
mais peu à peu, il commença à fondre et à éternuer
but little by little he began to melt and sneeze
il éternua à nouveau quatre ou cinq fois
he sneezed again four or five times
et il ouvrit affectueusement les bras
and he opened his arms affectionately
« Tu es un bon et brave garçon ! » loua-t-il Pinocchio
"You are a good and brave boy!" he praised Pinocchio
« Viens ici et donne-moi un baiser »
"Come here and give me a kiss"
Pinocchio courut immédiatement vers le maître de piste
Pinocchio ran to the ringmaster at once
il grimpa sur la barbe du maître de piste comme un écureuil
he climbed up the ringmaster's beard like a squirrel
et il déposa un baiser chaleureux sur la pointe de son nez
and he deposited a hearty kiss on the point of his nose
— Alors le pardon est accordé ? demanda le pauvre Arlequin
"Then the pardon is granted?" asked poor Harlequin
d'une voix faible à peine audible
in a faint voice that was scarcely audible
« Le pardon est accordé ! » répondit Cracheur de Feu
"The pardon is granted!" answered Fire-Eater
Il ajouta alors en soupirant et en secouant la tête :
he then added, sighing and shaking his head:

« Je dois avoir de la patience avec mes marionnettes ! »
"I must have patience with my puppets!"
« Ce soir, je devrai manger le mouton à moitié cru » ;
"Tonight I shall have to eat the mutton half raw;"
mais une autre fois, malheur à celui qui me déplaît !
"but another time, woe to him who displeases me!"
À la nouvelle de la grâce, les marionnettes coururent toutes sur la scène
At the news of the pardon the puppets all ran to the stage
ils ont allumé toutes les lampes et les lustres du spectacle
they lit all the lamps and chandeliers of the show
c'était comme s'il y avait une performance en grande tenue
it was as if there was a full-dress performance
ils se mirent à sauter et à danser joyeusement
they began to leap and to dance merrily
Quand l'aube fut venue, ils dansaient encore
when dawn had come they were still dancing

Pinocchio reçoit cinq pièces d'or
Pinocchio Receives Five Gold Pieces

Le lendemain, cracheur de feu appela Pinocchio
The following day Fire-eater called Pinocchio over
« Quel est le nom de votre père ? demanda-t-il à Pinocchio
"What is your father's name?" he asked Pinocchio
« Mon père s'appelle Geppetto », répondit Pinocchio
"My father is called Geppetto," Pinocchio answered
« Et quel métier fait-il ? » demanda Crach-Feu
"And what trade does he follow?" asked Fire-eater
« Il n'a pas de métier, c'est un mendiant »
"He has no trade, he is a beggar"
« Gagne-t-il beaucoup ? » demanda Cracheur de Feu
"Does he earn much?" asked Fire-eater
« Non, il n'a jamais un sou en poche »
"No, he has never a penny in his pocket"
« Une fois, il m'a acheté un livre d'orthographe »
"once he bought me a spelling-book"
« Mais il a dû vendre la seule veste qu'il avait »
"but he had to sell the only jacket he had"
« Pauvre diable ! Je suis presque désolé pour lui ! »
"Poor devil! I feel almost sorry for him!"
« Voici cinq pièces d'or pour lui »
"Here are five gold pieces for him"
« Va tout de suite et apporte-lui l'or »
"Go at once and take the gold to him"
Pinocchio était ravi du présent
Pinocchio was overjoyed by the present
Il remercia le maître de piste mille fois
he thanked the ringmaster a thousand times
Il a embrassé toutes les marionnettes de la compagnie
He embraced all the puppets of the company
il embrassa même la troupe des gendarmes
he even embraced the troop of gendarmes
puis il se mit en route pour rentrer directement chez lui
and then he set out to return straight home

Mais Pinocchio n'est pas allé très loin
But Pinocchio didn't get very far
sur la route, il rencontra un renard avec un pied boiteux
on the road he met a Fox with a lame foot
et il rencontra un chat aveugle des deux yeux
and he met a Cat blind in both eyes
ils s'entraidaient
they were going along helping each other
ils étaient de bons compagnons dans leur malheur
they were good companions in their misfortune
Le Renard, qui était boiteux, marchait appuyé sur le Chat
The Fox, who was lame, walked leaning on the Cat
et le chat, qui était aveugle, était guidé par le renard
and the Cat, who was blind, was guided by the Fox
le Renard salua Pinocchio très poliment
the Fox greeted Pinocchio very politely
« Bonjour, Pinocchio, » dit le Renard
"Good-day, Pinocchio," said the Fox
« Comment connaissez-vous mon nom ? » demanda la marionnette
"How do you come to know my name?" asked the puppet
« Je connais bien ton père, dit le renard
"I know your father well," said the fox
« Où l'avez-vous vu ? » demanda Pinocchio
"Where did you see him?" asked Pinocchio
« Je l'ai vu hier, à la porte de sa maison »
"I saw him yesterday, at the door of his house"
« Et que faisait-il ? » demanda Pinocchio
"And what was he doing?" asked Pinocchio
« Il était en chemise et frissonnait de froid »
"He was in his shirt and shivering with cold"
« Pauvre papa ! Mais sa souffrance est terminée maintenant »
"Poor papa! But his suffering is over now"
à l'avenir, il ne frissonnera plus !
"in the future he shall shiver no more!"
« Pourquoi ne frissonne-t-il plus ? » demanda le renard
"Why will he shiver no more?" asked the fox

— Parce que je suis devenu un gentilhomme, répondit Pinocchio
"Because I have become a gentleman" replied Pinocchio
« Un gentleman, vous ! » dit le Renard
"A gentleman—you!" said the Fox
et il se mit à rire rudement et avec mépris
and he began to laugh rudely and scornfully
Le chat se mit aussi à rire avec le renard
The Cat also began to laugh with the fox
mais elle a mieux réussi à dissimuler son rire
but she did better at concealing her laughter
et elle peignait ses moustaches avec ses pattes de devant
and she combed her whiskers with her forepaws
— Il n'y a pas de quoi rire, s'écria Pinocchio avec colère
"There is little to laugh at," cried Pinocchio angrily
« Je suis vraiment désolé de vous mettre l'eau à la bouche »
"I am really sorry to make your mouth water"
« Si vous savez quelque chose, vous savez ce que c'est »
"if you know anything then you know what these are"
« Vous pouvez voir que ce sont cinq pièces d'or »
"you can see that they are five pieces of gold"
Et il sortit l'argent que cracheur de feu lui avait donné
And he pulled out the money that Fire-eater had given him
Pendant un instant, le renard et le chat firent une chose étrange
for a moment the fox and the cat did a strange thing
Le tintement de l'argent a vraiment attiré leur attention
the jingling of the money really got their attention
le Renard étendit la patte qui semblait estropiée
the Fox stretched out the paw that seemed crippled
et la Chatte ouvrit grand ses deux yeux
and the Cat opened wide her two eyes
Ses yeux ressemblaient à deux lanternes vertes
her eyes looked like two green lanterns

il est vrai qu'elle ferma de nouveau les yeux
it is true that she shut her eyes again
elle était si rapide que Pinocchio ne le remarqua pas
she was so quick that Pinocchio didn't notice
le Renard était très curieux de ce qu'il avait vu
the Fox was very curious about what he had seen
« Qu'allez-vous faire de tout cet argent ? »
"what are you going to do with all that money?"
Pinocchio n'était que trop fier pour leur dire ses plans
Pinocchio was all too proud to tell them his plans
« Tout d'abord, j'ai l'intention d'acheter une nouvelle veste pour mon papa »
"First of all, I intend to buy a new jacket for my papa"
« La veste sera faite d'or et d'argent »
"the jacket will be made of gold and silver"
« Et le manteau viendra avec des boutons en diamant »
"and the coat will come with diamond buttons"
« et alors je m'achèterai un livre d'orthographe »
"and then I will buy a spelling-book for myself"
« Vous allez vous acheter un livre d'orthographe ? »
"You will buy a spelling book for yourself?"
« Oui, en effet, car je veux étudier sérieusement »
"Yes indeed, for I wish to study in earnest"
« Regardez-moi ! » dit le Renard

"Look at me!" said the Fox
« À cause de ma folle passion pour l'étude, j'ai perdu une jambe »
"Through my foolish passion for study I have lost a leg"
« Regarde-moi ! » dit le Chat
"Look at me!" said the Cat
« Par ma folle passion pour l'étude, j'ai perdu mes yeux »
"Through my foolish passion for study I have lost my eyes"
À ce moment, un merle blanc commença son chant habituel
At that moment a white Blackbird began his usual song
« Pinocchio, n'écoute pas les conseils des mauvais compagnons »
"Pinocchio, don't listen to the advice of bad companions"
« Si vous écoutez leurs conseils, vous vous en repentirez ! »
"if you listen to their advice you will repent it!"
Pauvre merle ! Si seulement il n'avait pas parlé !
Poor Blackbird! If only he had not spoken!
Le Chat, d'un grand bond, bondit sur lui
The Cat, with a great leap, sprang upon him
elle ne lui laissa même pas le temps de dire « Oh ! »
she didn't even give him time to say "Oh!"
elle le mangea d'une seule bouchée, plumes et tout
she ate him in one mouthful, feathers and all
Après l'avoir mangé, elle se nettoya la bouche
Having eaten him, she cleaned her mouth
puis elle ferma de nouveau les yeux
and then she shut her eyes again
et elle feignit la cécité comme auparavant
and she feigned blindness just as before
« Pauvre merle ! » dit Pinocchio au Chat
"Poor Blackbird!" said Pinocchio to the Cat
« Pourquoi l'as-tu si mal traité ? »
"why did you treat him so badly?"
« Je l'ai fait pour lui donner une leçon »
"I did it to give him a lesson"
« Il apprendra à ne pas se mêler des affaires des autres »
"He will learn not to meddle in other people's affairs"

à présent, ils étaient presque à mi-chemin de la maison
by now they had gone almost half-way home
le Renard s'arrêta brusquement et parla à la marionnette
the Fox, halted suddenly, and spoke to the puppet
« Voulez-vous doubler votre argent ? »
"Would you like to double your money?"
— De quelle manière pourrais-je doubler mon argent ?
"In what way could I double my money?"
« Voulez-vous multiplier vos cinq misérables pièces ? »
"Would you like to multiply your five miserable coins?"
"J'aimerais beaucoup ça ! mais comment ?
"I would like that very much! but how?"
« La façon de le faire est assez facile »
"The way to do it is easy enough"
« Au lieu de rentrer chez vous, vous devez partir avec nous »
"Instead of returning home you must go with us"
— Et où voulez-vous m'emmener ?
"And where do you wish to take me?"
« Nous vous emmènerons au pays des hiboux »
"We will take you to the land of the Owls"
Pinocchio réfléchit un moment pour réfléchir
Pinocchio reflected a moment to think
puis il dit résolument : « Non, je n'irai pas »
and then he said resolutely "No, I will not go"
« Je suis déjà près de la maison »
"I am already close to the house"
« et je retournerai à la maison auprès de mon papa »
"and I will return home to my papa"
« Il m'a attendu dans le froid »
"he has been waiting for me in the cold"
« Toute la journée d'hier, je ne suis pas revenu vers lui »
"all day yesterday I did not come back to him"
« Qui peut dire combien de fois il a soupiré ! »
"Who can tell how many times he sighed!"
« J'ai vraiment été un mauvais fils »
"I have indeed been a bad son"
« Et le petit grillon qui parlait avait raison »

"and the talking little cricket was right"
« Les garçons désobéissants ne font jamais de bien »
"Disobedient boys never come to any good"
« Ce que le petit grillon parlant a dit est vrai »
"what the talking little cricket said is true"
« Beaucoup de malheurs m'sont arrivés »
"many misfortunes have happened to me"
« Même hier, dans la maison du cracheur de feu, j'ai pris un risque »
"Even yesterday in fire-eater's house I took a risk"
« Oh ! ça me fait frémir rien que d'y penser ! »
"Oh! it makes me shudder to think of it!"
« Eh bien, alors, » dit le Renard, « vous avez décidé de rentrer chez vous ? »
"Well, then," said the Fox, "you've decided to go home?"
« Allez-vous-en, alors, et tant pis pour vous »
"Go, then, and so much the worse for you"
« Tant pis pour toi ! » répéta le Chat
"So much the worse for you!" repeated the Cat
« Pense-y bien, Pinocchio », lui conseillèrent-ils
"Think well of it, Pinocchio," they advised him
« Parce que vous donnez un coup de pied à la fortune »
"because you are giving a kick to fortune"
« un coup de pied à la fortune ! » répéta le Chat
"a kick to fortune!" repeated the Cat
« Tout ce qu'il aurait fallu, c'est une journée »
"all it would have taken would have been a day"
« D'ici demain, vos cinq pièces pourraient se multiplier »
"by tomorrow your five coins could have multiplied"
« Vos cinq pièces auraient pu devenir deux mille »
"your five coins could have become two thousand"
— **Deux mille souverains ! répéta le Chat**
"Two thousand sovereigns!" repeated the Cat
— **Mais comment est-ce possible ? demanda Pinocchio**
"But how is it possible?" asked Pinocchio
et il resta la bouche ouverte d'étonnement
and he remained with his mouth open from astonishment

« **Je vais vous l'expliquer tout de suite,** » dit le Renard
"I will explain it to you at once," said the Fox
« **au pays des Hiboux, il y a un champ sacré** »
"in the land of the Owls there is a sacred field"
« **Tout le monde l'appelle le champ des miracles** »
"everybody calls it the field of miracles"
« **Dans ce champ, vous devez creuser un petit trou** »
"In this field you must dig a little hole"
« **Et vous devez mettre une pièce d'or dans le trou** »
"and you must put a gold coin into the hole"
« **Alors vous couvrez le trou avec un peu de terre** »
"then you cover up the hole with a little earth"
« **Vous devez aller chercher de l'eau à la fontaine voisine** »
"you must get water from the fountain nearby"
« **Tu dois arroser le trou avec deux seaux d'eau** »
"you must water they hole with two pails of water"
« **puis saupoudrez le trou de deux pincées de sel** »
"then sprinkle the hole with two pinches of salt"
« **Et quand la nuit viendra, vous pourrez vous coucher tranquillement** »
"and when night comes you can go quietly to bed"
« **Pendant la nuit, le miracle se produira** »
"during the night the miracle will happen"
« **Les pièces d'or que tu as plantées pousseront et fleuriront** »
"the gold pieces you planted will grow and flower"
et que pensez-vous trouver demain matin ?
"and what do you think you will find in the morning?"
« **Vous trouverez un bel arbre là où vous l'avez planté** »
"You will find a beautiful tree where you planted it"
« **L'arbre sera chargé de pièces d'or** »
"they tree will be laden with gold coins"
Pinocchio devenait de plus en plus déconcerté
Pinocchio grew more and more bewildered
« **Supposons que j'enterre mes cinq pièces dans ce champ** »
"let's suppose I bury my five coins in that field"
combien de pièces pourrais-je trouver le lendemain matin ?
"how many coins might I find the following morning?"

- 70 -

— C'est un calcul extrêmement facile, répondit le Renard
"That is an exceedingly easy calculation," replied the Fox
« Un calcul que vous pouvez faire avec vos mains »
"a calculation you can make with your hands"
« Chaque pièce vous donnera une augmentation de cinq cents »
"Every coin will give you an increase of five-hundred"
« Multipliez cinq cents par cinq et vous avez votre réponse »
"multiply five hundred by five and you have your answer"
« Vous trouverez deux mille cinq cents pièces d'or brillantes »
"you will find two-thousand-five-hundred shining gold pieces"
« Oh ! comme c'est délicieux ! s'écria Pinocchio en dansant de joie
"Oh! how delightful!" cried Pinocchio, dancing for joy
« J'en garderai deux mille pour moi »
"I will keep two thousand for myself"
et les cinq cents autres, je vous en donnerai deux.
"and the other five hundred I will give you two"
« Un cadeau pour nous ? » s'écria le Renard avec indignation
"A present to us?" cried the Fox with indignation
et il parut presque offensé de l'offre
and he almost appeared offended at the offer
« De quoi rêvez-vous ? » demanda le Renard
"What are you dreaming of?" asked the Fox
« À quoi rêves-tu ? » répéta le Chat
"What are you dreaming of?" repeated the Cat
« Nous ne travaillons pas pour accumuler des intérêts »
"We do not work to accumulate interest"
« Nous travaillons uniquement pour enrichir les autres »
"we work solely to enrich others"
— Pour enrichir les autres ! répéta le Chat
"to enrich others!" repeated the Cat
« Quelles bonnes gens ! » pensa Pinocchio en lui-même
"What good people!" thought Pinocchio to himself
et il oublia tout de son papa et de la nouvelle veste

and he forgot all about his papa and the new jacket
et il oublia le livre d'orthographe
and he forgot about the spelling-book
et il oublia toutes ses bonnes résolutions
and he forgot all of his good resolutions
« Partons tout de suite », suggéra-t-il
"Let us be off at once" he suggested
« J'irai avec vous deux au champ des hiboux »
"I will go with you two to the field of Owls"

L'auberge de l'écrevisse rouge
The Inn of the Red Craw-Fish

Ils ont marché, marché et marché
They walked, and walked, and walked
Tous fatigués, ils arrivèrent enfin à une auberge
all tired out, they finally arrived at an inn
L'auberge de l'écrevisse rouge
The Inn of The Red Craw-Fish
« Arrêtons-nous ici un peu, » dit le Renard
"Let us stop here a little," said the Fox
« Nous devrions avoir quelque chose à manger », a-t-il ajouté
"we should have something to eat," he added
« Nous avons besoin de nous reposer pendant une heure ou deux »
"we need to rest ourselves for an hour or two"
« Et puis nous recommencerons à minuit »
"and then we will start again at midnight"
« Nous arriverons au Champ des Miracles dans la matinée »
"we'll arrive at the Field of Miracles in the morning"
Pinocchio était également fatigué de toute la marche
Pinocchio was also tired from all the walking
aussi se laissa facilement convaincre d'entrer dans l'auberge
so he was easily convinced to go into the inn
Tous les trois se sont assis à une table

- 72 -

all three of them sat down at a table
mais aucun d'eux n'avait vraiment d'appétit
but none of them really had any appetite

Le chat souffrait d'indigestion
The Cat was suffering from indigestion
et elle se sentait sérieusement indisposée
and she was feeling seriously indisposed
elle ne pouvait manger que trente-cinq poissons à la sauce tomate
she could only eat thirty-five fish with tomato sauce
et elle n'avait que quatre portions de nouilles au parmesan
and she had just four portions of noodles with Parmesan
mais elle pensait que les nouilles n'étaient pas assez assaisonnées
but she thought the noodles weres not seasoned enough
alors elle a demandé trois fois le beurre et le fromage râpé !
so she asked three times for the butter and grated cheese!
Le renard aurait également pu se passer de manger
The Fox could also have gone without eating
mais son médecin lui avait prescrit un régime strict
but his doctor had ordered him a strict diet
il fut donc forcé de se contenter d'un lièvre
so he was forced to content himself simply with a hare
Le lièvre était habillé d'une sauce aigre-douce
the hare was dressed with a sweet and sour sauce
il était légèrement garni de poulets gras

it was garnished lightly with fat chickens
puis il commanda un plat de perdrix et de lapins
then he ordered a dish of partridges and rabbits
et il mangeait aussi des grenouilles, des lézards et d'autres mets délicats
and he also ate some frogs, lizards and other delicacies
il ne pouvait vraiment rien manger d'autre
he really could not eat anything else
Il se souciait très peu de la nourriture, a-t-il dit
He cared very little for food, he said
et il a dit qu'il avait du mal à le porter à ses lèvres
and he said he struggled to put it to his lips
Celui qui mangeait le moins était Pinocchio
The one who ate the least was Pinocchio
Il demanda des noix et un morceau de pain
He asked for some walnuts and a hunch of bread
et il laissa tout dans son assiette
and he left everything on his plate
Les pensées du pauvre garçon n'étaient pas avec la nourriture
The poor boy's thoughts were not with the food
il fixait continuellement ses pensées sur le Champ des Miracles
he continually fixed his thoughts on the Field of Miracles
Quand ils eurent soupé, le Renard parla à l'hôte
When they had supped, the Fox spoke to the host
« Donnez-nous deux bonnes chambres, cher aubergiste »
"Give us two good rooms, dear inn-keeper"
« S'il vous plaît, donnez-nous une chambre pour M. Pinocchio »
"please provide us one room for Mr. Pinocchio"
« et je partagerai l'autre chambre avec mon compagnon »
"and I will share the other room with my companion"
« Nous allons dormir un peu avant de partir »
"We will snatch a little sleep before we leave"
« N'oubliez pas, cependant, que nous souhaitons partir à minuit »

"Remember, however, that we wish to leave at midnight"
« Alors s'il vous plaît, appelez-nous, pour continuer notre voyage »
"so please call us, to continue our journey"
– Oui, messieurs, répondit l'hôte
"Yes, gentlemen," answered the host
et il fit un clin d'œil au Renard et au Chat
and he winked at the Fox and the Cat
c'était comme s'il disait « Je sais ce que tu fais »
it was as if he said "I know what you are up to"
Le clin d'œil semblait dire : « Nous nous comprenons ! »
the wink seemed to say, "we understand one another!"
Pinocchio était très fatigué de la journée
Pinocchio was very tired from the day
Il s'endormit dès qu'il fut dans son lit
he fell asleep as soon as he got into his bed
et dès qu'il commença à dormir, il se mit à rêver
and as soon as he started sleeping he started to dream
il rêva qu'il était au milieu d'un champ
he dreamed that he was in the middle of a field
Le champ était plein d'arbustes à perte de vue
the field was full of shrubs as far as the eye could see
les arbustes étaient couverts de grappes de pièces d'or
the shrubs were covered with clusters of gold coins
les pièces d'or se balançaient au vent et s'agitaient
the gold coins swung in the wind and rattled
Et ils ont fait un son comme, « tzinn, tzinn, tzinn »
and they made a sound like, "tzinn, tzinn, tzinn"
ils semblaient parler à Pinocchio
they sounded as if they were speaking to Pinocchio
« Que celui qui veut vienne nous prendre »
"Let who whoever wants to come and take us"
Pinocchio était sur le point de tendre la main
Pinocchio was just about to stretch out his hand
il allait cueillir des poignées de ces belles pièces d'or
he was going to pick handfuls of those beautiful gold pieces
et il était presque capable de les mettre dans sa poche

and he almost was able to put them in his pocket
mais il fut réveillé tout à coup par trois coups à la porte
but he was suddenly awakened by three knocks on the door
C'était l'hôte qui était venu le réveiller
It was the host who had come to wake him up
« Je suis venu vous faire savoir qu'il est minuit »
"I have come to let you know it's midnight"
« Mes compagnons sont-ils prêts ? » demanda la marionnette
"Are my companions ready?" asked the puppet
« Prêt ! Eh bien, ils sont partis il y a deux heures"
"Ready! Why, they left two hours ago"
« Pourquoi étaient-ils si pressés ? »
"Why were they in such a hurry?"
« Parce que le chat avait reçu un message »
"Because the Cat had received a message"
« Elle a appris que son chaton aîné était malade »
"she got news that her eldest kitten was ill"
— Ont-ils payé le souper ?
"Did they pay for the supper?"
« À quoi penses-tu ? »
"What are you thinking of?"
« Ils sont trop bien éduqués pour rêver de vous insulter »
"They are too well educated to dream of insulting you"
« Un gentleman comme vous ne laisserait pas ses amis payer »
"a gentleman like you would not let his friends pay"
« Quel dommage ! » pensa Pinocchio
"What a pity!" thought Pinocchio
une telle insulte m'eût fait beaucoup de plaisir !
"such an insult would have given me much pleasure!"
« Et où mes amis ont-ils dit qu'ils m'attendraient ? »
"And where did my friends say they would wait for me?"
« Au Champ des Miracles, demain matin à l'aube »
"At the Field of Miracles, tomorrow morning at daybreak"
Pinocchio paya une pièce pour le souper de ses compagnons
Pinocchio paid a coin for the supper of his companions
puis il partit pour le champ des Miracles

and then he left for the field of Miracles
À l'extérieur de l'auberge, il faisait presque nuit noire
Outside the inn it was almost pitch black
Pinocchio ne pouvait progresser qu'en tâtonnant
Pinocchio could only make progress by groping his way
il était impossible de voir sa main devant lui
it was impossible to see his hand's in front of him
Quelques oiseaux de nuit ont volé en travers de la route
Some night-birds flew across the road
ils effleurèrent le nez de Pinocchio avec leurs ailes
they brushed Pinocchio's nose with their wings
cela lui causa une peur terrible
it caused him a terrible fright
Bondissant en arrière, il cria : « Qui va là ? »
springing back, he shouted: "who goes there?"
et l'écho dans les collines se répétait au loin
and the echo in the hills repeated in the distance
« Qui va là-bas ? » - « Qui va là ? » - « Qui va là-bas ? »
"Who goes there?" - "Who goes there?" - "Who goes there?"
Sur le tronc de l'arbre, il vit une petite lumière
on the trunk of the tree he saw a little light
c'était un petit insecte qu'il voyait briller faiblement
it was a little insect he saw shining dimly
comme une veilleuse dans une lampe de porcelaine transparente
like a night-light in a lamp of transparent china
« Qui es-tu ? » demanda Pinocchio
"Who are you?" asked Pinocchio
l'insecte répondit à voix basse ;
the insect answered in a low voice;
« Je suis le fantôme du petit grillon qui parle »
"I am the ghost of the talking little cricket"
la voix était plus faible qu'on ne peut le décrire
the voice was fainter than can be described
La voix semblait venir de l'autre monde
the voice seemed to come from the other world
« Que me veux-tu ? » demanda la marionnette

"What do you want with me?" said the puppet
« Je veux te donner quelques conseils »
"I want to give you some advice"
« Retourne et prends les quatre pièces qu'il te reste »
"Go back and take the four coins that you have left"
« Apportez vos pièces à votre pauvre père »
"take your coins to your poor father"
« Il pleure et désespère chez lui »
"he is weeping and in despair at home"
« parce que tu n'es pas retourné à lui »
"because you have not returned to him"
mais Pinocchio y avait déjà pensé
but Pinocchio had already thought of this
« D'ici demain, mon papa sera un gentleman »
"By tomorrow my papa will be a gentleman"
« Ces quatre pièces deviendront deux mille »
"these four coins will become two thousand"
« Ne faites pas confiance à ceux qui promettent de vous rendre riche en un jour »
"Don't trust those who promise to make you rich in a day"
« D'habitude, ce sont soit des fous, soit des fripons ! »
"Usually they are either mad or rogues!"
« Prête-moi l'oreille, et retournez, mon garçon »
"Give ear to me, and go back, my boy"
« Au contraire, je suis déterminé à continuer »
"On the contrary, I am determined to go on"
« L'heure est tardive ! » dit le grillon
"The hour is late!" said the cricket
« Je suis déterminé à continuer »
"I am determined to go on"
« La nuit est sombre ! » dit le grillon
"The night is dark!" said the cricket
« Je suis déterminé à continuer »
"I am determined to go on"
« La route est dangereuse ! » dit le grillon
"The road is dangerous!" said the cricket
« Je suis déterminé à continuer »

"I am determined to go on"
« Les garçons sont déterminés à suivre leurs souhaits »
"boys are bent on following their wishes"
« Mais rappelez-vous, tôt ou tard ils s'en repentent »
"but remember, sooner or later they repent it"
"Toujours les mêmes histoires. Bonne nuit, petit grillon"
"Always the same stories. Good-night, little cricket"
Le Grillon a également souhaité une bonne nuit à Pinocchio
The Cricket wished Pinocchio a good night too
« Que le ciel vous préserve des dangers et des assassins »
"may Heaven preserve you from dangers and assassins"
puis le petit grillon parlant disparut soudainement
then the talking little cricket vanished suddenly
comme une lumière qui a été soufflée
like a light that has been blown out
et la route devint plus sombre que jamais
and the road became darker than ever

Pinocchio tombe entre les mains des assassins
Pinocchio Falls into the Hands of the Assassins

Pinocchio reprit son voyage et se parla à lui-même
Pinocchio resumed his journey and spoke to himself
« Comme nous sommes malheureux, nous les pauvres garçons »
"how unfortunate we poor boys are"
« Tout le monde nous gronde et nous donne de bons conseils »
"Everybody scolds us and gives us good advice"
« mais je ne choisis pas d'écouter ce petit grillon ennuyeux »
"but I don't choose to listen to that tiresome little cricket"
« Qui sait combien de malheurs vont m'arriver ! »
"who knows how many misfortunes are to happen to me!"
« Je n'ai même pas encore rencontré d'assassins ! »
"I haven't even met any assassins yet!"
« C'est cependant de peu d'importance »

"That is, however, of little consequence"
« car je ne crois pas aux assassins »
"for I don't believe in assassins"
« Je n'ai jamais cru aux assassins »
"I have never believed in assassins"
« Je pense que les assassins ont été inventés exprès »
"I think that assassins have been invented purposely"
« Les papas s'en servent pour effrayer les petits garçons »
"papas use them to frighten little boys"
« Et puis les petits garçons ont peur de sortir le soir »
"and then little boys are scared of going out at night"
« Quoi qu'il en soit, supposons que je rencontre des assassins »
"Anyway, let's suppose I was to come across assassins"
« Pensez-vous qu'ils m'effrayeraient ? »
"do you imagine they would frighten me?"
« Ils ne m'effrayeraient pas le moins du monde »
"they would not frighten me in the least"
« J'irai à leur rencontre et je les appellerai »
"I will go to meet them and call to them"
« Messieurs les assassins, que voulez-vous de moi ? »
'Gentlemen assassins, what do you want with me?'
« Rappelez-vous qu'avec moi, il n'y a pas de blague »
'Remember that with me there is no joking'
« Par conséquent, vaquez à vos occupations et taisez-vous ! »
'Therefore, go about your business and be quiet!'
« À ce discours, ils s'enfuiraient comme le vent »
"At this speech they would run away like the wind"
« Il se pourrait qu'ils soient des assassins mal éduqués »
"it could be that they are badly educated assassins"
« Alors les assassins ne s'enfuiront peut-être pas »
"then the assassins might not run away"
« Mais même cela n'est pas un gros problème »
"but even that isn't a great problem"
« alors je m'enfuirais moi-même »
"then I would just run away myself"
« Et ce serait la fin de tout ça »

"and that would be the end of that"
Mais Pinocchio n'eut pas le temps d'achever son raisonnement
But Pinocchio had no time to finish his reasoning
Il crut entendre un léger bruissement de feuilles
he thought that he heard a slight rustle of leaves
Il se retourna pour regarder d'où venait le bruit
He turned to look where the noise had come from
et il vit dans l'obscurité deux figures noires à l'air maléfique
and he saw in the gloom two evil-looking black figures
ils étaient complètement enveloppés dans des sacs de charbon de bois
they were completely enveloped in charcoal sacks
Ils couraient après lui sur la pointe des pieds
They were running after him on their tiptoes
et ils faisaient de grands bonds comme deux fantômes
and they were making great leaps like two phantoms
« Les voici en réalité ! » se dit-il
"Here they are in reality!" he said to himself
il n'avait nulle part où cacher ses pièces d'or
he didn't have anywhere to hide his gold pieces
alors il les mit dans sa bouche, sous sa langue
so he put them in his mouth, under his tongue
Puis il tourna son attention vers la fuite
Then he turned his attention to escaping
Mais il n'a pas réussi à aller très loin
But he did not manage to get very far
il se sentit saisi par le bras
he felt himself seized by the arm

et il entendit deux voix horribles le menacer
and he heard two horrid voices threatening him
« Votre argent ou votre vie ! » menaçaient-ils
"Your money or your life!" they threatened
Pinocchio n'était pas capable de répondre avec des mots
Pinocchio was not able to answer in words
parce qu'il avait mis son argent dans sa bouche
because he had put his money in his mouth
alors il fit mille révérences basses
so he made a thousand low bows
et il offrit mille pantomimes
and he offered a thousand pantomimes
Il essaya de faire comprendre aux deux personnages
He tried to make the two figures understand
il n'était qu'une pauvre marionnette sans argent
he was just a poor puppet without any money
il n'avait pas même un sou dans sa poche
he had not as much as a nickel in his pocket
mais les deux voleurs n'étaient pas convaincus
but the two robbers were not convinced
« Moins de bêtises et fini l'argent ! »
"Less nonsense and out with the money!"
Et la marionnette fit un geste avec ses mains
And the puppet made a gesture with his hands
il fit semblant de retourner ses poches

he pretended to turn his pockets inside out
Bien sûr, Pinocchio n'avait pas de poches
Of course Pinocchio didn't have any pockets
mais il essayait de signifier : « Je n'ai pas d'argent »
but he was trying to signify, "I have no money"
Lentement, les voleurs perdaient patience
slowly the robbers were losing their patience
« Donnez votre argent ou vous êtes mort », dit le plus grand
"Deliver up your money or you are dead," said the taller one
« Mort ! » répéta le plus petit
"Dead!" repeated the smaller one
« Et puis nous tuerons aussi ton père ! »
"And then we will also kill your father!"
« Et aussi ton père ! » répéta encore le plus petit
"Also your father!" repeated the smaller one again
— Non, non, non, pas mon pauvre papa ! s'écria Pinocchio désespéré
"No, no, no, not my poor papa!" cried Pinocchio in despair
et comme il le disait, les pièces de monnaie tintèrent dans sa bouche
and as he said it the coins clinked in his mouth
— Ah ! espèce de coquin ! » comprirent les voleurs
"Ah! you rascal!" realized the robbers
vous avez caché votre argent sous votre langue !
"you have hidden your money under your tongue!"
« Recrache-le tout de suite ! » lui ordonna-t-il
"Spit it out at once!" he ordered him
« Recrache-le », répéta le plus petit
"spit it out," repeated the smaller one
Pinocchio s'obstinait à leurs ordres
Pinocchio was obstinate to their commands
— Ah ! Vous faites semblant d'être sourd, n'est-ce pas ?
"Ah! you pretend to be deaf, do you?"
« Laissez-nous trouver un moyen »
"leave it to us to find a means"
« Nous trouverons un moyen de vous faire renoncer à votre argent »

"we will find a way to make you give up your money"
— Nous trouverons un moyen, répéta le plus petit
"We will find a way," repeated the smaller one
Et l'un d'eux saisit la marionnette par le nez
And one of them seized the puppet by his nose
et l'autre le prit par le menton
and the other took him by the chin
et ils commencèrent à tirer brutalement
and they began to pull brutally
l'un tiré vers le haut et l'autre vers le bas
one pulled up and the other pulled down
Ils ont essayé de le forcer à ouvrir la bouche
they tried to force him to open his mouth
Mais tout cela n'a servi à rien
But it was all to no purpose
La bouche de Pinocchio semblait être clouée ensemble
Pinocchio's mouth seemed to be nailed together
Puis l'assassin plus petit sortit un vilain couteau
Then the shorter assassin drew out an ugly knife
et il essaya de le mettre entre ses lèvres
and he tried to put it between his lips
Mais Pinocchio, rapide comme l'éclair, lui saisit la main
But Pinocchio, as quick as lightning, caught his hand
et il le mordit avec ses dents
and he bit him with his teeth
et d'une seule bouchée, il mordit la main
and with one bite he bit the hand clean off
Mais ce n'était pas une main qu'il cracha
but it wasn't a hand that he spat out
il était plus poilu qu'une main et avait des griffes
it was hairier than a hand, and had claws
imaginez l'étonnement de Pinocchio en voyant la patte d'un chat
imagine Pinocchio's astonishment when saw a cat's paw
ou du moins c'est ce qu'il pensait avoir vu
or at least that's what he thought he saw
Pinocchio est encouragé par cette première victoire

Pinocchio was encouraged by this first victory
Maintenant, il utilisait ses ongles pour se libérer
now he used his fingernails to break free
il a réussi à se libérer de ses assaillants
he succeeded in liberating himself from his assailants
il sauta par-dessus la haie au bord de la route
he jumped over the hedge by the roadside
et se mit à courir à travers champs
and began to run across the fields
Les assassins couraient après lui comme deux chiens poursuivant un lièvre
The assassins ran after him like two dogs chasing a hare
et celui qui avait perdu une patte courait sur une jambe
and the one who had lost a paw ran on one leg
et personne n'a jamais su comment il s'y prenait
and no one ever knew how he managed it
Après une course de quelques kilomètres, Pinocchio ne pouvait plus courir
After a race of some miles Pinocchio could run no more
il pensait que sa situation était perdue
he thought his situation was lost
il grimpa sur le tronc d'un très haut pin
he climbed the trunk of a very high pine tree
et il s'assit dans les branches les plus hautes
and he seated himself in the topmost branches
Les assassins ont tenté de grimper après lui
The assassins attempted to climb after him
lorsqu'ils atteignirent la moitié de l'arbre, ils glissèrent à nouveau
when they reached half-way up the tree they slid down again
et ils arrivèrent sur le sol avec leur peau écorchée
and they arrived on the ground with their skin grazed
Mais ils n'ont pas abandonné si facilement
But they didn't give up so easily
ils entassèrent du bois sec sous le pin
they piled up some dry wood beneath the pine
puis ils mirent le feu au bois

and then they set fire to the wood
Très vite, le pin a commencé à brûler plus haut
very quickly the pine began to burn higher
comme une bougie soufflée par le vent
like a candle blown by the wind
Pinocchio a vu les flammes monter de plus en plus haut
Pinocchio saw the flames rising higher and higher
il ne voulait pas finir sa vie comme un pigeon rôti
he did not wish to end his life like a roasted pigeon
alors il fit un bond prodigieux du haut de l'arbre
so he made a stupendous leap from the top of the tree
et il courut à travers champs et vignes
and he ran across the fields and vineyards
Les assassins le suivirent à nouveau
The assassins followed him again
et ils restèrent derrière lui sans abandonner
and they kept behind him without giving up
Le jour commençait à poindre et ils le poursuivaient toujours
The day began to break and they were still pursuing him
Soudain, Pinocchio trouva son chemin barré par un fossé
Suddenly Pinocchio found his way barred by a ditch
il était plein d'eau stagnante de la couleur du café
it was full of stagnant water the colour of coffee
Que devait faire notre Pinocchio maintenant ?
What was our Pinocchio to do now?
« Un ! Deux! trois ! s'écria la marionnette
"One! two! three!" cried the puppet
Se précipitant, il sauta de l'autre côté
making a rush, he sprang to the other side
Les assassins ont également essayé de sauter par-dessus le fossé
The assassins also tried to jump over the ditch
mais ils n'avaient pas mesuré la distance
but they had not measured the distance
éclaboussure ! ils sont tombés au milieu du fossé
splish splash! they fell into the middle of the ditch

Pinocchio entendit le plongeon et les éclaboussures
Pinocchio heard the plunge and the splashing
« Un bon bain à vous, messieurs assassins »
"A fine bath to you, gentleman assassins"
Et il était convaincu qu'ils étaient noyés
And he felt convinced that they were drowned
mais c'est bien que Pinocchio ait regardé derrière lui
but it's good that Pinocchio did look behind him
car ses deux assassins ne s'étaient pas noyés
because his two assassins had not drowned
les deux assassins étaient sortis de l'eau
the two assassins had got out the water again
et ils couraient tous deux après lui
and they were both still running after him

ils étaient encore enveloppés dans leurs sacs
they were still enveloped in their sacks
et l'eau en coulait
and the water was dripping from them
comme s'ils avaient été deux paniers creux
as if they had been two hollow baskets

Les assassins pendent Pinocchio au grand chêne
The Assassins Hang Pinocchio to the Big Oak Tree

À cette vue, le courage de la marionnette lui manqua
At this sight, the puppet's courage failed him
il était sur le point de se jeter à terre
he was on the point of throwing himself on the ground
et il voulait se donner pour perdu
and he wanted to give himself over for lost
il tourna les yeux dans toutes les directions
he turned his eyes in every direction
Il vit une petite maison blanche comme neige
he saw a small house as white as snow
« Si seulement j'avais le souffle pour atteindre cette maison »
"If only I had breath to reach that house"
« peut-être qu'alors je pourrais être sauvé »
"perhaps then I might be saved"
Sans tarder un instant, il se remit à courir
without delaying an instant he recommenced running
le pauvre petit Pinocchio courait pour sauver sa vie
poor little Pinocchio was running for his life
Il courut à travers le bois avec les assassins à ses trousses
he ran through the wood with the assassins after him
il y a eu une course désespérée de près de deux heures
there was a desperate race of nearly two hours
et enfin il arriva tout essoufflé à la porte
and finally he arrived quite breathless at the door
Il frappa désespérément à la porte de la maison

he desperately knocked on the door of the house
mais personne ne répondit au coup de Pinocchio
but no one answered Pinocchio's knock
Il frappa de nouveau à la porte avec une grande violence
He knocked at the door again with great violence
car il entendit le bruit des pas qui s'approchaient de lui
because he heard the sound of steps approaching him
et il entendit le halètement lourd de ses persécuteurs
and he heard the the heavy panting of his persecutors
Il y eut le même silence qu'auparavant
there was the same silence as before
il voyait que frapper était inutile
he saw that knocking was useless
alors il commença en désespoir de cause à donner des coups de pied et de pommeau à la porte
so he began in desperation to kick and pommel the door
La fenêtre à côté de la porte s'ouvrit alors
The window next to the door then opened
et un bel enfant apparut à la fenêtre
and a beautiful Child appeared at the window
La belle enfant avait les cheveux bleus
the beautiful child had blue hair
et son visage était aussi blanc qu'une image de cire
and her face was as white as a waxen image
ses yeux étaient fermés comme si elle dormait
her eyes were closed as if she was asleep
et ses mains étaient croisées sur sa poitrine
and her hands were crossed on her breast
Sans bouger le moins du monde les lèvres, elle parla
Without moving her lips in the least, she spoke
« Dans cette maison, il n'y a personne, ils sont tous morts »
"In this house there is no one, they are all dead"
et sa voix semblait venir de l'autre monde
and her voice seemed to come from the other world
mais Pinocchio criait, pleurait et implorait
but Pinocchio shouted and cried and implored
« Alors ouvre-moi au moins la porte »

"Then at least open the door for me"
« Je suis mort aussi », dit l'image de cire
"I am also dead," said the waxen image
— Alors que faites-vous là à la fenêtre ?
"Then what are you doing there at the window?"
« J'attends d'être emmené »
"I am waiting to be taken away"
Ayant dit cela, elle disparut immédiatement
Having said this she immediately disappeared
et la fenêtre se referma sans le moindre bruit
and the window was closed again without the slightest noise
« Oh ! bel enfant aux cheveux bleus, s'écria Pinocchio.
"Oh! beautiful Child with blue hair," cried Pinocchio"
Ouvrez la porte, par pitié !
"open the door, for pity's sake!"
« Ayez pitié d'un pauvre garçon poursuivi... »
"Have compassion on a poor boy pursued..."
Mais il ne put terminer sa phrase
But he could not finish the sentence
parce qu'il se sentait saisi par le col
because he felt himself seized by the collar
Les deux mêmes voix horribles lui dirent d'un ton menaçant:
the same two horrible voices said to him threateningly:
« Tu ne nous échapperas plus ! »
"You shall not escape from us again!"
« Tu ne t'échapperas pas, » haleta le petit assassin
"You shall not escape," panted the little assassin
La marionnette vit que la mort le regardait en face
The puppet saw death was staring him in the face
il fut pris d'un violent tremblement
he was taken with a violent fit of trembling
les articulations de ses jambes de bois commencèrent à craquer
the joints of his wooden legs began to creak
et les pièces cachées sous sa langue se mirent à tinter
and the coins hidden under his tongue began to clink
« Voulez-vous ouvrir la bouche, oui ou non ? » demandèrent

les assassins
"will you open your mouth—yes or no?" demanded the assassins
— Ah ! Pas de réponse ? Laissez-nous faire"
"Ah! no answer? Leave it to us"
« Cette fois, nous allons vous forcer à l'ouvrir ! »
"this time we will force you to open it!"
« Nous allons vous forcer », répéta le second assassin
"we will force you," repeated the second assassin
Et ils sortirent deux longs et horribles couteaux
And they drew out two long, horrid knives
et les couteaux étaient tranchants comme des rasoirs
and the knifes were as sharp as razors
Ils ont tenté de le poignarder deux fois
they attempted to stab him twice
Mais la marionnette a eu de la chance à un égard
but the puppet was lucky in one regard
il avait été fait de bois très dur
he had been made from very hard wood
Les couteaux se brisèrent en mille morceaux
the knives broke into a thousand pieces
et les assassins n'avaient plus que les poignées
and the assassins were left with just the handles
Pendant un instant, ils ne purent que se regarder
for a moment they could only stare at each other
« Je vois ce que nous devons faire », dit l'un d'eux
"I see what we must do," said one of them
« Il faut le pendre ! Pendons-le !
"He must be hung! Let us hang him!"
« Pendons-le ! » répéta l'autre
"Let us hang him!" repeated the other
Sans perdre de temps, ils lui attachèrent les bras derrière le dos
Without loss of time they tied his arms behind him
et ils lui passèrent un nœud coulant autour de la gorge
and they passed a running noose round his throat
et ils l'ont pendu à la branche du Grand Chêne

and they hung him to the branch of the Big Oak
Ils s'assirent ensuite sur l'herbe en regardant Pinocchio
They then sat down on the grass watching Pinocchio
et ils attendirent la fin de sa lutte
and they waited for his struggle to end
mais trois heures s'étaient déjà écoulées
but three hours had already passed
Les yeux de la marionnette étaient toujours ouverts
the puppet's eyes were still open
sa bouche était fermée comme auparavant
his mouth was closed just as before
et il donnait des coups de pied plus que jamais
and he was kicking more than ever
ils avaient finalement perdu patience avec lui
they had finally lost their patience with him
ils se tournèrent vers Pinocchio et parlèrent d'un ton badin
they turned to Pinocchio and spoke in a bantering tone
« Au revoir Pinocchio, à demain »
"Good-bye Pinocchio, see you again tomorrow"
« J'espère que tu auras la gentillesse d'être mort »
"hopefully you'll be kind enough to be dead"
« Et j'espère que vous aurez la bouche grande ouverte »
"and hopefully you will have your mouth wide open"
Et ils sont partis dans une direction différente
And they walked off in a different direction
Pendant ce temps, un vent du nord commença à souffler et à rugir
In the meantime a northerly wind began to blow and roar
et le vent battait la pauvre marionnette d'un côté à l'autre
and the wind beat the poor puppet from side to side

le vent le faisait se balancer violemment
the wind made him swing about violently
comme le cliquetis d'une cloche qui sonne pour un mariage
like the clatter of a bell ringing for a wedding
Et le balancement lui donnait des spasmes atroces
And the swinging gave him atrocious spasms
et le nœud coulant devint de plus en plus serré autour de sa gorge
and the noose became tighter and tighter around his throat
et finalement cela lui coupa le souffle
and finally it took away his breath
Peu à peu, ses yeux commencèrent à s'assombrir
Little by little his eyes began to grow dim
il sentait que la mort était proche
he felt that death was near
mais Pinocchio n'a jamais perdu espoir
but Pinocchio never gave up hope
« Peut-être qu'une personne charitable viendra à mon aide »
"perhaps some charitable person will come to my assistance"
Mais il attendit et attendit et attendit
But he waited and waited and waited
et à la fin personne n'est venu, absolument personne
and in the end no one came, absolutely no one
Puis il se souvint de son pauvre père
then he remembered his poor father
pensant qu'il était mourant, il balbutia

thinking he was dying, he stammered out
« Oh, papa ! papa! si seulement vous étiez là ! »
"Oh, papa! papa! if only you were here!"
Son souffle lui manqua et il ne put en dire plus
His breath failed him and he could say no more
Il ferma les yeux et ouvrit la bouche
He shut his eyes and opened his mouth
et il étendit les bras et les jambes
and he stretched out his arms and legs
Il poussa un dernier long frisson
he gave one final long shudder
puis il resta raide et insensible
and then he hung stiff and insensible

Le bel enfant sauve la marionnette
The Beautiful Child Rescues the Puppet

le pauvre Pinocchio était toujours suspendu au Grand Chêne
poor Pinocchio was still suspended from the Big Oak tree
mais apparemment Pinocchio était plus mort que vivant
but apparently Pinocchio was more dead than alive
le bel Enfant aux cheveux bleus revint à la fenêtre
the beautiful Child with blue hair came to the window again
elle vit la malheureuse marionnette suspendue à sa gorge
she saw the unhappy puppet hanging by his throat
elle le vit danser de haut en bas dans les rafales du vent
she saw him dancing up and down in the gusts of the wind
et elle fut émue de compassion pour lui
and she was moved by compassion for him
La belle enfant frappa ses mains ensemble
the beautiful child struck her hands together
et elle donna trois petits applaudissements
and she gave three little claps
Il y eut un bruit d'ailes volant rapidement
there came a sound of wings flying rapidly
un grand Faucon s'envola sur le rebord de la fenêtre
a large Falcon flew on to the window-sill

« Quels sont vos ordres, gracieuse fée ? demanda-t-il
"What are your orders, gracious Fairy?" he asked
et il inclina le bec en signe de révérence
and he inclined his beak in sign of reverence
« Voyez-vous cette marionnette suspendue au grand chêne ? »
"Do you see that puppet dangling from the Big Oak tree?"
— Je le vois, confirma le faucon
"I see him," confirmed the falcon
« Envole-toi vers lui tout de suite », lui ordonna-t-elle
"Fly over to him at once," she ordered him
« Utilise ton bec fort pour briser le nœud »
"use your strong beak to break the knot"
« Étends-le doucement sur l'herbe au pied de l'arbre »
"lay him gently on the grass at the foot of the tree"
Le Faucon s'envola pour exécuter ses ordres
The Falcon flew away to carry out his orders
et au bout de deux minutes, il retourna vers l'enfant
and after two minutes he returned to the child
« J'ai fait ce que tu m'as ordonné »
"I have done as you commanded"
— Et comment l'avez-vous trouvé ?
"And how did you find him?"
« quand je l'ai vu pour la première fois, il semblait mort »
"when I first saw him he appeared dead"

« Mais il ne pouvait pas vraiment être entièrement mort »
"but he couldn't really have been entirely dead"
« J'ai desserré le nœud coulant autour de sa gorge »
"I loosened the noose around his throat"
« Et puis il poussa un doux soupir »
"and then he gave soft a sigh"
« Il m'a marmonné d'une voix faible »
"he muttered to me in a faint voice"
« Maintenant, je me sens mieux ! » dit-il.
"'Now I feel better!' he said"
La fée frappa alors ses mains deux fois
The Fairy then struck her hands together twice
dès qu'elle fit cela, un magnifique caniche apparut
as soon as she did this a magnificent Poodle appeared
le caniche marchait debout sur ses pattes arrière
the poodle walked upright on his hind legs
c'était exactement comme s'il avait été un homme
it was exactly as if he had been a man
Il portait la livrée d'un cocher
He was in the full-dress livery of a coachman
Sur sa tête, il avait un bonnet à trois coins tressé d'or
On his head he had a three-cornered cap braided with gold
sa perruque blanche bouclée descendait sur ses épaules
his curly white wig came down on to his shoulders
il avait un gilet à col chocolat avec des boutons en diamant
he had a chocolate-collared waistcoat with diamond buttons
et il avait deux grandes poches pour contenir les os
and he had two large pockets to contain bones
les os que sa maîtresse lui donna au dîner
the bones that his mistress gave him at dinner
Il avait aussi une paire de culottes courtes en velours cramoisi
he also had a pair of short crimson velvet breeches
et il portait des bas de soie
and he wore some silk stockings
et il portait de belles chaussures en cuir italien
and he wore smart Italian leather shoes

Derrière lui pendait une espèce d'étui à parapluies
hanging behind him was a species of umbrella case
L'étui à parapluie était en satin bleu
the umbrella case was made of blue satin
il y mettait sa queue quand il pleuvait
he put his tail into it when the weather was rainy
« Dépêche-toi, Medoro, comme un bon chien ! »
"Be quick, Medoro, like a good dog!"
et la fée donna les ordres à son caniche
and the fairy gave her poodle the commands
« Attacher le plus beau carrosse »
"get the most beautiful carriage harnessed"
et que la voiture attende dans ma remise.
"and have the carriage waiting in my coach-house"
« et suivre la route de la forêt »
"and go along the road to the forest"
« Quand vous arriverez au Grand Chêne, vous trouverez une pauvre marionnette »
"When you come to the Big Oak tree you will find a poor puppet"
« Il sera étendu sur l'herbe à moitié mort »
"he will be stretched on the grass half dead"
« Tu devras le prendre doucement »
"you will have to pick him up gently"
« Étends-le à plat sur les coussins de la voiture »
"lay him flat on the cushions of the carriage"
« Quand tu auras fait cela, amenez-le-moi ici »
"when you have done this bring him here to me"
« Tu comprends ? » demanda-t-elle une dernière fois
"Do you understand?" she asked one last time
Le caniche montra qu'il avait compris
The Poodle showed that he had understood
Il secoua trois ou quatre fois l'étui de satin bleu
he shook the case of blue satin three or four times
puis il s'enfuit comme un cheval de course
and then he ran off like a race-horse
bientôt une belle voiture sortit de la remise

soon a beautiful carriage came out of the coach-house
Les coussins étaient rembourrés de plumes de canari
The cushions were stuffed with canary feathers
Le wagon était tapissé à l'intérieur de crème fouettée
the carriage was lined on the inside with whipped cream
et de la crème pâtissière et des gaufrettes à la vanille ont fait les sièges
and custard and vanilla wafers made the seating
La petite voiture était tirée par une centaine de souris blanches
The little carriage was drawn by a hundred white mice
et le caniche était assis sur la caisse
and the Poodle was seated on the coach-box
Il fit claquer son fouet d'un côté à l'autre
he cracked his whip from side to side
comme un conducteur quand il a peur d'être en retard
like a driver when he is afraid that he is behind time
moins d'un quart d'heure s'écoula
less than a quarter of an hour passed
et la voiture retourna à la maison
and the carriage returned to the house
La fée attendait à la porte de la maison
The Fairy was waiting at the door of the house
Elle prit la pauvre marionnette dans ses bras
she took the poor puppet in her arms
et elle l'emmena dans une petite chambre
and she carried him into a little room
la pièce était lambrissée de nacre
the room was wainscoted with mother-of-pearl
Elle a appelé les médecins les plus célèbres du quartier
she called for the most famous doctors in the neighbourhood
Ils sont venus immédiatement, l'un après l'autre
They came immediately, one after the other
un corbeau, un hibou et un petit grillon qui parle
a Crow, an Owl, and a talking little cricket
— Je voudrais savoir quelque chose de vous, messieurs, dit la fée

"I wish to know something from you, gentlemen," said the Fairy
« Cette malheureuse marionnette est-elle vivante ou morte ? »
"is this unfortunate puppet alive or dead?"
le Corbeau commença par tâter le pouls de Pinocchio
the Crow started by feeling Pinocchio's pulse
Il a ensuite senti son nez et son petit orteil
he then felt his nose and his little toe
Il a soigneusement posé son diagnostic de la marionnette
he carefully made his diagnosis of the puppet
puis il prononça solennellement les paroles suivantes :
and then he solemnly pronounced the following words:
« À mon avis, la marionnette est déjà morte »
"To my belief the puppet is already dead"
« Mais il y a toujours une chance qu'il soit encore en vie »
"but there is always the chance he's still alive"
« Je regrette, dit le Hibou, de contredire le Corbeau. »
"I regret," said the Owl, "to contradict the Crow"
« Mon illustre ami et collègue »
"my illustrious friend and colleague"
« À mon avis, la marionnette est toujours vivante »
"in my opinion the puppet is still alive"
« Mais il y a toujours une chance qu'il soit déjà mort »
"but there's always a chance he's already dead"
enfin la fée demanda au petit grillon qui parlait
lastly the Fairy asked the talking little Cricket
— Et vous, n'avez-vous rien à dire ?
"And you, have you nothing to say?"
« Les médecins ne sont pas toujours appelés à prendre la parole »
"doctors are not always called upon to speak"
« Parfois, la chose la plus sage est de se taire »
"sometimes the wisest thing is to be silent"
« Mais laissez-moi vous dire ce que je sais »
"but let me tell you what I know"
« Cette marionnette a un visage qui n'est pas nouveau pour

moi »
"that puppet has a face that is not new to me"
« Je le connais depuis quelque temps ! »
"I have known him for some time!"
Pinocchio était resté immobile jusqu'à ce moment
Pinocchio had lain immovable up to that moment
il était comme un vrai morceau de bois
he was just like a real piece of wood
mais alors il fut saisi d'un accès de tremblement convulsif
but then he was seized with a fit of convulsive trembling
et tout le lit tremblait sous ses secousses
and the whole bed shook from his shaking
le petit grillon parlant continua à parler
the talking little Cricket continued talking
« Cette marionnette là-bas est un voyou confirmé »
"That puppet there is a confirmed rogue"
Pinocchio ouvrit les yeux, mais les referma immédiatement
Pinocchio opened his eyes, but shut them again immediately
« C'est un vagabond bon à rien ragamuffin »
"He is a good for nothing ragamuffin vagabond"
Pinocchio cacha son visage sous les vêtements
Pinocchio hid his face beneath the clothes
« Cette marionnette est un fils désobéissant »
"That puppet there is a disobedient son"
il fera mourir son pauvre père d'un cœur brisé !
"he will make his poor father die of a broken heart!"
À cet instant, tout le monde a pu entendre quelque chose
At that instant everyone could hear something
un bruit étouffé de sanglots et de pleurs se fit entendre
suffocated sound of sobs and crying was heard
Les médecins soulevèrent un peu les draps
the doctors raised the sheets a little
Imaginez leur étonnement en voyant Pinocchio
Imagine their astonishment when they saw Pinocchio
Le corbeau fut le premier à donner son avis médical
the crow was the first to give his medical opinion
« Quand une personne morte pleure, elle est sur la voie de la

guérison »
"When a dead person cries he's on the road to recovery"
mais le hibou était d'un avis médical différent
but the owl was of a different medical opinion
« J'ai le chagrin de contredire mon illustre ami »
"I grieve to contradict my illustrious friend"
« Quand le mort pleure, cela signifie qu'il est désolé de mourir »
"when the dead person cries it means he's is sorry to die"

Pinocchio refuse de prendre ses médicaments
Pinocchio Refuses to Take his Medicine

Les médecins avaient fait tout ce qu'ils pouvaient
The doctors had done all that they could
alors ils laissèrent Pinocchio avec la fée
so they left Pinocchio with the fairy
la fée toucha le front de Pinocchio
the Fairy touched Pinocchio's forehead
elle pouvait dire qu'il avait une forte fièvre
she could tell that he had a high fever
la fée savait exactement quoi donner à Pinocchio
the Fairy knew exactly what to give Pinocchio
Elle a dissous une poudre blanche dans de l'eau
she dissolved a white powder in some water
et elle offrit à Pinocchio le gobelet d'eau
and she offered Pinocchio the tumbler of water
et elle le rassura en lui disant que tout irait bien
and she reassured him that everything would fine
« Buvez-le et en quelques jours vous serez guéri »
"Drink it and in a few days you will be cured"
Pinocchio regarda le gobelet de médecine
Pinocchio looked at the tumbler of medicine
et il fit une grimace ironique au médicament
and he made a wry face at the medicine
« Est-ce doux ou amer ? » demanda-t-il d'un ton plaintif

"Is it sweet or bitter?" he asked plaintively
« C'est amer, mais cela vous fera du bien »
"It is bitter, but it will do you good"
« Si c'est amer, je ne le boirai pas »
"If it is bitter, I will not drink it"
« Écoutez-moi, dit la fée, buvez-le. »
"Listen to me," said the Fairy, "drink it"
« Je n'aime rien d'amer », objecta-t-il
"I don't like anything bitter," he objected
« Je vais te donner un morceau de sucre »
"I will give you a lump of sugar"
« Cela enlèvera le goût amer »
"it will take away the bitter taste"
« Mais d'abord, vous devez boire vos médicaments »
"but first you have to drink your medicine"
« Où est le morceau de sucre ? » demanda Pinocchio
"Where is the lump of sugar?" asked Pinocchio
« Voici le morceau de sucre, » dit la fée
"Here is the lump of sugar," said the Fairy
et elle en tira un morceau d'une bassine à sucre en or
and she took out a piece from a gold sugar-basin
« S'il vous plaît, donnez-moi d'abord le morceau de sucre »
"please give me the lump of sugar first"
« et alors je boirai cette mauvaise eau amère »
"and then I will drink that bad bitter water"
« Me le promets-tu ? » demanda-t-elle à Pinocchio
"Do you promise me?" she asked Pinocchio
— Oui, je vous le promets, répondit Pinocchio
"Yes, I promise," answered Pinocchio
alors la fée donna à Pinocchio le morceau de sucre
so the Fairy gave Pinocchio the piece of sugar
et Pinocchio croqua le sucre et l'avala
and Pinocchio crunched up the sugar and swallowed it
Il se lécha les lèvres et apprécia le goût
he licked his lips and enjoyed the taste
«Ce serait une bonne chose si le sucre était un médicament!»
"It would be a fine thing if sugar were medicine!"

« alors je prenais des médicaments tous les jours »
"then I would take medicine every day"
la fée n'avait pas oublié la promesse de Pinocchio
the Fairy had not forgotten Pinocchio's promise
« Tenez votre promesse et buvez ce médicament »
"keep your promise and drink this medicine"
« Cela vous rendra la santé »
"it will restore you back to health"
Pinocchio prit le gobelet à contrecœur
Pinocchio took the tumbler unwillingly
Il mit la pointe de son nez sur le gobelet
he put the point of his nose to the tumbler
et il abaissa le gobelet à ses lèvres
and he lowered the tumbler to his lips
puis de nouveau il y mit son nez
and then again he put his nose to it
et enfin il dit : « C'est trop amer ! »
and at last he said, "It is too bitter!"
« Je ne peux rien boire d'aussi amer »
"I cannot drink anything so bitter"
« Vous ne savez pas encore si vous ne pouvez pas, » dit la fée
"you don't know yet if you can't," said the Fairy
« Tu n'y as même pas encore goûté »
"you have not even tasted it yet"
« Je peux imaginer le goût que ça va avoir ! »
"I can imagine how it's going to taste!"
— Je le sais à l'odeur, objecta Pinocchio
"I know it from the smell," objected Pinocchio
« d'abord, je veux un autre morceau de sucre s'il vous plaît »
"first I want another lump of sugar please"
et puis je vous promets qu'il le boira !
"and then I promise that will drink it!"
La fée avait toute la patience d'une bonne maman
The Fairy had all the patience of a good mamma
et elle lui mit un autre morceau de sucre dans la bouche
and she put another lump of sugar in his mouth
et de nouveau, elle lui présenta le gobelet

and again, she presented the tumbler to him
« Je ne peux toujours pas le boire ! » dit la marionnette
"I still cannot drink it!" said the puppet
et Pinocchio fit mille grimaces
and Pinocchio made a thousand grimaced faces
« Pourquoi ne pouvez-vous pas le boire ? » demanda la fée
"Why can't you drink it?" asked the fairy
« Parce que cet oreiller à mes pieds me dérange »
"Because that pillow on my feet bothers me"
La fée retira l'oreiller de ses pieds
The Fairy removed the pillow from his feet
Pinocchio s'excusa à nouveau
Pinocchio excused himself again
« J'ai fait de mon mieux mais cela ne m'aide pas »
"I've tried my best but it doesn't help me"
« Même sans l'oreiller, je ne peux pas le boire »
"Even without the pillow I cannot drink it"
« Qu'y a-t-il maintenant ? » demanda la fée
"What is the matter now?" asked the fairy
« La porte de la chambre est entrouverte »
"The door of the room is half open"
« Cela me dérange quand les portes sont entrouvertes »
"it bothers me when doors are half open"
La fée alla fermer la porte à Pinocchio
The Fairy went and closed the door for Pinocchio
Mais cela n'a pas aidé, et il a fondu en larmes
but this didn't help, and he burst into tears
— Je ne boirai pas cette eau amère, non, non, non !
"I will not drink that bitter water—no, no, no!"
« Mon garçon, tu t'en repentiras si tu ne le fais pas »
"My boy, you will repent it if you don't"
« Peu m'importe de m'en repentir, répondit-il
"I don't care if I will repent it," he replied
« Votre maladie est grave », avertit la fée
"Your illness is serious," warned the Fairy
« Je me fiche que ma maladie soit grave »
"I don't care if my illness is serious"

« La fièvre vous emportera dans l'autre monde »
"The fever will carry you into the other world"
« Alors que la fièvre me porte dans l'autre monde »
"then let the fever carry me into the other world"
« N'as-tu pas peur de la mort ? »
"Are you not afraid of death?"
« Je n'ai pas le moins du monde peur de la mort ! »
"I am not in the least afraid of death!"
« Je préfère mourir que de boire des médicaments amers »
"I would rather die than drink bitter medicine"
À ce moment, la porte de la chambre s'ouvrit brusquement
At that moment the door of the room flew open
Quatre lapins noirs comme de l'encre entrèrent dans la pièce
four rabbits as black as ink entered the room
sur leurs épaules, ils portaient un peu de bière
on their shoulders they carried a little bier

« Que me veux-tu ? » s'écria Pinocchio
"What do you want with me?" cried Pinocchio
et il s'assit dans son lit avec une grande frayeur
and he sat up in bed in a great fright
« Nous sommes venus te prendre, » dit le plus gros lapin
"We have come to take you," said the biggest rabbit
vous ne pouvez pas encore m'emmener ; Je ne suis pas mort"
"you cannot take me yet; I am not dead"
« Où comptez-vous m'emmener ? »
"where are you planning to take me to?"
« Non, tu n'es pas encore mort », confirma le lapin
"No, you are not dead yet," confirmed the rabbit
« Mais il ne te reste que quelques minutes à vivre »
"but you have only a few minutes left to live"
« Parce que tu as refusé le remède amer »
"because you refused the bitter medicine"
« Le remède amer aurait guéri votre fièvre »
"the bitter medicine would have cured your fever"
« Oh, fée, fée ! » la marionnette commença à crier
"Oh, Fairy, Fairy!" the puppet began to scream
« Donnez-moi le gobelet tout de suite », supplia-t-il
"give me the tumbler at once," he begged
« dépêche-toi, par pitié, je ne veux pas mourir »
"be quick, for pity's sake, I do not want die"
« Non, je ne mourrai pas aujourd'hui »
"no, I will not die today"
Pinocchio prit le gobelet à deux mains
Pinocchio took the tumbler with both hands.

et il vida l'eau d'une seule gorgée
and he emptied the water one one big gulp
« Il faut avoir de la patience ! » dirent les lapins
"We must have patience!" said the rabbits
« Cette fois, nous avons fait notre voyage en vain »
"this time we have made our journey in vain"
Ils reprirent la petite bière sur leurs épaules
they took the little bier on their shoulders again
et ils quittèrent la pièce pour retourner d'où ils venaient
and they left the room back to where they came from
et ils grognaient et murmuraient entre leurs dents
and they grumbled and murmured between their teeth
La guérison de Pinocchio n'a pas pris longtemps
Pinocchio's recovery did not take long at all
Quelques minutes plus tard, il sauta du lit
a few minutes later he jumped down from the bed
Les marionnettes en bois ont un privilège spécial
wooden puppets have a special privilege
ils tombent rarement gravement malades comme nous
they seldom get seriously ill like us
et ils ont la chance d'être guéris très rapidement
and they are lucky to be cured very quickly
« Mes médicaments vous ont-ils fait du bien ? » demanda la fée
"has my medicine done you good?" asked the fairy
« Votre médecine m'a fait plus que du bien »

"your medicine has done me more than good"
« Votre médicament m'a sauvé la vie »
"your medicine has saved my life"
« Pourquoi n'as-tu pas pris tes médicaments plus tôt ? »
"why didn't you take your medicine sooner?"
« Eh bien, fée, nous sommes tous comme ça ! »
"Well, Fairy, we boys are all like that!"
« Nous avons plus peur de la médecine que de la maladie »
"We are more afraid of medicine than of the illness"
« Honteux ! » s'écria la fée avec indignation
"Disgraceful!" cried the fairy in indignation
« Les garçons devraient connaître le pouvoir de la médecine »
"Boys ought to know the power of medicine"
« Un bon remède peut les sauver d'une maladie grave »
"a good remedy may save them from a serious illness"
« Et peut-être même que cela vous sauve de la mort »
"and perhaps it even saves you from death"
« la prochaine fois, je n'aurai pas besoin de tant de persuasion »
"next time I shall not require so much persuasion"
« Je me souviendrai de ces lapins noirs »
"I shall remember those black rabbits"
« et je me souviendrai de la bière sur leurs épaules »
"and I shall remember the bier on their shoulders"
et alors je prendrai immédiatement le gobelet.
"and then I shall immediately take the tumbler"
et je boirai tous les médicaments d'un seul coup !
"and I will drink all the medicine in one go!"
La fée était heureuse des paroles de Pinocchio
The Fairy was happy with Pinocchio's words
« Maintenant, viens ici vers moi et assieds-toi sur mes genoux »
"Now, come here to me and sit on my lap"
« Et dites-moi tout sur les assassins »
"and tell me all about the assassins"
comment as-tu fini par te pendre au grand chêne ?

"how did you end up hanging from the big Oak tree?"
Et Pinocchio a ordonné tous les événements qui se sont produits
And Pinocchio ordered all the events that happened
« Vous voyez, il y avait un maître de piste ; Cracheur de feu"
"You see, there was a ringmaster; Fire-eater"
« Cracheur de feu m'a donné des pièces d'or »
"Fire-eater gave me some gold pieces"
« Il m'a dit d'apporter l'or à mon père »
"he told me to take the gold to my father"
« mais je n'ai pas apporté l'or directement à mon père »
"but I didn't take the gold straight to my father"
« sur le chemin du retour, j'ai rencontré un renard et un chat »
"on the way home I met a Fox and a Cat"
« Ils m'ont fait une offre que je ne pouvais pas refuser »
"they made me an offer I couldn't refuse"
« Voulez-vous que ces pièces d'or se multiplient ? »
'Would you like those pieces of gold to multiply?'
« Venez avec nous et, disaient-ils. »
"'Come with us and,' they said"
« Nous vous emmènerons au Champ des Miracles »
'we will take you to the Field of Miracles'
« Et j'ai dit : « Allons au Champ des Miracles » »
"and I said, 'Let's go to the Field of Miracles'"
« Et ils ont dit : « Arrêtons-nous à cette auberge » »
"And they said, 'Let us stop at this inn'"
et nous nous sommes arrêtés à l'écrevisse rouge en
"and we stopped at the Red Craw-Fish in"
« Nous nous sommes tous endormis après notre repas »
"all of us went to sleep after our food"
« quand je me suis réveillée, ils n'étaient plus là »
"when I awoke they were no longer there"
« Parce qu'ils ont dû partir avant moi »
"because they had to leave before me"
« Puis j'ai commencé à voyager de nuit »
"Then I began to travel by night"

« Vous ne pouvez pas imaginer à quel point il faisait sombre »
"you cannot imagine how dark it was"
« C'est là que j'ai rencontré les deux assassins »
"that's when I met the two assassins"
« Et ils portaient des sacs de charbon de bois »
"and they were wearing charcoal sacks"
« Ils m'ont dit : 'Sortez avec votre argent' »
"they said to me: 'Out with your money'"
« et je leur ai dit : 'Je n'ai pas d'argent' »
"and I said to them, 'I have no money'"
« parce que j'avais caché les quatre pièces d'or »
"because I had hidden the four gold pieces"
« J'avais mis l'argent dans ma bouche »
"I had put the money in my mouth"
« L'un a essayé de mettre sa main dans ma bouche »
"one tried to put his hand in my mouth"
« et je lui ai mordu la main et je l'ai recrachée »
"and I bit his hand off and spat it out"
« Mais au lieu d'une main, c'était une patte de chat »
"but instead of a hand it was a cat's paw"
« Et puis les assassins m'ont couru après »
"and then the assassins ran after me"
« Et j'ai couru et couru aussi vite que j'ai pu »
"and I ran and ran as fast as I could"
« Mais à la fin, ils m'ont quand même attrapé »
"but in the end they caught me anyway"
« Et ils m'ont noué un nœud coulant autour du cou »
"and they tied a noose around my neck"
« et ils m'ont pendu au grand chêne »
"and they hung me from the Big Oak tree"
« Ils ont attendu que j'arrête de bouger »
"they waited for me to stop moving"
« mais je n'ai jamais cessé de bouger du tout »
"but I never stopped moving at all"
« Et puis ils m'ont appelé »
"and then they called up to me"

« **Demain, nous reviendrons ici** »
'Tomorrow we shall return here'
« **Alors tu seras mort la bouche ouverte** »
'then you will be dead with your mouth open'
« **Et nous aurons l'or sous ta langue** »
'and we will have the gold under your tongue'
la fée s'intéressait à l'histoire
the Fairy was interested in the story
— **Et où avez-vous mis les pièces d'or maintenant ?**
"And where have you put the pieces of gold now?"
— **Je les ai perdus ! dit Pinocchio d'un ton malhonnête**
"I have lost them!" said Pinocchio, dishonestly
il avait les pièces d'or dans sa poche
he had the pieces of gold in his pocket
comme vous le savez, Pinocchio avait déjà un long nez
as you know Pinocchio already had a long nose
mais mentir lui faisait pousser le nez encore plus long
but lying made his nose grow even longer
et son nez a poussé de deux pouces supplémentaires
and his nose grew another two inches
— **Et où avez-vous perdu l'or ?**
"And where did you lose the gold?"
« **Je l'ai perdu dans les bois** », **mentit-il à nouveau**
"I lost it in the woods," he lied again
et son nez a également poussé à son deuxième mensonge
and his nose also grew at his second lie
« **Ne vous inquiétez pas de l'or,** » **dit la fée**
"worry not about the gold," said the fairy
« **Nous irons dans les bois et trouverons votre or** »
"we will go to the woods and find your gold"
« **Tout ce qui est perdu dans ces bois est toujours retrouvé** »
"all that is lost in those woods is always found"
Pinocchio était assez confus quant à sa situation
Pinocchio got quite confused about his situation
— **Ah ! maintenant je me souviens de tout cela, répondit-il**
"Ah! now I remember all about it," he replied
« **Je n'ai pas perdu les quatre pièces d'or du tout** »

"I didn't lose the four gold pieces at all"
« Je viens d'avaler ton médicament, n'est-ce pas ? »
"I just swallowed your medicine, didn't I?"
« J'ai avalé les pièces avec le médicament »
"I swallowed the coins with the medicine"
À ce mensonge audacieux, son nez s'allongea encore plus
at this daring lie his nose grew even longer
maintenant Pinocchio ne pouvait plus se déplacer dans aucune direction
now Pinocchio could not move in any direction
Il essaya de se tourner sur le côté gauche
he tried to turn to his left side
mais son nez heurta le lit et les vitres
but his nose struck the bed and window-panes
Il essaya de se tourner vers la droite
he tried to turn to the right side
mais maintenant son nez heurtait les murs
but now his nose struck against the walls
et il ne pouvait pas non plus lever la tête
and he could not raise his head either
parce que son nez était long et pointu
because his nose was long and pointy
et son nez aurait pu piquer la fée dans l'œil
and his nose could have poke the Fairy in the eye
la fée le regarda et se mit à rire
the Fairy looked at him and laughed
Pinocchio était très confus quant à sa situation
Pinocchio was very confused about his situation
il ne savait pas pourquoi son nez avait poussé
he did not know why his nose had grown
« De quoi riez-vous ? » demanda la marionnette
"What are you laughing at?" asked the puppet
« Je ris des mensonges que tu m'as dits »
"I am laughing at the lies you've told me"
comment pouvez-vous savoir que j'ai menti ?
"how can you know that I have told lies?"
« Les mensonges, mon cher enfant, sont découverts

immédiatement »
"Lies, my dear boy, are found out immediately"
« Dans ce monde, il y a deux sortes de mensonges »
"in this world there are two sorts of lies"
« Il y a des mensonges qui ont des jambes courtes »
"There are lies that have short legs"
« Et il y a des mensonges qui ont un long nez »
"and there are lies that have long noses"
« Ton mensonge est l'un de ceux qui ont le long nez »
"Your lie is one of those that has a long nose"
Pinocchio ne savait pas où se cacher
Pinocchio did not know where to hide himself
il avait honte que ses mensonges soient découverts
he was ashamed of his lies being discovered
Il a essayé de sortir de la pièce en courant
he tried to run out of the room
mais il ne réussit pas à s'échapper
but he did not succeed at escaping
son nez était devenu trop long pour s'échapper
his nose had gotten too long to escape
et il ne pouvait plus passer la porte
and he could no longer pass through the door

Pinocchio rencontre à nouveau le renard et le chat
Pinocchio Meets the Fox and the Cat Again

la fée comprit l'importance de la leçon
the Fairy understood the importance of the lesson
elle laissa la marionnette pleurer pendant une bonne demi-heure
she let the puppet to cry for a good half-hour
son nez ne pouvait plus passer par la porte
his nose could no longer pass through the door
Dire des mensonges est la pire chose qu'un garçon puisse faire
telling lies is the worst thing a boy can do

et elle voulait qu'il apprenne de ses erreurs
and she wanted him to learn from his mistakes
mais elle ne pouvait supporter de le voir pleurer
but she could not bear to see him weeping
elle se sentait pleine de compassion pour la marionnette
she felt full of compassion for the puppet
alors elle frappa à nouveau dans ses mains
so she clapped her hands together again
un millier de grands pics s'envolèrent par la fenêtre
a thousand large Woodpeckers flew in from the window
Les pics se sont immédiatement perchés sur le nez de Pinocchio
The woodpeckers immediately perched on Pinocchio's nose
et ils commencèrent à lui picorer le nez avec beaucoup de zèle
and they began to peck at his nose with great zeal
Vous pouvez imaginer la vitesse d'un millier de pics
you can imagine the speed of a thousand woodpeckers
en un rien de temps, le nez de Pinocchio était normal
within no time at all Pinocchio's nose was normal
Bien sûr, vous vous souvenez qu'il avait toujours un gros nez
of course you remember he always had a big nose
« Quelle bonne fée tu es », dit la marionnette
"What a good Fairy you are," said the puppet
et Pinocchio essuya ses yeux pleins de larmes
and Pinocchio dried his tearful eyes
« Et combien je vous aime ! » ajouta-t-il
"and how much I love you!" he added
« Je t'aime aussi, » répondit la fée
"I love you also," answered the Fairy
« Si tu restes avec moi, tu seras mon petit frère »
"if you remain with me you shall be my little brother"
« et je serai ta bonne petite sœur »
"and I will be your good little sister"
« J'aimerais beaucoup rester », dit Pinocchio
"I would like to remain very much," said Pinocchio

« mais je dois retourner auprès de mon pauvre papa »
"but I have to go back to my poor papa"
« J'ai pensé à tout, » dit la fée
"I have thought of everything," said the fairy
« J'ai déjà prévenu ton père »
"I have already let your father know"
« Et il viendra ici ce soir »
"and he will come here tonight"
« Vraiment ? » cria Pinocchio, sautant de joie
"Really?" shouted Pinocchio, jumping for joy
« Alors, petite fée, j'ai un souhait »
"Then, little Fairy, I have a wish"
« J'aimerais beaucoup aller le rencontrer »
"I would very much like to go and meet him"
« Je veux donner un baiser à ce pauvre vieil homme »
"I want to give a kiss to that poor old man"
« Il a tant souffert à cause de moi »
"he has suffered so much on my account"
« Allez-y, mais faites attention à ne pas perdre votre chemin »
"Go, but be careful not to lose your way"
« Prenez la route qui traverse les bois »
"Take the road that goes through the woods"
« Je suis sûr que vous le rencontrerez là-bas »
"I am sure that you will meet him there"
Pinocchio se mit en route pour traverser les bois
Pinocchio set out to go through the woods
Une fois dans les bois, il a commencé à courir comme un enfant
once in the woods he began to run like a kid
Mais il avait atteint un certain endroit dans les bois
But then he had reached a certain spot in the woods
il était presque devant le Grand Chêne
he was almost in front of the Big Oak tree
il croyait entendre des gens parmi les buissons
he thought he heard people amongst the bushes
En fait, deux personnes sont sorties sur la route

In fact, two persons came out on to the road
Pouvez-vous deviner qui ils étaient ?
Can you guess who they were?
ils étaient ses deux compagnons de voyage
they were his two travelling companions
devant lui se trouvait le Renard et le Chat
in front of him was the Fox and the Cat
ses compagnons qui l'avaient emmené à l'auberge
his companions who had taken him to the inn

« **Eh bien, voici notre cher Pinocchio !** » **s'écria le Renard**
"Why, here is our dear Pinocchio!" cried the Fox
et il embrassa et embrassa son vieil ami
and he kissed and embraced his old friend
« **Comment es-tu venu ici ?** » **demanda le renard**
"How came you to be here?" asked the fox
« **Comment se fait-il que tu sois ici ?** » **répéta le Chat**
"How come you to be here?" repeated the Cat
« **C'est une longue histoire, répondit la marionnette**
"It is a long story," answered the puppet
« **Je vous raconterai l'histoire quand j'aurai le temps** »
"I will tell you the story when I have time"
mais il faut que je vous dise ce qui m'est arrivé.
"but I must tell you what happened to me"
savez-vous que l'autre nuit j'ai rencontré des assassins ?
"do you know that the other night I met with assassins?"

« Assassins ! Oh, pauvre Pinocchio ! » s'inquiéta le Renard
"Assassins! Oh, poor Pinocchio!" worried the Fox
« Et que voulaient-ils ? » demanda-t-il
"And what did they want?" he asked
« Ils voulaient me voler mes pièces d'or »
"They wanted to rob me of my gold pieces"
« Des scélérats ! » dit le Renard
"Villains!" said the Fox
« Infâmes scélérats ! » répéta le Chat
"Infamous villains!" repeated the Cat
— Mais je les ai fuis, continua la marionnette
"But I ran away from them," continued the puppet
« Ils ont fait de leur mieux pour m'attraper »
"they did their best to catch me"
« Et après une longue poursuite, ils m'ont attrapé »
"and after a long chase they did catch me"
« Ils m'ont pendu à une branche de ce chêne »
"they hung me from a branch of that oak tree"
Et Pinocchio montra le Grand Chêne
And Pinocchio pointed to the Big Oak tree
le Renard était consterné par ce qu'il avait entendu
the Fox was appalled by what he had heard
« Est-il possible d'entendre parler de quelque chose de plus affreux ? »
"Is it possible to hear of anything more dreadful?"
« Dans quel monde sommes-nous condamnés à vivre ! »
"In what a world we are condemned to live!"
« Où des gens respectables comme nous peuvent-ils trouver un refuge sûr ? »
"Where can respectable people like us find a safe refuge?"
La conversation se poursuivit ainsi pendant un certain temps
the conversation went on this way for some time
à ce moment-là, Pinocchio a observé quelque chose à propos du Chat
in this time Pinocchio observed something about the Cat
le chat était boiteux de sa patte avant droite
the Cat was lame of her front right leg

en fait, elle avait perdu sa patte et toutes ses griffes
in fact, she had lost her paw and all its claws
Pinocchio voulait savoir ce qui s'était passé
Pinocchio wanted to know what had happened
« Qu'as-tu fait de ta patte ? »
"What have you done with your paw?"
Le chat essaya de répondre, mais devint confus
The Cat tried to answer, but became confused
le Renard a sauté pour expliquer ce qui s'était passé
the Fox jumped in to explain what had happened
« Tu dois savoir que mon ami est trop modeste »
"you must know that my friend is too modest"
« Sa modestie est la raison pour laquelle elle ne parle pas habituellement »
"her modesty is why she doesn't usually speak"
« Alors laissez-moi lui raconter l'histoire »
"so let me tell the story for her"
« Il y a une heure, nous avons rencontré un vieux loup sur la route »
"an hour ago we met an old wolf on the road"
« Il était sur le point de s'évanouir par manque de nourriture »
"he was almost fainting from want of food"
« Et il nous demanda l'aumône »
"and he asked alms of us"
nous n'avions pas même une arête de poisson à lui donner.
"we had not so much as a fish-bone to give him"
mais qu'a fait mon ami ?
"but what did my friend do?"
« eh bien, elle a vraiment le cœur d'un César »
"well, she really has the heart of a César"
« Elle a mordu une de ses pattes avant »
"She bit off one of her fore paws"
« et elle jeta sa patte à la pauvre bête »
"and the threw her paw to the poor beast"
« afin qu'il apaise sa faim »
"so that he might appease his hunger"

Et le renard a été ému aux larmes par son histoire
And the Fox was brought to tears by his story
Pinocchio a également été touché par l'histoire
Pinocchio was also touched by the story
s'approchant du chat, il lui murmura à l'oreille
approaching the Cat, he whispered into her ear
« Si tous les chats vous ressemblaient, quelle chance les souris auraient ! »
"If all cats resembled you, how fortunate the mice would be!"
« Et maintenant, que faites-vous ici ? » demanda le Renard
"And now, what are you doing here?" asked the Fox
« J'attends mon papa », répondit la marionnette
"I am waiting for my papa," answered the puppet
« Je m'attends à ce qu'il arrive d'un moment à l'autre »
"I am expecting him to arrive at any moment now"
« Et qu'en est-il de vos pièces d'or ? »
"And what about your pieces of gold?"
« Je les ai dans ma poche », confirma Pinocchio
"I have got them in my pocket," confirmed Pinocchio
bien qu'il ait dû expliquer qu'il avait dépensé une pièce
although he had to explain that he had spent one coin
le coût de leur repas s'élevait à une pièce d'or
the cost of their meal had come to one piece of gold
Mais il leur a dit de ne pas s'inquiéter à ce sujet
but he told them not to worry about that
mais le Renard et le Chat s'en inquiétaient
but the Fox and the Cat did worry about it
« Pourquoi n'écoutez-vous pas nos conseils ? »
"Why do you not listen to our advice?"
« D'ici demain, vous pourriez en avoir un ou deux mille ! »
"by tomorrow you could have one or two thousand!"
« Pourquoi ne les enterrez-vous pas dans le champ des miracles ? »
"Why don't you bury them in the Field of Miracles?"
« Aujourd'hui, c'est impossible », objecta Pinocchio
"Today it is impossible," objected Pinocchio
« mais ne t'inquiète pas, j'irai un autre jour »

"but don't worry, I will go another day"
« Un autre jour, il sera trop tard ! » dit le Renard
"Another day it will be too late!" said the Fox
« Pourquoi serait-il trop tard ? » demanda Pinocchio
"Why would it be too late?" asked Pinocchio
« Parce que le terrain a été acheté par un monsieur »
"Because the field has been bought by a gentleman"
« Après demain, personne ne sera autorisé à y enterrer de l'argent »
"after tomorrow no one will be allowed to bury money there"
« À quelle distance se trouve le Champ des Miracles ? »
"How far off is the Field of Miracles?"
« C'est à moins de deux miles d'ici »
"It is less than two miles from here"
« Veux-tu venir avec nous ? » demanda le Renard
"Will you come with us?" asked the Fox
« Dans une demi-heure, nous pouvons y être »
"In half an hour we can be there"
« Vous pouvez enterrer votre argent tout de suite »
"You can bury your money straight away"
« Et dans quelques minutes, vous collecterez deux mille pièces »
"and in a few minutes you will collect two thousand coins"
« Et ce soir tu reviendras les poches pleines »
"and this evening you will return with your pockets full"
« Veux-tu venir avec nous ? » demanda à nouveau le Renard
"Will you come with us?" the Fox asked again
Pinocchio pensa à la bonne fée
Pinocchio thought of the good Fairy
et Pinocchio pensa au vieux Geppetto
and Pinocchio thought of old Geppetto
et il se souvint des avertissements du petit grillon qui parlait
and he remembered the warnings of the talking little cricket
et il hésita un peu avant de répondre
and he hesitated a little before answering
vous savez maintenant quel genre de garçon est Pinocchio
by now you know what kind of boy Pinocchio is

Pinocchio est l'un de ces garçons sans grand sens
Pinocchio is one of those boys without much sense
Il finit par secouer un peu la tête
he ended by giving his head a little shake
puis il raconta au Renard et au Chat ses plans
and then he told the Fox and the Cat his plans
« Allons-y : je viendrai avec vous »
"Let us go: I will come with you"
et ils allèrent au champ des miracles
and they went to the field of miracles
Ils marchèrent pendant une demi-journée et atteignirent une ville
they walked for half a day and reached a town
la ville était le piège des imbéciles
the town was the Trap for Blockheads
Pinocchio a remarqué quelque chose d'intéressant dans cette ville
Pinocchio noticed something interesting about this town
partout où vous regardiez, il y avait des chiens
everywhere where you looked there were dogs
tous les chiens bâillaient de faim
all the dogs were yawning from hunger
et il vit des moutons tondus tremblants de froid
and he saw shorn sheep trembling with cold
même les coqs mendiaient du maïs indien
even the cockerels were begging for Indian corn
il y avait de grands papillons qui ne pouvaient plus voler
there were large butterflies that could no longer fly
parce qu'ils avaient vendu leurs belles ailes colorées
because they had sold their beautiful coloured wings
il y avait des paons qui avaient honte d'être vus
there were peacocks that were ashamed to be seen
parce qu'ils avaient vendu leurs belles queues colorées
because they had sold their beautiful coloured tails
et les faisans se déplaçaient d'une manière discrète
and pheasants went scratching about in a subdued fashion
ils pleuraient leurs plumes d'or et d'argent

they were mourning for their gold and silver feathers
la plupart étaient des mendiants et des créatures honteuses
most were beggars and shamefaced creatures
mais parmi eux passa quelque voiture seigneuriale
but among them some lordly carriage passed
les voitures contenaient un renard ou une pie voleuse
the carriages contained a Fox, or a thieving Magpie
ou la voiture était assise sur un autre oiseau de proie vorace
or the carriage seated some other ravenous bird of prey
« Et où est le champ des miracles ? » demanda Pinocchio
"And where is the Field of Miracles?" asked Pinocchio
« Il est ici, pas à deux pas de nous »
"It is here, not two steps from us"
Ils traversèrent la ville et franchirent un mur
They crossed the town and and went over a wall
puis ils arrivèrent à un champ solitaire
and then they came to a solitary field
« Nous y voilà », dit le Renard à la marionnette
"Here we are," said the Fox to the puppet
« Maintenant, baissez-vous et creusez avec vos mains un petit trou »
"Now stoop down and dig with your hands a little hole"
« Et mets tes pièces d'or dans le trou »
"and put your gold pieces into the hole"
Pinocchio obéit à ce que le renard lui avait dit
Pinocchio obeyed what the fox had told him
Il creusa un trou et y mit les quatre pièces d'or
He dug a hole and put into it the four gold pieces
puis il a rempli le trou avec un peu de terre
and then he filled up the hole with a little earth
« Maintenant, alors, » dit le Renard, « va à ce canal près de nous »
"Now, then," said the Fox, "go to that canal close to us"
« Allez chercher un seau d'eau dans le canal »
"fetch a bucket of water from the canal"
« Arrosez la terre où vous avez semé l'or »
"water the ground where you have sowed the gold"

Pinocchio est allé au canal sans un seau
Pinocchio went to the canal without a bucket
Comme il n'avait pas de seau, il enleva une de ses vieilles chaussures
as he had no bucket, he took off one of his old shoes
et il remplit sa chaussure d'eau
and he filled his shoe with water
puis il arrosa le sol sur le trou
and then he watered the ground over the hole
Il a ensuite demandé : « Y a-t-il autre chose à faire ?
He then asked, "Is there anything else to be done?
vous n'avez rien d'autre à faire, répondit le Renard
"you need not do anything else," answered the Fox
« Il n'est pas nécessaire que nous restions ici »
"there is no need for us to stay here"
« Vous pouvez revenir dans une vingtaine de minutes »
"you can return in about twenty minutes"
« Et alors tu trouveras un arbuste dans le sol »
"and then you will find a shrub in the ground"
« Les branches de l'arbre seront chargées d'argent »
"the tree's branches will be loaded with money"
La pauvre marionnette était hors de lui de joie
The poor puppet was beside himself with joy
il remercia mille fois le Renard et le Chat
he thanked the Fox and the Cat a thousand times
et il leur promit beaucoup de beaux cadeaux
and he promised them many beautiful presents
— Nous ne voulons pas de cadeaux, répondirent les deux coquins
"We wish for no presents," answered the two rascals
« Il nous suffit de vous avoir appris à vous enrichir »
"It is enough for us to have taught you how to enrich yourself"
« Il n'y a rien de pire que de voir les autres travailler dur »
"there is nothing worse than seeing others do hard work"
« Et nous sommes aussi heureux que des gens en vacances »
"and we are as happy as people out for a holiday"
En disant cela, ils prirent congé de Pinocchio

Thus saying, they took leave of Pinocchio
et ils lui souhaitèrent une bonne récolte
and they wished him a good harvest
puis ils s'en allèrent à leurs occupations
and then they went about their business

Pinocchio est dépouillé de son argent
Pinocchio is Robbed of his Money

La marionnette retourna en ville
The puppet returned to the town
et il se mit à compter les minutes une à une
and he began to count the minutes one by one
et bientôt il pensa qu'il avait compté assez longtemps
and soon he thought he had counted long enough
il prit donc la route menant au Champ des Miracles
so he took the road leading to the Field of Miracles
Et il marchait d'un pas précipité
And he walked along with hurried steps
et son cœur battait vite avec une grande excitation
and his heart beat fast with great excitement
comme une horloge de salon qui va très bien
like a drawing-room clock going very well
Pendant ce temps, il se disait :
Meanwhile he was thinking to himself:
« Et si je ne trouve pas mille pièces d'or ? »
"what if I don't find a thousand gold pieces?"
« Et si je trouvais deux mille pièces d'or à la place ? »
"what if I find two thousand gold pieces instead?"
mais si je ne trouve pas deux mille pièces d'or ?
"but what if I don't find two thousand gold pieces?"
« Et si je trouvais cinq mille pièces d'or ! »
"what if I find five thousand gold pieces!"
« Et si je trouvais cent mille pièces d'or ?? »
"what if I find a hundred thousand gold pieces??"
« Oh ! quel beau gentleman je deviendrais alors !

"Oh! what a fine gentleman I should then become!"
« Je pourrais vivre dans un beau palais »
"I could live in a beautiful palace"
« et j'aurais mille petits chevaux de bois »
"and I would have a thousand little wooden horses"
« Une cave pleine de vin de groseille et de sirops sucrés »
"a cellar full of currant wine and sweet syrups"
« et une bibliothèque assez pleine de bonbons et de tartes »
"and a library quite full of candies and tarts"
« et je prendrais des gâteaux aux prunes et des macarons »
"and I would have plum-cakes and macaroons"
« et je prendrais des biscuits à la crème »
"and I would have biscuits with cream"
Il marchait le long de la construction de châteaux dans le ciel
he walked along building castles in the sky
et il construisit beaucoup de ces châteaux dans le ciel
and he build many of these castles in the sky
et finalement il arriva au bord du champ
and eventually he arrived at the edge of the field
et il s'arrêta pour chercher un arbre
and he stopped to look about for a tree
il y avait d'autres arbres dans le champ
there were other trees in the field
mais ils étaient là quand il était parti
but they had been there when he had left
et il ne vit pas d'arbre à argent dans tout le champ
and he saw no money tree in all the field
Il marcha le long du champ encore cent pas
He walked along the field another hundred steps
mais il ne trouvait pas l'arbre qu'il cherchait
but he couldn't find the tree he was looking for
Il est ensuite entré dans le champ
he then entered into the field
et il monta au petit trou
and he went up to the little hole
le trou où il avait enterré ses pièces
the hole where he had buried his coins

et il regarda le trou très attentivement
and he looked at the hole very carefully
mais il n'y avait certainement pas d'arbre qui poussait là-bas
but there was definitely no tree growing there
Il est alors devenu très réfléchi
He then became very thoughtful
et il oublie les règles de la société
and he forget the rules of society
et il ne se soucia pas un instant des bonnes manières
and he didn't care for good manners for a moment
Il sortit ses mains de sa poche
he took his hands out of his pocket
et il se gratta longuement la tête
and he gave his head a long scratch
À ce moment-là, il entendit une explosion de rire
At that moment he heard an explosion of laughter
quelqu'un à proximité riait bêtement
someone close by was laughing himself silly
Il leva les yeux vers l'un des arbres voisins
he looked up one of the nearby trees
il vit un grand perroquet perché sur une branche
he saw a large Parrot perched on a branch
le perroquet fut brossé du peu de plumes qui lui restaient
the parrot was brushed the few feathers he had left
Pinocchio demanda au perroquet d'une voix furieuse ;
Pinocchio asked the parrot in an angry voice;
« Pourquoi es-tu ici en train de rire si fort ? »
"Why are you here laughing so loud?"
« Je ris parce qu'en me brossant les plumes »
"I am laughing because in brushing my feathers"
« Je frôlais juste un peu sous mes ailes »
"I was just brushing a little under my wings"
« et en me brossant les plumes, je me chatouilais »
"and while brushing my feathers I tickled myself"
La marionnette ne répondit pas au perroquet
The puppet did not answer the parrot
mais au lieu de cela, Pinocchio est allé au canal

but instead Pinocchio went to the canal
il remplit à nouveau sa vieille chaussure d'eau
he filled his old shoe full of water again
et il se mit à arroser le trou une fois de plus
and he proceeded to water the hole once more
Pendant qu'il était occupé à faire cela, il entendit d'autres rires
While he was busy doing this he heard more laughter
le rire était encore plus impertinent qu'auparavant
the laughter was even more impertinent than before
elle retentit dans le silence de ce lieu solitaire
it rang out in the silence of that solitary place
Pinocchio cria encore plus en colère qu'auparavant
Pinocchio shouted out even angrier than before
« Une fois pour toutes, puis-je savoir de quoi vous riez ? »
"Once for all, may I know what you are laughing at?"
« Je me moque des naïfs, » répondit le perroquet
"I am laughing at simpletons," answered the parrot
« Des naïfs qui croient aux choses stupides
"simpletons who believe in foolish things
« Les choses stupides que les gens leur disent »
"the foolish things that people tell them"
« Je ris de ceux qui se laissent berner »
"I laugh at those who let themselves be fooled"
« dupés par ceux qui sont plus rusés qu'eux »
"fooled by those more cunning than they are"
— Vous parlez peut-être de moi ?
"Are you perhaps speaking of me?"
« Oui, je parle de toi, pauvre Pinocchio »
"Yes, I am speaking of you, poor Pinocchio"
« Vous avez cru à une chose très stupide »
"you have believed a very foolish thing"
« Vous croyiez que l'argent peut être cultivé dans les champs »
"you believed that money can be grown in fields"
« Tu pensais que l'argent pouvait être cultivé comme des haricots »

"you thought money can be grown like beans"
« Je l'ai aussi cru une fois », admit le perroquet
"I also believed it once," admitted the parrot
« et aujourd'hui je souffre de l'avoir cru »
"and today I am suffering for having believed it"
« mais j'ai appris ma leçon de ce truc »
"but I have learned my lesson from that trick"
« J'ai tourné mes efforts vers un travail honnête »
"I turned my efforts to honest work"
« et j'ai rassemblé quelques sous »
"and I have put a few pennies together"
« Il faut savoir gagner ses sous »
"it is necessary to know how to earn your pennies"
« Vous devez les gagner soit avec vos mains »
"you have to earn them either with your hands"
« Ou vous devez les gagner avec votre cerveau »
"or you have to earn them with your brains"
« Je ne vous comprends pas, » dit la marionnette
"I don't understand you," said the puppet
et il tremblait déjà de peur
and he was already trembling with fear
— Patience ! répliqua le perroquet
"Have patience!" rejoined the parrot
« Je m'expliquerai mieux, si tu me laisses faire »
"I will explain myself better, if you let me"
« Il y a quelque chose que vous devez savoir »
"there is something that you must know"
« Quelque chose s'est passé pendant que vous étiez en ville »
"something happened while you were in the town"
« le renard et le chat sont retournés sur le terrain »
"the Fox and the Cat returned to the field"
« Ils ont pris l'argent que vous aviez enterré »
"they took the money you had buried"
« Et puis ils se sont enfuis de la scène du crime »
"and then they fled from the scene of the crime"
« Et maintenant, celui qui les attrape sera intelligent »

"And now he that catches them will be clever"
Pinocchio resta la bouche ouverte
Pinocchio remained with his mouth open
et il choisit de ne pas croire les paroles du perroquet
and he chose not to believe the Parrot's words
il commença avec ses mains à creuser la terre
he began with his hands to dig up the earth
Et il a creusé profondément dans le sol
And he dug deep into the ground
une meule de paille aurait pu se tenir dans le trou
a rick of straw could have stood in the hole
mais l'argent n'était plus là
but the money was no longer there
Il se précipita vers la ville dans un état de désespoir
He rushed back to the town in a state of desperation
et il se rendit immédiatement aux cours de justice
and he went at once to the Courts of Justice
et il a parlé directement avec le juge
and he spoke directly with the judge
Il dénonça les deux fripons qui l'avaient volé
he denounced the two knaves who had robbed him
Le juge était un grand singe de la tribu des gorilles
The judge was a big ape of the gorilla tribe
un vieux singe respectable à cause de sa barbe blanche
an old ape respectable because of his white beard
et il était respectable pour d'autres raisons
and he was respectable for other reasons
parce qu'il avait des lunettes en or sur le nez
because he had gold spectacles on his nose
cependant, ses lunettes étaient sans verre
although, his spectacles were without glass
mais il était toujours obligé de les porter
but he was always obliged to wear them
en raison d'une inflammation des yeux
on account of an inflammation of the eyes

Pinocchio lui raconta tout sur le crime
Pinocchio told him all about the crime
le crime dont il avait été victime
the crime of which he had been the victim of
Il lui donna les noms et les prénoms
He gave him the names and the surnames
et il donna tous les détails sur les coquins
and he gave all the details of the rascals
et il a fini par demander justice
and he ended by demanding to have justice
Le juge écouta avec beaucoup de bienveillance
The judge listened with great benignity
il s'intéressa vivement à l'histoire
he took a lively interest in the story
Il a été très touché et ému par ce qu'il a entendu
he was much touched and moved by what he heard
Finalement, la marionnette n'avait plus rien à dire
finally the puppet had nothing further to say
puis le gorille sonna une cloche
and then the gorilla rang a bell
Deux dogues apparurent à la porte
two mastiffs appeared at the door
Les chiens étaient déguisés en gendarmes
the dogs were dressed as gendarmes
Le juge a ensuite pointé du doigt Pinocchio

The judge then pointed to Pinocchio
« Ce pauvre diable a été volé »
"That poor devil has been robbed"
« Des coquins lui ont pris quatre pièces d'or »
"rascals took four gold pieces from him"
« Emmenez-le en prison immédiatement », ordonna-t-il
"take him away to prison immediately," he ordered
La marionnette fut pétrifiée en entendant cela
The puppet was petrified on hearing this
ce n'était pas du tout le jugement auquel il s'attendait
it was not at all the judgement he had expected
et il essaya de protester contre le juge
and he tried to protest the judge
mais les gendarmes lui fermèrent la bouche
but the gendarmes stopped his mouth
ils ne voulaient pas perdre de temps
they didn't want to lose any time
et ils l'emmenèrent à la prison
and they carried him off to the prison
Et il y resta quatre longs mois
And there he remained for four long months
et il y serait resté encore plus longtemps
and he would have remained there even longer
Mais les marionnettes ont parfois de la chance aussi
but puppets do sometimes have good fortune too
un jeune roi régnait sur le piège des imbéciles
a young King ruled over the Trap for Blockheads
il avait remporté une splendide victoire dans la bataille
he had won a splendid victory in battle
à cause de cela, il ordonna de grandes réjouissances publiques
because of this he ordered great public rejoicings
Il y a eu des illuminations et des feux d'artifice
There were illuminations and fireworks
et il y avait des courses de chevaux et de vélocipèdes
and there were horse and velocipede races
le roi était si heureux qu'il a libéré tous les prisonniers

the King was so happy he released all prisoners
Pinocchio était très heureux de cette nouvelle
Pinocchio was very happy at this news
« s'ils sont libérés, alors je le suis aussi »
"if they are freed, then so am I"
mais le geôlier avait d'autres ordres
but the jailor had other orders
— Non, pas vous, dit le geôlier
"No, not you," said the jailor
« Parce que vous n'appartenez pas à la classe fortunée »
"because you do not belong to the fortunate class"
— Je vous demande pardon, répondit Pinocchio
"I beg your pardon," replied Pinocchio
« Je suis aussi un criminel », a-t-il fièrement déclaré
"I am also a criminal," he proudly said
le geôlier regarda à nouveau Pinocchio
the jailor looked at Pinocchio again
« Dans ce cas, vous avez parfaitement raison »
"In that case you are perfectly right"
et il ôta son chapeau
and he took off his hat
et il s'inclina respectueusement devant lui
and he bowed to him respectfully
et il ouvrit les portes de la prison
and he opened the prison doors
et il laissa la petite marionnette s'échapper
and he let the little puppet escape

Pinocchio retourne à la maison de la fée
Pinocchio Goes back to the Fairy's House

Vous pouvez imaginer la joie de Pinocchio
You can imagine Pinocchio's joy
Finalement, il était libre au bout de quatre mois
finally he was free after four months
Mais il ne s'est pas arrêté pour célébrer

but he didn't stop in order to celebrate
Au lieu de cela, il a immédiatement quitté la ville
instead, he immediately left the town
il prit le chemin qui menait à la maison de la fée
he took the road that led to the Fairy's house
Il y avait eu beaucoup de pluie ces derniers jours
there had been a lot of rain in recent days
la route était donc devenue marécageuse et marécageuse
so the road had become a went boggy and marsh
et Pinocchio s'enfonça jusqu'aux genoux dans la boue
and Pinocchio sank knee deep into the mud

Mais la marionnette n'était pas du genre à abandonner
But the puppet was not one to give up
il était tourmenté par le désir de voir son père
he was tormented by the desire to see his father
et il voulait revoir sa petite sœur aussi
and he wanted to see his little sister again too
et il courut à travers le marais comme un lévrier
and he ran through the marsh like a greyhound
et en courant, il fut éclaboussé de boue
and as he ran he was splashed with mud
et il était couvert de la tête aux pieds
and he was covered from head to foot
Et il se dit en chemin :
And he said to himself as he went along:

« Combien de malheurs m'est-il arrivé »
"How many misfortunes have happened to me"
« Mais j'ai mérité ces malheurs »
"But I deserved these misfortunes"
« parce que je suis une marionnette obstinée et passionnée »
"because I am an obstinate, passionate puppet"
« Je suis toujours déterminé à faire ce que je veux »
"I am always bent upon having my own way"
« et je n'écoute pas ceux qui me veulent du bien »
"and I don't listen to those who wish me well"
ils ont mille fois plus de bon sens que moi !
"they have a thousand times more sense than I!"
« Mais à partir de maintenant, je suis déterminé à changer »
"But from now I am determined to change"
« Je deviendrai ordonné et obéissant »
"I will become orderly and obedient"
« parce que j'ai vu ce qui s'est passé »
"because I have seen what happened"
« Les garçons désobéissants n'ont pas une vie facile »
"disobedient boys do not have an easy life"
« Ils ne font rien de bon et ne gagnent rien »
"they come to no good and gain nothing"
— Et mon papa m'a-t-il attendu ?
"And has my papa waited for me?"
« Le trouverai-je chez la fée ? »
"Shall I find him at the Fairy's house?"
il y a si longtemps que je ne l'ai pas vu.
"it has been so long since I last saw him"
« Je meurs d'envie de l'embrasser à nouveau »
"I am dying to embrace him again"
« J'ai hâte de le couvrir de baisers ! »
"I can't wait to cover him with kisses!"
— Et la fée me pardonnera-t-elle ma mauvaise conduite ?
"And will the Fairy forgive me my bad conduct?"
« Penser à toute la gentillesse que j'ai reçue d'elle »
"To think of all the kindness I received from her"
« Oh, comme elle s'occupait de moi avec amour »

"oh how lovingly did she care for me"
que je sois maintenant vivant, je le lui dois !
"that I am now alive I owe to her!"
« Pourriez-vous trouver un garçon plus ingrat »
"could you find a more ungrateful boy"
y a-t-il un garçon qui ait moins de cœur que moi ?
"is there a boy with less heart than I have?"
Pendant qu'il parlait ainsi, il s'arrêta brusquement
Whilst he was saying this he stopped suddenly
il était mort de peur
he was frightened to death
et il fit quatre pas en arrière
and he made four steps backwards
Qu'avait vu Pinocchio ?
What had Pinocchio seen?
Il avait vu un immense serpent
He had seen an immense Serpent
le serpent était étendu en travers de la route
the snake was stretched across the road
La peau du serpent était d'une couleur vert herbe
the snake's skin was a grass green colour
et il avait les yeux rouges dans la tête
and it had red eyes in its head
et il avait une queue longue et pointue
and it had a long and pointed tail
et la queue fumait comme une cheminée
and the tail was smoking like a chimney

Il serait impossible d'imaginer la terreur de la marionnette
It would be impossible to imagine the puppet's terror
Il s'éloigna à une distance de sécurité
He walked away to a safe distance
et il s'assit sur un tas de pierres
and he sat on a heap of stones
là, il attendit que le Serpent eût fini
there he waited until the Serpent had finished
bientôt les affaires du Serpent devraient être terminées
soon the Serpent's business should be done
Il attendit une heure ; deux heures ; trois heures
He waited an hour; two hours; three hours
mais le Serpent était toujours là
but the Serpent was always there
même de loin, il pouvait voir ses yeux de feu

even from a distance he could see his fiery eyes
et il pouvait voir la colonne de fumée
and he could see the column of smoke
la fumée qui montait du bout de sa queue
the smoke that ascended from the end of his tail
Finalement, Pinocchio essaya de se sentir courageux
At last Pinocchio tried to feel courageous
et il s'approcha à quelques pas
and he approached to within a few steps
il parla au Serpent d'une petite voix douce
he spoke to the Serpent in a little soft voice
« Excusez-moi, Sir Serpent », insinua-t-il
"Excuse me, Sir Serpent," he insinuated
« Auriez-vous la bonté de bouger un peu ? »
"would you be so good as to move a little?"
« Juste un pas sur le côté, si vous le pouvez »
"just a step to the side, if you could"
Il aurait aussi bien pu parler au mur
He might as well have spoken to the wall
Il reprit de la même voix douce :
He began again in the same soft voice:
« S'il vous plaît, sachez que je suis sur le chemin du retour »
"please know, Sir Serpent, I am on my way home"
« Mon père m'attend »
"my father is waiting for me"
et il y a si longtemps que je ne l'ai vu !
"and it has been such a long time since I saw him!"
« Voulez-vous donc me permettre de continuer ? »
"Will you, therefore, allow me to continue?"
Il attendit un signe en réponse à cette demande
He waited for a sign in answer to this request
mais le serpent ne répondit rien
but the snake made no answer
Jusqu'à ce moment, le serpent avait été vif
up to that moment the serpent had been sprightly
Jusque-là, il avait été plein de vie
up until then it had been full of life

mais maintenant il devenait immobile et presque rigide
but now he became motionless and almost rigid
Il ferma les yeux et sa queue cessa de fumer
He shut his eyes and his tail ceased smoking
« Peut-il vraiment être mort ? » demanda Pinocchio
"Can he really be dead?" said Pinocchio
et il se frotta les mains avec plaisir
and he rubbed his hands with delight
Il décida de sauter par-dessus lui
He decided to jump over him
et alors il pourrait atteindre l'autre côté de la route
and then he could reach the other side of the road
Pinocchio a pris une petite course
Pinocchio took a little run up
et il alla sauter par-dessus le serpent
and he went to jump over the snake
mais soudain le Serpent se redressa
but suddenly the Serpent raised himself on end
comme un ressort mis en mouvement
like a spring set in motion
et la marionnette s'arrêta juste à temps
and the puppet stopped just in time
Il a empêché ses pieds de sauter
he stopped his feet from jumping
et il tomba à terre
and he fell to the ground
il tomba assez maladroitement dans la boue
he fell rather awkwardly into the mud
sa tête s'est coincée dans la boue
his head got stuck in the mud
et ses jambes s'élevèrent en l'air
and his legs went into the air
le Serpent entra dans des convulsions de rire
the Serpent went into convulsions of laughter
il rit jusqu'à ce qu'il brise un vaisseau sanguin
it laughed until he broke a blood-vessel
et le serpent mourut de tous ses rires

and the snake died from all its laughter
cette fois, le serpent était vraiment mort
this time the snake really was dead
Pinocchio se remit alors en courant
Pinocchio then set off running again
il espérait atteindre la maison de la fée avant la nuit
he hoped to reach the Fairy's house before dark
Mais bientôt il a eu d'autres problèmes
but soon he had other problems again
il commençait à souffrir terriblement de la faim
he began to suffer so dreadfully from hunger
et il ne pouvait plus supporter la faim
and he could not bear the hunger any longer
il sauta dans un champ au bord du chemin
he jumped into a field by the wayside
peut-être y avait-il des raisins qu'il pourrait cueillir
perhaps there were some grapes he could pick
Oh, si seulement il ne l'avait jamais fait !
Oh, if only he had never done it!
Il avait à peine atteint les raisins
He had scarcely reached the grapes
Et puis il y a eu un bruit de « craquement »
and then there was a "cracking" sound
ses jambes étaient coincées entre quelque chose
his legs were caught between something
il était entré dans deux barres de fer tranchantes
he had stepped into two cutting iron bars
le pauvre Pinocchio devint étourdi de douleur
poor Pinocchio became giddy with pain
des étoiles de toutes les couleurs dansaient sous ses yeux
stars of every colour danced before his eyes
La pauvre marionnette avait été prise au piège
The poor puppet had been caught in a trap
il avait été mis là pour capturer des putois
it had been put there to capture polecats

Pinocchio devient un chien de garde
Pinocchio Becomes a Watch-Dog

Pinocchio se mit à pleurer et à crier
Pinocchio began to cry and scream
mais ses larmes et ses gémissements étaient inutiles
but his tears and groans were useless
car il n'y avait pas de maison à voir
because there was not a house to be seen
Âme Vivante non plus sur la route
nor did living soul pass down the road
Enfin, la nuit était venue
At last the night had come on
le piège lui avait coupé la jambe
the trap had cut into his leg
la douleur l'amena à s'évanouir
the pain brought him the point of fainting
il avait peur d'être seul
he was scared from being alone
Il n'aimait pas l'obscurité
he didn't like the darkness
Juste à ce moment-là, il a vu une luciole
Just at that moment he saw a Firefly
Il appela la luciole et dit :
He called to the firefly and said:
« Oh, petite Luciole, auras-tu pitié de moi ? »
"Oh, little Firefly, will you have pity on me?"
« S'il vous plaît, libérez-moi de cette torture »

"please liberate me from this torture"
« Pauvre garçon ! » dit la luciole
"Poor boy!" said the Firefly
la luciole s'arrêta et le regarda avec compassion
the Firefly stopped and looked at him with compassion
« tes jambes ont été prises par ces fers tranchants »
"your legs have been caught by those sharp irons"
"Comment t'es-tu mis dans ce piège ?
"how did you get yourself into this trap?
« Je suis venu dans le champ pour cueillir des raisins »
"I came into the field to pick grapes"
« Mais où avez-vous planté vos raisins ? »
"But where did you plant your grapes?"
« Non, ce n'étaient pas mes raisins »
"No, they were not my grapes"
« Qui t'a appris à emporter les biens d'autrui ? »
"who taught you to carry off other people's property?"
« J'avais tellement faim », gémit Pinocchio
"I was so hungry," Pinocchio whimpered
« La faim n'est pas une bonne raison »
"Hunger is not a good reason"
« Nous ne pouvons pas nous approprier ce qui ne nous appartient pas »
"we cannot appropriated what does not belong to us"
— C'est vrai, c'est vrai ! dit Pinocchio en s'écriant
"That is true, that is true!" said Pinocchio, crying
« Je ne le ferai plus jamais », a-t-il promis
"I will never do it again," he promised
En ce moment, leur conversation fut interrompue
At this moment their conversation was interrupted
il y eut un léger bruit de pas qui approchaient
there was a slight sound of approaching footsteps
C'était le propriétaire du terrain qui arrivait sur la pointe des pieds
It was the owner of the field coming on tiptoe
il voulait voir s'il avait attrapé un putois
he wanted to see if he had caught a polecat

le putois qui mangeait ses poulets dans la nuit
the polecat that ate his chickens in the night
mais il fut surpris par ce qu'il y avait dans son piège
but he was surprised by what was in his trap
au lieu d'un putois, un garçon avait été capturé
instead of a polecat, a boy had been captured
« Ah, petit voleur, dit le paysan en colère,
"Ah, little thief," said the angry peasant,
— C'est donc vous qui enlevez mes poulets ?
"then it is you who carries off my chickens?"
« Non, je n'ai pas enlevé tes poulets »
"No, I have not been carrying off your chickens"
« Je ne suis venu au champ que pour prendre deux raisins ! »
"I only came into the field to take two grapes!"
« Celui qui vole du raisin peut facilement voler du poulet »
"He who steals grapes can easily steal chicken"
« Laisse-moi te donner une leçon »
"Leave it to me to teach you a lesson"
« Et vous n'oublierez pas cette leçon de sitôt »
"and you won't forget this lesson in a hurry"
Ouvrant le piège, il saisit la marionnette par le col
Opening the trap, he seized the puppet by the collar
et il le porta dans sa maison comme un jeune agneau
and he carried him to his house like a young lamb
Ils atteignirent la cour devant la maison
they reached the yard in front of the house
et il le jeta rudement à terre
and he threw him roughly on the ground
Il mit son pied sur son cou et lui dit :
he put his foot on his neck and said to him:
« Il est tard et je veux aller me coucher »
"It is late and I want to go to bed"
« Nous réglerons nos comptes demain »
"we will settle our accounts tomorrow"
« Le chien qui montait la garde la nuit est mort aujourd'hui »
"the dog who kept guard at night died today"
« Tu vivras à sa place à partir de maintenant »

"you will live in his place from now"
« Tu seras mon chien de garde à partir de maintenant »
"You shall be my watch-dog from now"
Il prit un grand collier de chien couvert de boutons en laiton
he took a great dog collar covered with brass knobs
et il attacha le collier du chien autour du cou de Pinocchio
and he strapped the dog collar around Pinocchio's neck
c'était si serré qu'il ne pouvait pas sortir la tête
it was so tight that he could not pull his head out
le collier du chien était attaché à une lourde chaîne
the dog collar was attached to a heavy chain
et la lourde chaîne fut attachée au mur
and the heavy chain was fastened to the wall
« S'il pleut ce soir, vous pouvez aller dans le chenil »
"If it rains tonight you can go into the kennel"
« Mon pauvre chien avait un petit lit de paille là-dedans »
"my poor dog had a little bed of straw in there"
« N'oubliez pas de garder les oreilles dressées pour les voleurs »
"remember to keep your ears pricked for robbers"
« Et si vous entendez des voleurs, alors aboyez fort »
"and if you hear robbers, then bark loudly"
Pinocchio avait reçu ses ordres pour la nuit
Pinocchio had received his orders for the night
et le pauvre homme alla enfin se coucher
and the poor man finally went to bed

Le pauvre Pinocchio resta allongé sur le sol
Poor Pinocchio remained lying on the ground
il se sentait plus mort qu'il ne se sentait vivant
he felt more dead than he felt alive
le froid, la faim et la peur avaient pris toute son énergie
the cold, and hunger, and fear had taken all his energy
De temps en temps, il mettait ses mains avec colère sur le col
From time to time he put his hands angrily to the go collar
« Cela me sert bien ! » se dit-il
"It serves me right!" he said to himself
« J'étais déterminé à être un vagabond »
"I was determined to be a vagabond"
« Je voulais vivre une vie de bon à rien »
"I wanted to live the life of a good-for-nothing"
« J'écoutais les mauvais camarades »
"I used to listen to bad companions"
« et c'est pourquoi je rencontre toujours des malheurs »
"and that is why I always meet with misfortunes"
« Si seulement j'avais été un bon petit garçon »
"if only I had been a good little boy"
« alors je ne serais pas au milieu du champ »
"then I would not be in the midst of the field"
« Je ne serais pas ici si j'étais resté à la maison »
"I wouldn't be here if I had stayed at home"
« Je ne serais pas un chien de garde si j'étais resté avec mon papa »
"I wouldn't be a watch-dog if I had stayed with my papa"
« Oh, si seulement je pouvais naître de nouveau ! »
"Oh, if only I could be born again!"
« Mais maintenant, il est trop tard pour changer quoi que ce soit »
"But now it is too late to change anything"
« La meilleure chose à faire maintenant est d'avoir de la patience ! »
"the best thing to do now is having patience!"
il fut soulagé par ce petit éclat
he was relieved by this little outburst

parce qu'elle venait directement de son cœur
because it had come straight from his heart
et il entra dans le chenil et s'endormit
and he went into the dog-kennel and fell asleep

Pinocchio découvre les voleurs
Pinocchio Discovers the Robbers

Il dormait lourdement depuis environ deux heures
He had been sleeping heavily for about two hours
puis il fut réveillé par un étrange murmure
then he was aroused by a strange whispering
les voix étranges venaient de la cour
the strange voices were coming from the courtyard
Il sortit la pointe de son nez du chenil
he put the point of his nose out of the kennel
et il vit quatre petites bêtes à fourrure sombre
and he saw four little beasts with dark fur
ils ressemblaient à des chats faisant un plan
they looked like cats making a plan
Mais ce n'étaient pas des chats, c'étaient des putois
But they were not cats, they were polecats
Ce que sont les putois sont de petits animaux carnivores
what polecats are are carnivorous little animals
Ils sont particulièrement gourmands en œufs et en jeunes poules
they are especially greedy for eggs and young chickens
L'un des putois est venu à l'ouverture du chenil
One of the polecats came to the opening of the kennel
il parla à voix basse : « Bonsoir, Melampo »
he spoke in a low voice, "Good evening, Melampo"
« Je ne m'appelle pas Melampo, répondit la marionnette
"My name is not Melampo," answered the puppet
« Oh ! alors qui es-tu ? » demanda le putois
"Oh! then who are you?" asked the polecat
« Je suis Pinocchio », répondit Pinocchio

"I am Pinocchio," answered Pinocchio

« Et que faites-vous ici ? »
"And what are you doing here?"

« J'agis comme chien de garde, confirma Pinocchio
"I am acting as watch-dog," confirmed Pinocchio

« Alors où est Melampo ? » se demanda le putois
"Then where is Melampo?" wondered the polecat

« Où est le vieux chien qui vivait dans ce chenil ? »
"Where is the old dog who lived in this kennel?"

« Il est mort ce matin », informa Pinocchio
"He died this morning," Pinocchio informed

« Est-il mort ? Pauvre bête ! Il était si bon"
"Is he dead? Poor beast! He was so good"

« mais je dirais que tu étais aussi un bon chien »
"but I would say that you were also a good dog"

« Je peux le voir sur ton visage »
"I can see it in your face"

« Je vous demande pardon, je ne suis pas un chien »
"I beg your pardon, I am not a dog"

« Pas un chien ? Alors qu'êtes-vous ?
"Not a dog? Then what are you?"

— Je suis une marionnette, corrigea Pinocchio
"I am a puppet," corrected Pinocchio

— Et vous agissez comme chien de garde ?
"And you are acting as watch-dog?"

« Maintenant vous comprenez la situation »
"now you understand the situation"

« J'ai été fait pour être un chien de garde en guise de punition »
"I have been made to be a watch dog as a punishment"

« Eh bien, alors nous vous dirons quel est l'accord »
"well, then we shall tell you what the deal is"

« le même accord que nous avions avec le défunt Melampo »
"the same deal we had with the deceased Melampo"

« Je suis sûr que vous serez d'accord avec l'accord »
"I am sure you will be agree to the deal"

« Quelles sont les conditions de cet accord ? »

"What are the conditions of this deal?"
« Un soir par semaine, nous visiterons la basse-cour »
"one night a week we will visit the poultry-yard"
« Et vous nous permettrez d'enlever huit poulets »
"and you will allow us to carry off eight chickens"
« De ces poulets, sept doivent être mangés par nous »
"Of these chickens seven are to be eaten by us"
« Et nous vous donnerons un poulet »
"and we will give one chicken to you"
« Votre part du marché est très facile »
"your end of the bargain is very easy"
« Tout ce que vous avez à faire est de faire semblant de dormir »
"all you have to do is pretend to be asleep"
« Et n'ayez aucune idée d'aboyer »
"and don't get any ideas about barking"
« Tu ne dois pas réveiller le paysan quand nous viendrons »
"you are not to wake the peasant when we come"
— Melampo a-t-il agi de cette manière ? demanda Pinocchio
"Did Melampo act in this manner?" asked Pinocchio
« c'est l'accord que nous avions avec Melampo »
"that is the deal we had with Melampo"
"Et nous étions toujours en bons termes avec lui
"and we were always on the best terms with him
« Dormez tranquillement et laissez-nous faire nos affaires »
"sleep quietly and let us do our business"
« Et le matin tu auras un beau poulet »
"and in the morning you will have a beautiful chicken"
« Il sera prêt plumé pour votre petit-déjeuner demain »
"it will be ready plucked for your breakfast tomorrow"
« Nous sommes-nous bien compris ? »
"Have we understood each other clearly?"
— Trop clairement ! répondit Pinocchio
"Only too clearly!" answered Pinocchio
et il secoua la tête d'un air menaçant
and he shook his head threateningly
comme pour dire : « Vous en entendrez parler sous peu ! »

as if to say: "You shall hear of this shortly!"
Les quatre putois pensaient qu'ils avaient un accord
the four polecats thought that they had a deal
ils continuèrent donc vers la basse-cour
so they continued to the poultry-yard
D'abord, ils ouvrirent la porte avec leurs dents
first they opened the gate with their teeth
puis ils se sont glissés un par un
and then they slipped in one by one
ils n'avaient pas été dans le coup d'État depuis longtemps
they hadn't been in the chicken-coup for long
mais ils entendirent alors la porte se refermer derrière eux
but then they heard the gate shut behind them
C'était Pinocchio qui avait fermé la porte
It was Pinocchio who had shut the gate
et Pinocchio a pris des mesures de sécurité supplémentaires
and Pinocchio took some extra security measures
il posa une grosse pierre contre la porte
he put a large stone against the gate
De cette façon, les putois ne pouvaient plus sortir
this way the polecats couldn't get out again
puis Pinocchio se mit à aboyer comme un chien
and then Pinocchio began to bark like a dog
et il aboyait exactement comme un chien de garde aboie
and he barked exactly like a watch-dog barks
le paysan entendit Pinocchio aboyer
the peasant heard Pinocchio barking
Il s'est rapidement réveillé et a sauté du lit
he quickly awoke and jumped out of bed
Avec son fusil, il arriva à la fenêtre
with his gun he came to the window
et de la fenêtre il appela Pinocchio
and from the window he called to Pinocchio
« Qu'y a-t-il ? » demanda-t-il à la marionnette
"What is the matter?" he asked the puppet
« Il y a des voleurs ! » répondit Pinocchio
"There are robbers!" answered Pinocchio

« Où sont-ils ? » voulait-il savoir
"Where are they?" he wanted to know
ils sont dans la basse-cour, confirma Pinocchio
"they are in the poultry-yard," confirmed Pinocchio
— Je descendrai tout de suite, dit le paysan
"I will come down directly," said the peasant
et il descendit en toute hâte
and he came down in a great hurry
il aurait fallu moins de temps pour dire « Amen »
it would have taken less time to say "Amen"
Il se précipita dans la basse-cour
He rushed into the poultry-yard
et rapidement il attrapa tous les putois
and quickly he caught all the polecats
puis il mit les putois dans un sac
and then he put the polecats into a sack
Il leur dit d'un ton de grande satisfaction :
he said to them in a tone of great satisfaction:
« Enfin, vous êtes tombé entre mes mains ! »
"At last you have fallen into my hands!"
« Je pourrais te punir, si je le voulais »
"I could punish you, if I wanted to"
mais je ne suis pas si cruel, les consola
"but I am not so cruel," he comforted them
« Je me contenterai d'autres manières »
"I will content myself in other ways"
« Je te porterai demain matin chez l'aubergiste »
"I will carry you in the morning to the innkeeper"
« Il vous écorchera et vous cuisinera comme des lièvres »
"he will skin and cook you like hares"
« et vous serez servi avec une sauce sucrée »
"and you will be served with a sweet sauce"
« C'est un honneur que vous ne méritez pas »
"It is an honour that you don't deserve"
« tu as de la chance que je sois si généreux avec toi »
"you're lucky I am so generous with you"
Il s'est ensuite approché de Pinocchio et l'a caressé

He then approached Pinocchio and stroked him
« Comment avez-vous réussi à découvrir les quatre voleurs ? »
"How did you manage to discover the four thieves?"
mon fidèle Melampo n'a jamais rien découvert !
"my faithful Melampo never found out anything!"
La marionnette aurait alors pu lui raconter toute l'histoire
The puppet could then have told him the whole story
il aurait pu lui parler de l'accord perfide
he could have told him about the treacherous deal
mais il se souvint que le chien était mort
but he remembered that the dog was dead
et la marionnette pensa en lui-même :
and the puppet thought to himself:
à quoi bon accuser les morts ?
"of what use it it accusing the dead?"
« Les morts ne sont plus parmi nous »
"The dead are no longer with us"
« Il vaut mieux laisser les morts en paix ! »
"it is best to leave the dead in peace!"
Le paysan a continué à poser d'autres questions
the peasant went on to ask more questions
« Dormiez-vous quand les voleurs sont arrivés ? »
"were you sleeping when the thieves came?"
— Je dormais, répondit Pinocchio
"I was asleep," answered Pinocchio
« Mais les putois m'ont réveillé avec leur bavardage »
"but the polecats woke me with their chatter"
« Un des putois est venu au chenil »
"one of the polecats came to the kennel"
Il a essayé de faire un mauvais marché avec moi
he tried to make a terrible deal with me
« Promets de ne pas aboyer et nous te donnerons du bon poulet »
"promise not to bark and we'll give you fine chicken"
« J'ai été offensé par une offre aussi sournoise »
"I was offended by such an underhanded offer"
« Je peux admettre que je suis une vilaine marionnette »

"I can admit that I am a naughty puppet"
« mais il y a une chose dont je ne serai jamais coupable »
"but there is one thing I will never be guilty of"
« Je ne m'entendrai pas avec des gens malhonnêtes ! »
"I will not make terms with dishonest people!"
« et je ne partagerai pas leurs gains malhonnêtes »
"and I will not share their dishonest gains"
« Bien dit, mon garçon ! » s'écria le paysan
"Well said, my boy!" cried the peasant
et il tapota l'épaule de Pinocchio
and he patted Pinocchio on the shoulder
« **De tels sentiments te font grand honneur, mon garçon** »
"Such sentiments do you great honour, my boy"
« **Laissez-moi vous montrer la preuve de ma gratitude envers vous** »
"let me show you proof of my gratitude to you"
« **Je vais tout de suite vous rendre la liberté** »
"I will at once set you at liberty"
« **et vous pouvez rentrer chez vous à votre guise** »
"and you may return home as you please"
Et il enleva le collier de chien de Pinocchio
And he removed the dog-collar from Pinocchio

Pinocchio s'envole vers le bord de mer
Pinocchio Flies to the Seashore

un collier de chien avait pendu autour du cou de Pinocchio
a dog-collar had hung around Pinocchio's neck
mais maintenant Pinocchio avait retrouvé sa liberté
but now Pinocchio had his freedom again
et il ne portait plus l'humiliant collier de chien
and he wore the humiliating dog-collar no more
il s'enfuit à travers champs
he ran off across the fields
et il continua à courir jusqu'à ce qu'il atteignît la route
and he kept running until he reached the road

la route qui menait à la maison de la fée
the road that led to the Fairy's house
dans les bois, il pouvait voir le grand chêne
in the woods he could see the Big Oak tree
le grand chêne auquel il avait été accroché
the Big Oak tree to which he had been hung
Pinocchio regarda dans toutes les directions
Pinocchio looked around in every direction
mais il ne pouvait pas voir la maison de sa sœur
but he couldn't see his sister's house
la maison de la belle Enfant aux cheveux bleus
the house of the beautiful Child with blue hair
Pinocchio fut saisi d'un triste pressentiment
Pinocchio was seized with a sad presentiment
il se mit à courir de toutes les forces qui lui restaient
he began to run with all the strength he had left
En quelques minutes, il atteignit le champ
in a few minutes he reached the field
il était là où se trouvait autrefois la petite maison
he was where the little house had once stood
Mais la petite maison blanche n'était plus là
But the little white house was no longer there
Au lieu de la maison, il vit une pierre de marbre
Instead of the house he saw a marble stone
Sur la pierre étaient gravés ces tristes mots :
on the stone were engraved these sad words:
« Ici repose l'enfant aux cheveux bleus »
"Here lies the child with the blue hair"
« elle a été abandonnée par son petit frère Pinocchio »
"she was abandoned by her little brother Pinocchio"
« et de la douleur elle a succombé à la mort »
"and from the sorrow she succumbed to death"
C'est avec peine qu'il avait lu cette épitaphe
with difficulty he had read this epitaph
Je vous laisse imaginer les sentiments de la marionnette
I leave you to imagine the puppet's feelings
Il tomba le visage au sol

He fell with his face on the ground
Il couvrit la pierre tombale de mille baisers
he covered the tombstone with a thousand kisses
et il fondit en larmes
and he burst into an agony of tears
Il a pleuré toute cette nuit-là
He cried for all of that night
et quand le matin arriva, il pleurait encore
and when morning came he was still crying
Il pleura bien qu'il n'ait plus de larmes
he cried although he had no tears left
ses lamentations étaient déchirantes
his lamentations were heart-breaking
et ses sanglots résonnaient dans les collines environnantes
and his sobs echoed in the surrounding hills
Et pendant qu'il pleurait, il dit :
And while he was weeping he said:
« Oh, petite fée, pourquoi es-tu morte ? »
"Oh, little Fairy, why did you die?"
« Pourquoi ne suis-je pas mort à ta place ? »
"Why did I not die instead of you?"
« Moi qui suis si méchant, alors que tu étais si bon »
"I who am so wicked, whilst you were so good"
« Et mon papa ? Où peut-il être ?
"And my papa? Where can he be?"
« Oh, petite fée, dis-moi où je peux le trouver »
"Oh, little Fairy, tell me where I can find him"
« car je veux rester toujours avec lui »
"for I want to remain with him always"
et je ne veux plus jamais le quitter !
"and I never want to leave him ever again!"
dites-moi qu'il n'est pas vrai que vous êtes mort !
"tell me that it is not true that you are dead!"
« Si tu aimes vraiment ton petit frère, reviens à la vie »
"If you really love your little brother, come to life again"
« Cela ne vous fait-il pas de la peine de me voir seul au monde ? »

"Does it not grieve you to see me alone in the world?"
« Cela ne vous attriste-t-il pas de me voir abandonné de tout le monde ? »
"does it not sadden you to see me abandoned by everybody?"
« Si des assassins viennent, ils me pendront à nouveau à l'arbre »
"If assassins come they will hang me from the tree again"
« et cette fois je mourrais vraiment »
"and this time I would die indeed"
« Que puis-je faire ici seul au monde ? »
"What can I do here alone in the world?"
« Je t'ai perdu, toi et mon papa »
"I have lost you and my papa"
« Qui m'aimera et me donnera à manger maintenant ? »
"who will love me and give me food now?"
« Où vais-je dormir la nuit ? »
"Where shall I go to sleep at night?"
« Qui me fera une nouvelle veste ? »
"Who will make me a new jacket?"
« Oh, il vaudrait mieux que je meure aussi ! »
"Oh, it would be better for me to die also!"
« Ne pas vivre serait cent fois mieux »
"not to live would be a hundred times better"
« Oui, je veux mourir », a-t-il conclu
"Yes, I want to die," he concluded
Et dans son désespoir, il essaya de s'arracher les cheveux
And in his despair he tried to tear his hair
mais ses cheveux étaient en bois
but his hair was made of wood
il ne pouvait donc pas avoir la satisfaction
so he could not have the satisfaction
Juste à ce moment, un grand pigeon a volé au-dessus de sa tête
Just then a large Pigeon flew over his head
le pigeon s'arrêta avec des ailes distendues
the pigeon stopped with distended wings
et le pigeon appela d'une grande hauteur

and the pigeon called down from a great height
« **Dis-moi, mon enfant, que fais-tu là ?** »
"Tell me, child, what are you doing there?"
« **Ne voyez-vous pas ? Je pleure ! dit Pinocchio**
"Don't you see? I am crying!" said Pinocchio
et il leva la tête vers la voix
and he raised his head towards the voice
et il se frotta les yeux avec sa veste
and he rubbed his eyes with his jacket
— **Dites-moi, continua le Pigeon**
"Tell me," continued the Pigeon
connaissez-vous une marionnette appelée Pinocchio ?
"do you happen to know a puppet called Pinocchio?"
« **Pinocchio ? Avez-vous dit Pinocchio ? répéta la marionnette**
"Pinocchio? Did you say Pinocchio?" repeated the puppet
et il sauta rapidement sur ses pieds
and he quickly jumped to his feet
« **Je suis Pinocchio !** » **s'exclama-t-il avec espoir**
"I am Pinocchio!" he exclaimed with hope
À cette réponse, le Pigeon descendit rapidement
At this answer the Pigeon descended rapidly
Il était plus gros qu'une dinde
He was larger than a turkey
« **Connaissez-vous aussi Geppetto ?** » **demanda-t-il**
"Do you also know Geppetto?" he asked
« **Est-ce que je le connais ! C'est mon pauvre papa !** »
"Do I know him! He is my poor papa!"
— **Vous a-t-il peut-être parlé de moi ?**
"Has he perhaps spoken to you of me?"
« **Voulez-vous m'emmener chez lui ?** »
"Will you take me to him?"
« **Est-il encore en vie ?** »
"Is he still alive?"
« **Réponds-moi, par pitié** »
"Answer me, for pity's sake"
« **Est-il toujours en vie ??** »

"is he still alive??"
« Je l'ai laissé il y a trois jours sur le bord de la mer »
"I left him three days ago on the seashore"
« Que faisait-il ? » Pinocchio devait savoir
"What was he doing?" Pinocchio had to know
« Il construisait un petit bateau pour lui-même »
"He was building a little boat for himself"
« Il allait traverser l'océan »
"he was going to cross the ocean"
« Ce pauvre homme a fait le tour du monde »
"that poor man has been going all round the world"
« Il t'a cherché »
"he has been looking for you"
« Mais il n'a pas réussi à vous trouver »
"but he had no success in finding you"
« Alors maintenant il va aller dans les pays lointains »
"so now he will go to the distant countries"
« il te cherchera dans le Nouveau Monde »
"he will search for you in the New World"
« Quelle distance y a-t-il d'ici au rivage ? »
"How far is it from here to the shore?"
« Plus de six cents milles »
"More than six hundred miles"
— Six cents milles ? répéta Pinocchio
"Six hundred miles?" echoed Pinocchio
« Oh, beau pigeon », supplia Pinocchio
"Oh, beautiful Pigeon," pleaded Pinocchio
« Quelle belle chose ce serait d'avoir ses ailes ! »
"what a fine thing it would be to have your wings!"
« Si tu veux y aller, je t'y conduirai »
"If you wish to go, I will carry you there"
« Comment avez-vous pu me porter là-bas ? »
"How could you carry me there?"
« Je peux te porter sur mon dos »
"I can carry you on my back"
« Pèsez-vous beaucoup ? »
"Do you weigh much?"

« Je ne pèse presque rien »
"I weigh next to nothing"
« Je suis léger comme une plume »
"I am as light as a feather"
Pinocchio n'hésita pas un instant
Pinocchio didn't hesitate for another moment
et il sauta aussitôt sur le dos du Pigeon
and he jumped at once on the Pigeon's back
il mit une patte de chaque côté du pigeon
he put a leg on each side of the pigeon
tout comme les hommes le font lorsqu'ils montent à cheval
just like men do when they're riding horseback
et Pinocchio s'écria joyeusement :
and Pinocchio exclaimed joyfully:
« Galop, galop, mon petit cheval »
"Gallop, gallop, my little horse"
parce que j'ai hâte d'arriver vite !
"because I am anxious to arrive quickly!"
Le Pigeon s'envola dans les airs
The Pigeon took flight into the air
et en quelques minutes, ils touchèrent presque les nuages
and in a few minutes they almost touched the clouds

maintenant la marionnette était à une hauteur immense
now the puppet was at an immense height
et il devint de plus en plus curieux
and he became more and more curious
alors il baissa les yeux vers le sol
so he looked down to the ground
mais sa tête tourna de vertige
but his head spun round in dizziness
il avait très peur de la hauteur
he became ever so frightened of the height
et il devait se sauver du danger de tomber
and he had to save himself from the danger of falling
et il se cramponna ainsi fermement à son coursier à plumes
and so held tightly to his feathered steed
Ils ont volé dans le ciel toute la journée
They flew through the skies all of that day
Vers le soir, le Pigeon dit :
Towards evening the Pigeon said:
« J'ai très soif de tout ce vol ! »
"I am very thirsty from all this flying!"
— Et j'ai bien faim ! acquiesça Pinocchio
"And I am very hungry!" agreed Pinocchio
« Arrêtons-nous à ce pigeonnier quelques minutes »
"Let us stop at that dovecote for a few minutes"
« Et puis nous continuerons notre voyage »
"and then we will continue our journey"
« Alors nous pourrons atteindre le bord de mer à l'aube demain »
"then we may reach the seashore by dawn tomorrow"
Ils entrèrent dans un pigeonnier désert
They went into a deserted dovecote
ils n'y trouvèrent rien d'autre qu'un bassin plein d'eau
here they found nothing but a basin full of water
et ils trouvèrent un panier plein de vesce
and they found a basket full of vetch
La marionnette n'avait jamais pu manger de vesce de sa vie
The puppet had never in his life been able to eat vetch

selon lui, cela le rendait malade
according to him it made him sick
Ce soir-là, cependant, il mangea à satiété
That evening, however, he ate to repletion
et il en vida presque le panier
and he nearly emptied the basket of it
puis il se tourna vers le Pigeon et lui dit :
and then he turned to the Pigeon and said to him:
« Je n'aurais jamais pu croire que la vesce était si bonne ! »
"I never could have believed that vetch was so good!"
— Sois rassuré, mon garçon, répondit le Pigeon
"Be assured, my boy," replied the Pigeon
« Quand la faim est réelle, même la vesce devient délicieuse »
"when hunger is real even vetch becomes delicious"
« La faim ne connaît ni caprice ni avidité »
"Hunger knows neither caprice nor greediness"
Les deux finirent rapidement leur petit repas
the two quickly finished their little meal
et ils recommencèrent leur voyage et s'envolèrent
and they recommenced their journey and flew away
Le lendemain matin, ils atteignirent le bord de la mer
The following morning they reached the seashore
Le Pigeon posa Pinocchio sur le sol
The Pigeon placed Pinocchio on the ground
le pigeon ne voulait pas être troublé de remerciements
the pigeon did not wish to be troubled with thanks
c'était en effet une bonne action qu'il avait faite
it was indeed a good action he had done
mais il l'avait fait par bonté de cœur
but he had done it out the goodness of his heart
et Pinocchio n'avait pas de temps à perdre
and Pinocchio had no time to lose
alors il s'envola rapidement et disparut
so he flew quickly away and disappeared
Le rivage était bondé de monde
The shore was crowded with people

les gens regardaient vers la mer
the people were looking out to sea
ils crient et gesticulent à quelque chose
they shouting and gesticulating at something
« Que s'est-il passé ? » demanda Pinocchio à une vieille femme
"What has happened?" asked Pinocchio of an old woman
« Il y a un pauvre père qui a perdu son fils »
"there is a poor father who has lost his son"
« Il est parti en mer dans une petite barque »
"he has gone out to sea in a little boat"
« Il le cherchera de l'autre côté de l'eau »
"he will search for him on the other side of the water"
« Et aujourd'hui la mer est très orageuse »
"and today the sea is most tempestuous"
« Et le petit bateau risque de couler »
"and the little boat is in danger of sinking"
« Où est le petit bateau ? » demanda Pinocchio
"Where is the little boat?" asked Pinocchio
« C'est là-bas dans une ligne avec mon doigt »
"It is out there in a line with my finger"
et elle montra un petit bateau
and she pointed to a little boat
et le petit bateau ressemblait à une petite coquille de noix
and the little boat looked like a little nutshell
Une petite coquille de noix avec un tout petit homme dedans
a little nutshell with a very little man in it
Pinocchio fixa les yeux sur la petite coquille de noix
Pinocchio fixed his eyes on the little nutshell
Après avoir regardé attentivement, il poussa un cri perçant :
after looking attentively he gave a piercing scream:
« C'est mon papa ! C'est mon papa !
"It is my papa! It is my papa!"
Le bateau, pendant ce temps, était battu par la fureur des vagues
The boat, meanwhile, was being beaten by the fury of the waves

à un moment il disparut dans le creux de la mer
at one moment it disappeared in the trough of the sea
et l'instant d'après, le bateau remonta à la surface
and in the next moment the boat came to the surface again
Pinocchio se tenait au sommet d'un haut rocher
Pinocchio stood on the top of a high rock
et il n'arrêtait pas d'appeler son père
and he kept calling to his father
et il lui fit toutes sortes de signes
and he made every kind of signal to him
il agita ses mains, son mouchoir et son bonnet
he waved his hands, his handkerchief, and his cap
Pinocchio était très loin de lui
Pinocchio was very far away from him
mais Geppetto parut reconnaître son fils
but Geppetto appeared to recognize his son
et il ôta aussi sa casquette et l'agita
and he also took off his cap and waved it
il essaya par des gestes de lui faire comprendre
he tried by gestures to make him understand
« Je serais revenu si c'était possible »
"I would have returned if it were possible"
« Mais la mer est très orageuse »
"but the sea is most tempestuous"
« Et mes rames ne m'emmèneront plus sur les rivages »
"and my oars won't take me to the shores again"
Soudain, une vague formidable s'éleva de la mer
Suddenly a tremendous wave rose out of the sea
Et puis la petite coquille de noix a disparu
and then the the little nutshell disappeared
Ils attendirent, espérant que le bateau remonterait à la surface
They waited, hoping the boat would come again to the surface
mais on ne vit plus le petit bateau
but the little boat was seen no more
le pêcheur s'était rassemblé sur le rivage
the fisherman had assembled at the shore

« Pauvre homme ! » disaient-ils de lui, et murmuraient une prière
"Poor man!" they said of him, and murmured a prayer
puis ils se retournèrent pour rentrer chez eux
and then they turned to go home
Juste à ce moment, ils entendirent un cri désespéré
Just then they heard a desperate cry
En regardant en arrière, ils ont vu un petit garçon
looking back, they saw a little boy
« Je sauverai mon papa », s'exclama le garçon
"I will save my papa," the boy exclaimed
et il sauta d'un rocher dans la mer
and he jumped from a rock into the sea
comme vous le savez, Pinocchio était en bois
as you know Pinocchio was made of wood
il flottait donc facilement sur l'eau
so he floated easily on the water
et il nageait aussi bien qu'un poisson
and he swam as well as a fish
À un moment donné, ils le virent disparaître sous l'eau
At one moment they saw him disappear under the water
il fut emporté par la fureur des vagues
he was carried down by the fury of the waves
et l'instant d'après, il réapparut à la surface de l'eau
and in the next moment he reappeared to the surface of the water
il a eu du mal à nager avec une jambe ou un bras
he struggled on swimming with a leg or an arm
mais à la fin ils le perdirent de vue
but at last they lost sight of him
et on ne le vit plus
and he was seen no more
et ils ont offert une autre prière pour la marionnette
and they offered another prayer for the puppet

Pinocchio retrouve la fée
Pinocchio Finds the Fairy Again

Pinocchio voulait être à temps pour aider son père
Pinocchio wanted to be in time to help his father
Il nagea donc toute la nuit
so he swam all through the night
Et quelle horrible nuit ce fut !
And what a horrible night it was!
La pluie tombait à torrents
The rain came down in torrents
il grêlait et le tonnerre était effrayant
it hailed and the thunder was frightful
les éclairs le rendaient aussi clair que le jour
the flashes of lightning made it as light as day

Vers le matin, il aperçut une longue bande de terre
Towards morning he saw a long strip of land
C'était une île au milieu de la mer
It was an island in the midst of the sea
Il fit de son mieux pour atteindre le rivage
He tried his utmost to reach the shore
mais ses efforts furent vains
but his efforts were all in vain
Les vagues couraient et dégringolaient les unes sur les autres

The waves raced and tumbled over each other
et le torrent renversa Pinocchio
and the torrent knocked Pinocchio about
c'était comme s'il avait été un brin de paille
it was as if he had been a wisp of straw
Enfin, heureusement pour lui, une vague s'est levée
At last, fortunately for him, a billow rolled up
elle s'éleva avec une telle fureur qu'il fut soulevé
it rose with such fury that he was lifted up
et enfin il fut jeté sur le sable
and finally he was thrown on to the sands
La petite marionnette s'écrasa sur le sol
the little puppet crashed onto the ground
et toutes ses articulations craquèrent sous l'impact
and all his joints cracked from the impact
mais il se consola en disant :
but he comforted himself, saying:
« Cette fois aussi, j'ai fait une merveilleuse évasion ! »
"This time also I have made a wonderful escape!"
Petit à petit, le ciel s'est dégagé
Little by little the sky cleared
le soleil brillait dans toute sa splendeur
the sun shone out in all his splendour
et la mer devint aussi calme et lisse que l'huile
and the sea became as quiet and smooth as oil
La marionnette mit ses vêtements au soleil pour les faire sécher
The puppet put his clothes in the sun to dry
et il se mit à regarder dans toutes les directions
and he began to look in every direction
quelque part sur l'eau, il doit y avoir un petit bateau
somewhere on the water there must be a little boat
et dans le canot, il espérait voir un petit homme
and in the boat he hoped to see a little man
il regarda la mer aussi loin qu'il pouvait voir
he looked out to sea as far as he could see
mais tout ce qu'il voyait, c'était le ciel et la mer

but all he saw was the sky and the sea
« Si seulement je savais comment s'appelait cette île ! »
"If I only knew what this island was called!"
« Si seulement je savais si c'était habité »
"If I only knew whether it was inhabited"
« Peut-être que des gens civilisés vivent ici »
"perhaps civilized people do live here"
« Des gens qui ne pendent pas les garçons aux arbres »
"people who do not hang boys from trees"
mais à qui puis-je m'adresser s'il n'y a personne ?
"but whom can I ask if there is nobody?"
Pinocchio n'aimait pas l'idée d'être tout seul
Pinocchio didn't like the idea of being all alone
et maintenant il était seul dans un grand pays inhabité
and now he was alone on a great uninhabited country
cette idée le rendait mélancolique
the idea of it made him melancholy
il était sur le point de pleurer
he was just about to to cry
Mais à ce moment-là, il vit un gros poisson nager
But at that moment he saw a big fish swimming by
le gros poisson n'était qu'à une courte distance du rivage
the big fish was only a short distance from the shore
le poisson vaquait tranquillement à ses propres affaires
the fish was going quietly on its own business
et il avait la tête hors de l'eau
and it had its head out of the water
Ne connaissant pas son nom, la marionnette appela le poisson
Not knowing its name, the puppet called to the fish
il cria d'une voix forte pour se faire entendre :
he called out in a loud voice to make himself heard:
– Eh, Sir Fish, voulez-vous me permettre de vous dire un mot ?
"Eh, Sir Fish, will you permit me a word with you?"
« Deux mots, si vous voulez », répondit le poisson
"Two words, if you like," answered the fish

Le poisson n'était en fait pas du tout un poisson
the fish was in fact not a fish at all
ce poisson était un dauphin
what the fish was was a Dolphin
et vous n'auriez pas pu trouver un dauphin plus poli
and you couldn't have found a politer dolphin
« **Auriez-vous la gentillesse de dire :** »
"Would you be kind enough to tell:"
« **Y a-t-il des villages dans cette île ?** »
"is there are villages in this island?"
et y aurait-il quelque chose à manger dans ces villages ?
"and might there be something to eat in these villages?"
et y a-t-il quelque danger dans ces villages ?
"and is there any danger in these villages?"
« **Peut-on être mangé dans ces villages ?** »
"might one get eaten in these villages?"
« **Il y a certainement des villages,** » **répondit le Dauphin**
"there certainly are villages," replied the Dolphin
« **En effet, vous trouverez un village tout près** »
"Indeed, you will find one village quite close by"
— **Et quel chemin dois-je prendre pour y aller ?**
"And what road must I take to go there?"
« **Tu dois prendre ce chemin à ta gauche** »
"You must take that path to your left"
« **Et puis tu dois suivre ton nez** »
"and then you must follow your nose"
« **Voulez-vous me dire autre chose ?** »
"Will you tell me another thing?"
« **Tu nages dans la mer toute la journée et toute la nuit** »
"You swim about the sea all day and night"
« **Avez-vous rencontré par hasard un petit bateau** »
"have you by chance met a little boat"
« **Un petit bateau avec mon papa dedans ?** »
"a little boat with my papa in it?"
« **Et qui est ton papa ?** »
"And who is your papa?"
« **C'est le meilleur papa du monde** »

"He is the best papa in the world"
mais il serait difficile de trouver un fils pire que moi.
"but it would be difficult to find a worse son than I am"
Le poisson regretta de lui dire ce qu'il craignait
The fish regretted to tell him what he feared
« Tu as vu la terrible tempête que nous avons eue la nuit dernière »
"you saw the terrible storm we had last night"
« Le petit bateau a dû couler »
"the little boat must have gone to the bottom"
— Et mon papa ? demanda Pinocchio
"And my papa?" asked Pinocchio
« Il a dû être avalé par le terrible Chien-Poisson »
"He must have been swallowed by the terrible Dog-Fish"
« Dernièrement, il a nagé sur nos eaux »
"of late he has been swimming on our waters"
« Et il a semé la dévastation et la ruine »
"and he has been spreading devastation and ruin"
Pinocchio commençait déjà à trembler de peur
Pinocchio was already beginning to quake with fear
« Ce Chien-Poisson est-il très gros ? » demanda Pinocchio
"Is this Dog-Fish very big?" asked Pinocchio
« Oh, très grand ! » répondit le dauphin
"oh, very big!" replied the Dolphin
« Laissez-moi vous parler de ce poisson »
"let me tell you about this fish"
« Alors vous pouvez vous faire une idée de sa taille »
"then you can form some idea of his size"
« Il est plus grand qu'une maison à cinq étages »
"he is bigger than a five-storied house"
« Et sa bouche est plus énorme que vous ne l'avez jamais vue »
"and his mouth is more enormous than you've ever seen"
« Un train de chemin de fer pourrait lui passer dans la gorge »
"a railway train could pass down his throat"
« Pitié sur nous ! » s'écria la marionnette terrifiée

"Mercy upon us!" exclaimed the terrified puppet
et il s'habilla avec la plus grande hâte
and he put on his clothes with the greatest haste
« Au revoir, Sir Fish, et merci »
"Good-bye, Sir Fish, and thank you"
« excusez la peine que je vous ai donnée »
"excuse the trouble I have given you"
« Et merci beaucoup pour votre politesse »
"and many thanks for your politeness"
Il prit alors le chemin qui lui avait été indiqué
He then took the path that had been pointed out to him
et il se mit à marcher aussi vite qu'il le put
and he began to walk as fast as he could
il marchait si vite, en effet, qu'il courait presque
he walked so fast, indeed, that he was almost running
Et au moindre bruit, il se retourna pour regarder derrière lui
And at the slightest noise he turned to look behind him
il craignait de voir le terrible Chien-Poisson
he feared that he might see the terrible Dog-Fish
et il imagina un train de chemin de fer dans sa bouche
and he imagined a railway train in its mouth
Une demi-heure de marche l'a conduit dans un petit village
a half-hour walk took him to a little village
le village était le village des abeilles industrieuses
the village was The Village of the Industrious Bees
La route était pleine de monde
The road was alive with people
et ils couraient ici et là
and they were running here and there
et ils devaient tous s'occuper de leurs affaires
and they all had to attend to their business
tous étaient au travail, tous avaient quelque chose à faire
all were at work, all had something to do
Vous n'auriez pas pu trouver un oisif ou un vagabond
You could not have found an idler or a vagabond
même si vous l'avez cherché avec une lampe allumée
even if you searched for him with a lighted lamp

« Ah ! » dit tout de suite ce paresseux Pinocchio
"Ah!" said that lazy Pinocchio at once
« Je vois que ce village ne me conviendra jamais ! »
"I see that this village will never suit me!"
« Je ne suis pas né pour travailler ! »
"I wasn't born to work!"
Pendant ce temps, il était tourmenté par la faim
In the meanwhile he was tormented by hunger
il n'avait rien mangé depuis vingt-quatre heures
he had eaten nothing for twenty-four hours
il n'avait même pas mangé de vesce
he had not even eaten vetch
Que devait faire le pauvre Pinocchio ?
What was poor Pinocchio to do?
Il n'y avait que deux façons d'obtenir de la nourriture
There were only two ways to obtain food
il pouvait soit obtenir de la nourriture en demandant un peu de travail
he could either get food by asking for a little work
ou il pouvait obtenir de la nourriture en mendiant
or he could get food by way of begging
quelqu'un pourrait avoir la gentillesse de lui jeter une pièce de cinq cents
someone might be kind enough to throw him a nickel
ou ils pouvaient lui donner une bouchée de pain
or they might give him a mouthful of bread
en général, Pinocchio avait honte de mendier
generally Pinocchio was ashamed to beg
son père lui avait toujours prêché d'être industrieux
his father had always preached him to be industrious
il lui a appris que personne n'avait le droit de mendier
he taught him no one had a right to beg
sauf les personnes âgées et les infirmes
except the aged and the infirm
Les vraiment pauvres dans ce monde méritent de la compassion
The really poor in this world deserve compassion

Les vraiment pauvres dans ce monde ont besoin d'aide
the really poor in this world require assistance
seulement ceux qui sont âgés ou malades
only those who are aged or sick
ceux qui ne sont plus en mesure de gagner leur propre pain
those who are no longer able to earn their own bread
C'est le devoir de tous les autres de travailler
It is the duty of everyone else to work
et s'ils ne travaillent pas, tant pis pour eux
and if they don't labour, so much the worse for them
qu'ils souffrent de leur faim
let them suffer from their hunger
À ce moment, un homme descendit la route
At that moment a man came down the road
il était fatigué et haletait
he was tired and panting for breath
Il traînait deux charrettes pleines de charbon de bois
He was dragging two carts full of charcoal
Pinocchio jugea par son visage qu'il était un homme gentil
Pinocchio judged by his face that he was a kind man
alors Pinocchio s'approcha du charbonnier
so Pinocchio approached the charcoal man
il baissa les yeux de honte
he cast down his eyes with shame
et il lui dit à voix basse :
and he said to him in a low voice:
« Auriez-vous la charité de me donner un centime ? »
"Would you have the charity to give me a nickel?"
« Parce que, comme vous pouvez le voir, je meurs de faim »
"because, as you can see, I am dying of hunger"
– Vous n'aurez pas seulement un centime, dit l'homme
"You shall have not only a nickel," said the man
« Je vais te donner un centime »
"I will give you a dime"
« Mais pour le centime, vous devez faire du travail »
"but for the dime you must do some work"
« Aidez-moi à ramener à la maison ces deux chariots de

charbon de bois »
"help me to drag home these two carts of charcoal"
« Je suis surpris de vous ! » répondit la marionnette
"I am surprised at you!" answered the puppet
et il y avait un ton d'offense dans sa voix
and there was a tone of offense in his voice
« Laissez-moi vous dire quelque chose sur moi »
"Let me tell you something about myself"
« Je n'ai pas l'habitude de faire le travail d'un âne »
"I am not accustomed to do the work of a donkey"
« Je n'ai jamais tiré de charrette ! »
"I have never drawn a cart!"
— Tant mieux pour vous, répondit l'homme
"So much the better for you," answered the man
« mon garçon, je vois comme tu meurs de faim »
"my boy, I see how you are dying of hunger"
« Mange deux fines tranches de ton orgueil »
"eat two fine slices of your pride"
« Et faites attention à ne pas avoir d'indigestion »
"and be careful not to get indigestion"
Quelques minutes après, un maçon passa par là
A few minutes afterwards a mason passed by
il portait un panier de mortier
he was carrying a basket of mortar
« Auriez-vous la charité de me donner un centime ? »
"Would you have the charity to give me a nickel?"
« Moi, un pauvre garçon qui bâille par manque de nourriture »
"me, a poor boy who is yawning for want of food"
« Volontiers », répondit l'homme
"Willingly," answered the man
« Viens avec moi et porte le mortier »
"Come with me and carry the mortar"
« et au lieu d'un centime, je te donnerai un centime »
"and instead of a nickel I will give you a dime"
— Mais le mortier est lourd, objecta Pinocchio
"But the mortar is heavy," objected Pinocchio

« et je ne veux pas me fatiguer »
"and I don't want to tire myself"
« Je vois que tu ne veux pas te fatiguer »
"I see you you don't want to tire yourself"
« Alors, mon garçon, va t'amuser à bâiller »
"then, my boy, go amuse yourself with yawning"
En moins d'une demi-heure, vingt autres personnes passèrent
In less than half an hour twenty other people went by
et Pinocchio leur demanda à tous la charité
and Pinocchio asked charity of them all
mais ils lui firent tous la même réponse
but they all gave him the same answer
« N'as-tu pas honte de mendier, jeune garçon ? »
"Are you not ashamed to beg, young boy?"
« Au lieu de ne rien faire, cherchez un peu de travail »
"Instead of idling about, look for a little work"
« Il faut apprendre à gagner son pain »
"you have to learn to earn your bread"
enfin une gentille petite femme passa
finally a nice little woman walked by
Elle portait deux bidons d'eau
she was carrying two cans of water
Pinocchio lui demanda aussi la charité
Pinocchio asked her for charity too
« Voulez-vous me laisser boire un peu de votre eau ? »
"Will you let me drink a little of your water?"
« parce que je brûle de soif »
"because I am burning with thirst"
La petite femme était heureuse de l'aider
the little woman was happy to help
« Buvez, mon garçon, si vous le voulez ! »
"Drink, my boy, if you wish it!"
et elle posa les deux boîtes
and she set down the two cans
Pinocchio buvait comme un poisson
Pinocchio drank like a fish

et en s'essuyant la bouche, il marmonna :
and as he dried his mouth he mumbled:
« J'ai étanché ma soif »
"I have quenched my thirst"
« Si seulement je pouvais apaiser ma faim ! »
"If I could only appease my hunger!"
La bonne femme entendit les supplications de Pinocchio
The good woman heard Pinocchio's pleas
et elle n'était que trop disposée à rendre service
and she was only too willing to oblige
« Aidez-moi à ramener ces bidons d'eau à la maison »
"help me to carry home these cans of water"
« et je te donnerai un beau morceau de pain »
"and I will give you a fine piece of bread"
Pinocchio regarda les bidons d'eau
Pinocchio looked at the cans of water
et il ne répondit ni oui ni non
and he answered neither yes nor no
et la bonne femme ajouta à l'offre
and the good woman added more to the offer
« En plus du pain, vous aurez du chou-fleur »
"As well as bread you shall have cauliflower"
Pinocchio jeta un autre coup d'œil à la boîte
Pinocchio gave another look at the can
et il ne répondit ni oui ni non
and he answered neither yes nor no
« Et après le chou-fleur, il y en aura plus »
"And after the cauliflower there will be more"
« Je vais vous donner un beau bonbon au sirop »
"I will give you a beautiful syrup bonbon"
La tentation de cette dernière friandise était grande
The temptation of this last dainty was great
finalement Pinocchio ne put résister plus longtemps
finally Pinocchio could resist no longer
d'un air décidé, il dit :
with an air of decision he said:
« Il faut que j'aie de la patience ! »

"I must have patience!"
« Je porterai l'eau jusqu'à ta maison »
"I will carry the water to your house"
L'eau était trop lourde pour Pinocchio
The water was too heavy for Pinocchio
il ne pouvait pas le porter avec ses mains
he could not carry it with his hands
il dut donc le porter sur sa tête
so he had to carry it on his head
Pinocchio n'aimait pas faire le travail
Pinocchio did not enjoy doing the work
mais bientôt ils atteignirent la maison
but soon they reached the house
et la bonne petite femme offrit un siège à Pinocchio
and the good little woman offered Pinocchio a seat
la table était déjà mise
the table had already been laid
et elle plaça devant lui le pain
and she placed before him the bread
Et puis il a eu le chou-fleur et le bonbon
and then he got the cauliflower and the bonbon
Pinocchio ne mangeait pas sa nourriture, il la dévorait
Pinocchio did not eat his food, he devoured it
Son estomac était comme un appartement vide
His stomach was like an empty apartment
un appartement inhabité depuis des mois
an apartment that had been left uninhabited for months
mais maintenant sa faim vorace était quelque peu apaisée
but now his ravenous hunger was somewhat appeased
Il leva la tête pour remercier sa bienfaitrice
he raised his head to thank his benefactress
puis il la regarda de plus près
then he took a better look at her
il poussa un long « Oh ! » d'étonnement
he gave a prolonged "Oh!" of astonishment
et il continua à la regarder avec des yeux grands ouverts
and he continued staring at her with wide open eyes

sa fourchette était en l'air
his fork was in the air
et sa bouche était pleine de chou-fleur
and his mouth was full of cauliflower
c'était comme s'il avait été ensorcelé
it was as if he had been bewitched
La bonne femme était très amusée
the good woman was quite amused
« Qu'est-ce qui vous a tant surpris ? »
"What has surprised you so much?"
« C'est... » répondit la marionnette
"It is..." answered the puppet
« C'est juste que tu es comme... »
"it's just that you are like..."
« C'est juste que tu me rappelles quelqu'un »
"it's just that you remind me of someone"
« Ouais, ouais, ouais, la même voix »
"yes, yes, yes, the same voice"
« Et tu as les mêmes yeux et les mêmes cheveux »
"and you have the same eyes and hair"
"Ouais, ouais, ouais. tu as aussi les cheveux bleus"
"yes, yes, yes. you also have blue hair"
« Oh, petite fée ! dites-moi que c'est vous !
"Oh, little Fairy! tell me that it is you!"
« Ne me faites plus pleurer ! »
"Do not make me cry anymore!"
« Si seulement tu savais à quel point j'ai pleuré »
"If only you knew how much I've cried"
« et j'ai tant souffert »
"and I have suffered so much"
Et Pinocchio se jeta à ses pieds
And Pinocchio threw himself at her feet
et il embrassa les genoux de la mystérieuse petite femme
and he embraced the knees of the mysterious little woman
et il se mit à pleurer amèrement
and he began to cry bitterly

Pinocchio promet à la fée qu'il redeviendra un bon garçon
Pinocchio Promises the Fairy he'll be a Good Boy Again

Au début, la bonne petite femme jouait l'innocente
At first the good little woman played innocent
elle a dit qu'elle n'était pas la petite fée aux cheveux bleus
she said she was not the little Fairy with blue hair
mais Pinocchio ne pouvait pas être trompé
but Pinocchio could not be tricked
elle avait continué la comédie assez longtemps
she had continued the comedy long enough
et elle finit donc par se faire connaître
and so she ended by making herself known
« **Espèce de vilain petit coquin, Pinocchio** »
"You naughty little rogue, Pinocchio"
« **Comment as-tu découvert qui j'étais ?** »
"how did you discover who I was?"
« **C'est ma grande affection pour toi qui m'a dit** »
"It was my great affection for you that told me"
« **Tu te souviens quand tu m'as quitté ?** »
"Do you remember when you left me?"
« **J'étais encore un enfant à l'époque** »
"I was still a child back then"

« et maintenant je suis devenue une femme »
"and now I have become a woman"
« Une femme presque assez âgée pour être ta maman »
"a woman almost old enough to be your mamma"
« J'en suis ravi »
"I am delighted at that"
« Je ne t'appellerai plus petite sœur »
"I will not call you little sister anymore"
« à partir de maintenant, je t'appellerai maman »
"from now I will call you mamma"
« Tous les autres garçons ont une maman »
"all the other boys have a mamma"
« et j'ai toujours voulu avoir aussi une maman »
"and I have always wished to also have a mamma"
« Mais comment avez-vous réussi à grandir si vite ? »
"But how did you manage to grow so fast?"
« C'est un secret, » dit la fée
"That is a secret," said the fairy
Pinocchio voulait savoir, « apprends-moi ton secret »
Pinocchio wanted to know, "teach me your secret"
« parce que j'aimerais aussi grandir »
"because I would also like to grow"
« Ne vois-tu pas comme je suis petit ? »
"Don't you see how small I am?"
« Je ne reste toujours pas plus gros qu'une quille »
"I always remain no bigger than a ninepin"
— Mais tu ne peux pas grandir, répondit la fée
"But you cannot grow," replied the Fairy
« Pourquoi ne puis-je pas grandir ? » demanda Pinocchio
"Why can't I grow?" asked Pinocchio
« Parce que les marionnettes ne poussent jamais »
"Because puppets never grow"
« Quand ils naissent, ils sont des marionnettes »
"when they are born they are puppets"
« Et ils vivent leur vie comme des marionnettes »
"and they live their lives as puppets"
« Et quand ils meurent, ils meurent comme des

marionnettes »
"and when they die they die as puppets"
Pinocchio se donne une gifle
Pinocchio game himself a slap
« Oh, j'en ai marre d'être une marionnette ! »
"Oh, I am sick of being a puppet!"
« **Il est temps que je devienne un homme** »
"It is time that I became a man"
« **Et tu deviendras un homme** », promit la fée
"And you will become a man," promised the fairy
« **Mais il faut savoir le mériter** »
"but you must know how to deserve it"
« Est-ce vrai ? » demanda Pinocchio
"Is this true?" asked Pinocchio
« Et que puis-je faire pour mériter d'être un homme ? »
"And what can I do to deserve to be a man?"
« C'est une chose très facile de mériter d'être un homme »
"it is a very easy thing to deserve to be a man"
« **Tout ce que vous avez à faire est d'apprendre à être un bon garçon** »
"all you have to do is learn to be a good boy"
— **Et vous pensez que je ne suis pas un bon garçon ?**
"And you think I am not a good boy?"
« **Tu es tout le contraire d'un bon garçon** »
"You are quite the opposite of a good boy"
« **Les bons garçons sont obéissants, et vous...** »
"Good boys are obedient, and you..."
— **Et je n'obéis jamais**, avoua Pinocchio
"And I never obey," confessed Pinocchio
« **Les bons garçons aiment apprendre et travailler, et vous...** »
"Good boys like to learn and to work, and you..."
« **Et je mène plutôt une vie oisive et vagabonde** »
"And I instead lead an idle, vagabond life"
« **Les bons garçons disent toujours la vérité** »
"Good boys always speak the truth"
— **Et je dis toujours des mensonges, admit Pinocchio**
"And I always tell lies," admitted Pinocchio

« Les bons garçons vont volontiers à l'école »
"Good boys go willingly to school"
« Et l'école me fait mal dans tout le corps »
"And school gives me pain all over the body"
« Mais à partir d'aujourd'hui, je vais changer ma vie »
"But from today I will change my life"
« Me le promets-tu ? » demanda la fée
"Do you promise me?" asked the Fairy
« Je promets que je deviendrai un bon petit garçon »
"I promise that I will become a good little boy"
« et je promets d'être la consolation de mon papa »
"and I promise be the consolation of my papa"
« Où est mon pauvre papa en ce moment ? »
"Where is my poor papa at this moment?"
mais la fée ne savait pas où était son papa
but the fairy didn't know where his papa was
« Aurai-je jamais le bonheur de le revoir ? »
"Shall I ever have the happiness of seeing him again?"
est-ce que je l'embrasserai encore un jour ?
"will I ever kiss him again?"
— Je le pense ; en effet, j'en suis sûr"
"I think so; indeed, I am sure of it"
À cette réponse, Pinocchio fut ravi
At this answer Pinocchio was delighted
il prit les mains de la fée
he took the Fairy's hands
et il se mit à lui baiser les mains avec une grande ferveur
and he began to kiss her hands with great fervour
il semblait hors de lui de joie
he seemed beside himself with joy
Puis Pinocchio leva la tête
Then Pinocchio raised his face
et il la regarda avec amour
and he looked at her lovingly
« Dis-moi, petite maman : »
"Tell me, little mamma:"
— Alors ce n'était pas vrai que vous étiez mort ?

"then it was not true that you were dead?"
— Il semble que non, dit la fée en souriant
"It seems not," said the Fairy, smiling
« Si seulement tu savais le chagrin que j'ai ressenti »
"If you only knew the sorrow I felt"
« Tu ne peux pas imaginer le serrement de ma gorge »
"you can't imagined the tightening of my throat"
« Lire ce qu'il y avait sur cette pierre m'a presque brisé le cœur »
"reading what was on that stone almost broke my heart"
« Je sais ce que ça t'a fait »
"I know what it did to you"
« Et c'est pourquoi je vous ai pardonné »
"and that is why I have forgiven you"
« Je l'ai vu à la sincérité de ton chagrin »
"I saw it from the sincerity of your grief"
« J'ai vu que tu as bon cœur »
"I saw that you have a good heart"
« Les garçons au bon cœur ne sont pas perdus »
"boys with good hearts are not lost"
« Il y a toujours quelque chose à espérer »
"there is always something to hope for"
« même si ce sont des coquins »
"even if they are scamps"
« Et même s'ils ont de mauvaises habitudes »
"and even if they have got bad habits"
« Il y a toujours de l'espoir qu'ils changent leurs habitudes »
"there is always hope they change their ways"
« C'est pourquoi je suis venu te chercher ici »
"That is why I came to look for you here"
« Je serai ta maman »
"I will be your mamma"
« Oh, comme c'est délicieux ! » s'écria Pinocchio
"Oh, how delightful!" shouted Pinocchio
et la petite marionnette sauta de joie
and the little puppet jumped for joy
« Tu dois m'obéir, Pinocchio »

"You must obey me, Pinocchio"
et vous devez faire tout ce que je vous ordonne.
"and you must do everything that I bid you"
« Je t'obéirai volontiers »
"I will willingly obey you"
et je ferai ce qu'on me dira !
"and I will do as I'm told!"
« Demain, tu commenceras à aller à l'école »
"Tomorrow you will begin to go to school"
Pinocchio devint tout de suite un peu moins joyeux
Pinocchio became at once a little less joyful
« Ensuite, vous devez choisir un métier à suivre »
"Then you must choose a trade to follow"
« Vous choisissez le plus un emploi en fonction de vos souhaits »
"you most choose a job according to your wishes"
Pinocchio devint très grave à ce moment-là
Pinocchio became very grave at this
la fée lui demanda d'une voix irritée :
the Fairy asked him in an angry voice:
« Qu'est-ce que tu marmonnes entre tes dents ? »
"What are you muttering between your teeth?"
« Je disais... » gémit la marionnette à voix basse
"I was saying..." moaned the puppet in a low voice
« Il me semble trop tard pour aller à l'école maintenant »
"it seems to me too late for me to go to school now"
« Non, monsieur, il n'est pas trop tard pour que vous alliez à l'école »
"No, sir, it is not too late for you to go to school"
« Gardez à l'esprit qu'il n'est jamais trop tard »
"Keep it in mind that it is never too late"
« Nous pouvons toujours apprendre et nous instruire »
"we can always learn and instruct ourselves"
« Mais je ne souhaite pas suivre un métier »
"But I do not wish to follow a trade"
« Pourquoi ne voulez-vous pas suivre un métier ? »
"Why do you not wish to follow an trade?"

« Parce que ça me fatigue de travailler »
"Because it tires me to work"
« Mon garçon », dit la fée avec amour
"My boy," said the Fairy lovingly
« Il y a deux sortes de gens qui parlent comme ça »
"there are two kinds of people who talk like that"
« Il y a ceux qui sont en prison »
"there are those that are in prison"
« Et il y a ceux qui sont à l'hôpital »
"and there are those that are in hospital"
« Laissez-moi vous dire une chose, Pinocchio ; »
"Let me tell you one thing, Pinocchio;"
« Tout homme, riche ou pauvre, est obligé de travailler »
"every man, rich or poor, is obliged work"
« Il doit s'occuper de quelque chose »
"he has to occupy himself with something"
« Malheur à ceux qui mènent une vie paresseuse »
"Woe to those who lead slothful lives"
« La paresse est une maladie terrible »
"Sloth is a dreadful illness"
« Il faut le guérir tout de suite, dans l'enfance »
"it must be cured at once, in childhood"
« Parce qu'il ne peut jamais être guéri une fois que vous êtes vieux »
"because it can never be cured once you are old"
Pinocchio fut touché par ces paroles
Pinocchio was touched by these words
levant vivement la tête, il dit à la fée :
lifting his head quickly, he said to the Fairy:

« J'étudierai et je travaillerai »
"I will study and I will work"
« Je ferai tout ce que tu me diras »
"I will do all that you tell me"
« car en vérité je me suis lassé d'être une marionnette »
"for indeed I have become weary of being a puppet"
« et je souhaite à tout prix devenir un garçon »
"and I wish at any price to become a boy"
« Tu m'as promis que je pourrais devenir un garçon, n'est-ce pas ? »
"You promised me that I can become a boy, did you not?"
« Je t'ai promis que tu peux devenir un garçon »

"I did promise you that you can become a boy"
« Et si tu deviens un garçon maintenant, cela dépend de toi »
"and whether you become a boy now depends upon yourself"

Le terrible chien de mer
The Terrible Dog-Fish

Le lendemain, Pinocchio est allé à l'école
The following day Pinocchio went to school
Vous imaginez le bonheur de tous les petits coquins
you can imagine the delight of all the little rogues
une marionnette était entrée dans leur école !
a puppet had walked into their school!
Ils ont mis en place un éclat de rire qui ne s'est jamais arrêté
They set up a roar of laughter that never ended
Ils lui ont joué toutes sortes de tours
They played all sorts of tricks on him
Un garçon a enlevé sa casquette
One boy carried off his cap
un autre garçon tira la veste de Pinocchio sur lui
another boy pulled Pinocchio's jacket over him
L'un d'eux a essayé de lui donner une paire de moustaches d'encre
one tried to give him a pair of inky mustachios
un autre garçon a tenté d'attacher des cordes à ses pieds et à ses mains
another boy attempted to tie strings to his feet and hands
puis il essaya de le faire danser
and then he tried to make him dance
Pendant un court moment, Pinocchio fit semblant de ne pas s'en soucier
For a short time Pinocchio pretended not to care
et il s'en sortait aussi bien qu'il le pouvait à l'école
and he got on as well with school as he could
mais à la fin il perdit toute patience
but at last he lost all his patience

Il se tourna vers ceux qui le taquinaient le plus
he turned to those who were teasing him most
« Prenez garde, les gars ! » les avertit-il
"Beware, boys!" he warned them
« Je ne suis pas venu ici pour être ton bouffon »
"I have not come here to be your buffoon"
« Je respecte les autres », a-t-il déclaré
"I respect others," he said
« et j'ai l'intention d'être respecté »
"and I intend to be respected"
« Bien dit, fanfaron ! » hurlèrent les jeunes coquins
"Well said, boaster!" howled the young rascals
« Vous avez parlé comme un livre ! »
"You have spoken like a book!"
et ils se convulsèrent d'un rire fou
and they convulsed with mad laughter
il y avait un garçon plus impertinent que les autres
there was one boy more impertinent than the others
Il essaya de saisir la marionnette par le bout de son nez
he tried to seize the puppet by the end of his nose
Mais il ne pouvait pas le faire assez vite
But he could not do so quickly enough
Pinocchio sortit sa jambe de sous la table
Pinocchio stuck his leg out from under the table
et il lui donna un grand coup de pied sur les tibias
and he gave him a great kick on his shins
Le garçon rugit de douleur
the boy roared in pain
« Oh, comme tu as les pieds durs ! »
"Oh, what hard feet you have!"
et il frotta l'ecchymose que la marionnette lui avait donnée
and he rubbed the bruise the puppet had given him
« Et quels coudes vous avez ! » dit un autre
"And what elbows you have!" said another
« Ils sont encore plus durs que ses pieds ! »
"they are even harder than his feet!"
Ce garçon lui avait également joué des tours grossiers

this boy had also played rude tricks on him
et il avait reçu un coup dans l'estomac
and he had received a blow in the stomach
Mais, néanmoins, le coup de pied et le coup ont acquis de la sympathie
But, nevertheless, the kick and the blow acquired sympathy
et Pinocchio gagna l'estime des garçons
and Pinocchio earned the esteem of the boys
Ils se sont rapidement liés d'amitié avec lui
They soon all made friends with him
et bientôt ils l'aimèrent de tout cœur
and soon they liked him heartily
Et même le maître le loua
And even the master praised him
parce que Pinocchio était attentif en classe
because Pinocchio was attentive in class
c'était un étudiant studieux et intelligent
he was a studious and intelligent student
et il était toujours le premier à venir à l'école
and he was always the first to come to school
et il était toujours le dernier à partir à la fin de l'école
and he was always the last to leave when school was over
Mais il avait un défaut ; il s'est fait trop d'amis
But he had one fault; he made too many friends
et parmi ses amis se trouvaient plusieurs coquins
and amongst his friends were several rascals
Ces garçons étaient bien connus pour leur aversion pour l'étude
these boys were well known for their dislike of study
et ils aimaient particulièrement faire des bêtises
and they especially loved to cause mischief
Le maître l'avertissait tous les jours à leur sujet
The master warned him about them every day
même la bonne fée ne manquait jamais de lui dire :
even the good Fairy never failed to tell him:
« Prenez garde, Pinocchio, avec vos amis ! »
"Take care, Pinocchio, with your friends!"

« Ces mauvais camarades d'école sont des ennuis »
"Those bad school-fellows of yours are trouble"
« Ils vous feront perdre votre amour de l'étude »
"they will make you lose your love of study"
« Ils peuvent même vous attirer quelque grand malheur »
"they may even bring upon you some great misfortune"
« Il n'y a rien à craindre de cela ! » répondit la marionnette
"There is no fear of that!" answered the puppet
et il haussa les épaules et se toucha le front
and he shrugged his shoulders and touched his forehead
« Il y a tellement de bon sens ici ! »
"There is so much sense here!"

un beau jour, Pinocchio se rendait à l'école
one fine day Pinocchio was on his way to school
et il rencontra plusieurs de ses compagnons habituels
and he met several of his usual companions
S'approchant de lui, ils lui demandèrent :
coming up to him, they asked:
« Avez-vous entendu la bonne nouvelle ? »
"Have you heard the great news?"
« Non, je n'ai pas entendu la grande nouvelle »
"No, I have not heard the great news"
« Dans la mer près d'ici, un Chien-Poisson est apparu »
"In the sea near here a Dog-Fish has appeared"
« Il est grand comme une montagne »

"he is as big as a mountain"
« Est-ce vrai ? » demanda Pinocchio
"Is it true?" asked Pinocchio
« Peut-il s'agir du même Dog-Fish ? »
"Can it be the same Dog-Fish?"
« Le chien-poisson qui était là quand mon papa s'est noyé »
"The Dog-Fish that was there when my papa drowned"
« Nous allons sur le rivage pour le voir »
"We are going to the shore to see him"
« Veux-tu venir avec nous ? »
"Will you come with us?"
— Non ; Je vais à l'école"
"No; I am going to school"
« Quelle est l'importance de l'école ? »
"of what great importance is school?"
« Nous pouvons aller à l'école demain »
"We can go to school tomorrow"
« Une leçon de plus ou de moins n'a pas d'importance »
"one lesson more or less doesn't matter"
« Nous resterons toujours les mêmes ânes »
"we shall always remain the same donkeys"
— Mais que dira le maître ?
"But what will the master say?"
« Le maître peut dire ce qu'il veut »
"The master may say what he likes"
« Il est payé pour râler toute la journée »
"He is paid to grumble all day"
— Et que dira ma maman ?
"And what will my mamma say?"
« Les mamans ne savent rien, » répondirent les mauvais petits garçons
"Mammas know nothing," answered the bad little boys
« Savez-vous ce que je vais faire ? » demanda Pinocchio
"Do you know what I will do?" said Pinocchio
« J'ai des raisons de vouloir voir le Chien-Poisson »
"I have reasons for wishing to see the Dog-Fish"
mais j'irai le voir quand l'école sera finie.

"but I will go and see him when school is over"
« Pauvre âne ! » s'écria l'un des garçons
"Poor donkey!" exclaimed one of the boys
— Pensez-vous qu'un poisson de cette taille attendra votre convenance ?
"Do you suppose a fish of that size will wait your convenience?"
« Quand il sera fatigué d'être ici, il ira ailleurs »
"when he is tired of being here he will go another place"
« Et alors il sera trop tard »
"and then it will be too late"
la marionnette devait y penser
the Puppet had to think about this
« Combien de temps faut-il pour atteindre le rivage ? »
"How long does it take to get to the shore?"
« Nous pouvons être là et revenir dans une heure »
"We can be there and back in an hour"
« Alors c'est parti ! » cria Pinocchio
"Then off we go!" shouted Pinocchio
et celui qui court le plus vite est le meilleur !
"and he who runs fastest is the best!"
et les garçons se précipitèrent à travers champs
and the boys rushed off across the fields
et Pinocchio était toujours le premier
and Pinocchio was always the first
il semblait avoir des ailes aux pieds
he seemed to have wings on his feet
De temps en temps, il se retournait pour se moquer de ses compagnons
From time to time he turned to jeer at his companions
ils étaient à une certaine distance derrière
they were some distance behind
il les vit haleter
he saw them panting for breath
et ils étaient couverts de poussière
and they were covered with dust
et leurs langues pendaient de leur bouche

and their tongues were hanging out of their mouths
et Pinocchio rit de bon cœur à cette vue
and Pinocchio laughed heartily at the sight
Le malheureux garçon ne savait pas ce qui allait arriver
The unfortunate boy did not know what was to come
les terreurs et les horribles désastres qui s'annonçaient !
the terrors and horrible disasters that were coming!

Pinocchio est arrêté par les gendarmes
Pinocchio is Arrested by the Gendarmes

Pinocchio arriva sur le rivage
Pinocchio arrived at the shore
et il regardait la mer
and he looked out to sea
mais il ne vit pas de Chien-Poisson
but he saw no Dog-Fish
La mer était aussi lisse qu'un grand miroir de cristal
The sea was as smooth as a great crystal mirror
« Où est le Chien-Poisson ? » demanda-t-il
"Where is the Dog-Fish?" he asked
et il se tourna vers ses compagnons
and he turned to his companions
tous les garçons rirent ensemble
all the boys laughed together
« Il a dû aller prendre son petit-déjeuner »
"He must have gone to have his breakfast"
« Ou il s'est jeté sur son lit »
"Or he has thrown himself on to his bed"
« Ouais, il fait une petite sieste »
"yes, he's having a little nap"
et ils rirent encore plus fort
and they laughed even louder
leurs réponses semblaient particulièrement absurdes
their answers seemed particularly absurd
et leur rire était très stupide

and their laughter was very silly
Pinocchio regarda ses amis
Pinocchio looked around at his friends
ses compagnons semblaient se moquer de lui
his companions seemed to be making a fool of him
ils l'avaient amené à croire à une histoire
they had induced him to believe a tale
mais il n'y avait aucune vérité dans l'histoire
but there was no truth to the tale
Pinocchio n'a pas bien pris la blague
Pinocchio did not take the joke well
et il parla avec colère avec les garçons
and he spoke angrily with the boys
« Et maintenant ?? » cria-t-il
"And now??" he shouted
« tu m'as raconté une histoire de l'Aiguillat Commun »
"you told me a story of the Dog-Fish"
mais quel plaisir avez-vous trouvé à me tromper ?
"but what fun did you find in deceiving me?"
« Oh, c'était très amusant ! » répondirent les petits coquins
"Oh, it was great fun!" answered the little rascals
— Et en quoi consistait ce plaisir ?
"And in what did this fun consist of?"
« Nous t'avons fait manquer une journée d'école »
"we made you miss a day of school"
« Et nous vous avons persuadé de venir avec nous »
"and we persuaded you to come with us"
« N'avez-vous pas honte de votre conduite ? »
"Are you not ashamed of your conduct?"
« Tu es toujours si ponctuel à l'école »
"you are always so punctual to school"
« Et tu es toujours si assidu en classe »
"and you are always so diligent in class"
« N'as-tu pas honte d'étudier si dur ? »
"Are you not ashamed of studying so hard?"
« Et si j'étudiais dur ? »
"so what if I study hard?"

« Qu'est-ce que cela te fait ? »
"what concern is it of yours?"
« Cela nous inquiète excessivement »
"It concerns us excessively"
« Parce qu'il nous fait apparaître sous un mauvais jour »
"because it makes us appear in a bad light"
« Pourquoi cela vous fait-il apparaître sous un mauvais jour ?»
"Why does it make you appear in a bad light?"
« Il y a ceux d'entre nous qui n'ont pas envie d'étudier »
"there are those of us who have no wish to study"
« Nous n'avons aucune envie d'apprendre quoi que ce soit »
"we have no desire to learn anything"
« Les bons garçons nous font paraître pires en comparaison »
"good boys make us seem worse by comparison"
« Et c'est dommage pour toi »
"And that is too bad for you"
« Nous aussi, nous avons notre fierté ! »
"We, too, have our pride!"
— Alors que dois-je faire pour vous plaire ?
"Then what must I do to please you?"
« Vous devez suivre notre exemple »
"You must follow our example"
« Vous devez détester l'école comme nous »
"you must hate school like us"
« Vous devez vous rebeller dans les leçons »
"you must rebel in the lessons"
« Et tu dois désobéir au maître »
"and you must disobey the master"
« Ce sont nos trois plus grands ennemis »
"those are our three greatest enemies"
— Et si je veux continuer mes études ?
"And if I wish to continue my studies?"
« Dans ce cas, nous n'aurons plus rien à faire avec vous »
"In that case we will have nothing more to do with you"
« Et à la première occasion, nous vous le ferons payer »
"and at the first opportunity we will make you pay for it"

« Vraiment », dit la marionnette en secouant la tête
"Really," said the puppet, shaking his head
« Tu me donnes envie de rire »
"you make me inclined to laugh"
« Eh, Pinocchio », cria le plus grand des garçons
"Eh, Pinocchio," shouted the biggest of the boys
et il affronta directement Pinocchio
and he confronted Pinocchio directly
« Aucune de vos supériorités ne fonctionne ici »
"None of your superiority works here"
« Ne venez pas ici pour nous chanter »
"don't come here to crow over us"
« Si vous n'avez pas peur de nous, nous n'avons pas peur de vous »
"if you are not afraid of us, we are not afraid of you"
« Souviens-toi que tu es un contre sept »
"Remember that you are one against seven"
— Sept, comme les sept péchés capitaux, dit Pinocchio
"Seven, like the seven deadly sins," said Pinocchio
et il a crié de rire
and he shouted with laughter
« Écoutez-le ! Il nous a tous insultés ! »
"Listen to him! He has insulted us all!"
« Il nous a appelés les sept péchés capitaux ! »
"He called us the seven deadly sins!"
« Prends ça pour commencer », dit l'un des garçons
"Take that to begin with," said one of the boys
« Et gardez-le pour votre souper ce soir »
"and keep it for your supper tonight"
Et, en disant cela, il lui donna un coup de poing sur la tête
And, so saying, he punched him on the head
Mais c'était un donnant-donnant
But it was a give and take
car la marionnette a immédiatement rendu le coup
because the puppet immediately returned the blow
Ce n'était pas une grande surprise
this was no big surprise

et le combat devint rapidement désespéré
and the fight quickly got desperate
il est vrai que Pinocchio était seul
it is true that Pinocchio was alone
mais il s'est défendu comme un héros
but he defended himself like a hero
Il se servait de ses pieds, qui étaient du bois le plus dur
He used his feet, which were of the hardest wood
et il tenait ses ennemis à une distance respectueuse
and he kept his enemies at a respectful distance
Partout où ses pieds se touchaient, ils laissaient une ecchymose
Wherever his feet touched they left a bruise
Les garçons sont devenus furieux contre lui
The boys became furious with him
au corps à corps, ils ne pouvaient pas égaler la marionnette
hand to hand they couldn't match the puppet
alors ils ont pris d'autres armes dans leurs mains
so they took other weapons into their hands
Les garçons ont desserré leurs cartables
the boys loosened their satchels
et ils lui jetèrent leurs livres d'école
and they threw their school-books at him
grammaires, dictionnaires et livres d'orthographe
grammars, dictionaries, and spelling-books
livres de géographie et autres ouvrages scolastiques
geography books and other scholastic works
Mais Pinocchio n'a pas tardé à réagir
But Pinocchio was quick to react
et il avait des yeux perçants pour ces choses
and he had sharp eyes for these things
il a toujours réussi à se baisser à temps
he always managed to duck in time
alors les livres passèrent au-dessus de sa tête
so the books passed over his head

et au lieu de cela, les livres sont tombés à la mer
and instead the books fell into the sea
Imaginez l'étonnement des poissons !
Imagine the astonishment of the fish!
Ils pensaient que les livres étaient quelque chose à manger
they thought the books were something to eat
et ils arrivèrent tous en grands bancs de poissons
and they all arrived in large shoals of fish
mais ils ont goûté quelques pages
but they tasted a couple of the pages
et ils crachèrent rapidement le papier
and they quickly spat the paper out again
et les poissons firent des grimaces ironiques
and the fish made wry faces
« Ce n'est pas du tout de la nourriture pour nous »
"this isn't food for us at all"
« Nous sommes habitués à quelque chose de bien meilleur!»
"we are accustomed to something much better!"
La bataille était devenue plus féroce que jamais
The battle meantime had become fiercer than ever
un gros crabe était sorti de l'eau
a big crab had come out of the water
et il avait grimpé lentement sur le rivage
and he had climbed slowly up on the shore

cria-t-il d'une voix rauque
he called out in a hoarse voice
Cela ressemblait à une trompette avec un mauvais rhume
it sounded like a trumpet with a bad cold
« Assez de vos combats, jeunes bandits »
"enough of your fighting, you young ruffians"
« Parce que vous n'êtes rien d'autre que des bandits ! »
"because you are nothing other than ruffians!"
« Ces bagarres entre garçons se terminent rarement bien »
"These fights between boys seldom finish well"
« Un désastre est sûr d'arriver ! »
"Some disaster is sure to happen!"
mais le pauvre crabe aurait dû s'épargner la peine
but the poor crab should have saved himself the trouble
Il aurait tout aussi bien pu prêcher au vent
He might as well have preached to the wind
Même ce jeune coquin, Pinocchio, se retourna
Even that young rascal, Pinocchio, turned around
Il le regarda d'un air moqueur et dit rudement :
he looked at him mockingly and said rudely:
« Tais-toi, crabe fatigant ! »
"Hold your tongue, you tiresome crab!"
« Tu ferais mieux de sucer des pastilles de réglisse »
"You had better suck some liquorice lozenges"
« Guérissez ce rhume dans votre gorge »
"cure that cold in your throat"
À ce moment-là, les garçons n'avaient plus de livres
Just then the boys had no more books
du moins, ils n'avaient pas de livres à eux
at least, they had no books of their own
ils aperçurent à peu de distance le sac de Pinocchio
they spied at a little distance Pinocchio's bag
et ils prirent possession de ses affaires
and they took possession of his things
Parmi ses livres, il y en avait un relié en carton
Amongst his books there was one bound in card
C'était un traité d'arithmétique

It was a Treatise on Arithmetic
L'un des garçons s'empara de ce volume
One of the boys seized this volume
et il pointa le livre sur la tête de Pinocchio
and he aimed the book at Pinocchio's head
il le lui lança de toutes ses forces
he threw it at him with all his strength
Mais le livre n'a pas touché la marionnette
but the book did not hit the puppet
au lieu de cela, le livre a frappé un compagnon sur la tête
instead the book hit a companion on the head
Le garçon devint aussi blanc qu'un drap
the boy turned as white as a sheet
« Oh, mère ! au secours, je suis en train de mourir !
"Oh, mother! help, I am dying!"
et il tomba de tout son long sur le sable
and he fell his whole length on the sand
les garçons ont dû penser qu'il était mort
the boys must have thought he was dead
et ils s'enfuirent aussi vite que leurs jambes pouvaient courir
and they ran off as fast as their legs could run
en quelques minutes, ils étaient hors de vue
in a few minutes they were out of sight
Mais Pinocchio resta avec le garçon
But Pinocchio remained with the boy
même s'il aurait préféré s'enfuir aussi
although he would have rather ran off too
car sa peur était aussi grande
because his fear was also great
néanmoins, il courut vers la mer
nevertheless, he ran over to the sea
et il trempa son mouchoir dans l'eau
and he soaked his handkerchief in the water
il courut vers son pauvre camarade de classe
he ran back to his poor school-fellow
et il se mit à se baigner le front

and he began to bathe his forehead
il pleura amèrement de désespoir
he cried bitterly in despair
et il n'arrêtait pas de l'appeler par son nom
and he kept calling him by name
et il lui dit beaucoup de choses :
and he said many things to him:
« Eugène ! mon pauvre Eugène !
"Eugene! my poor Eugene!"
« Ouvrez les yeux et regardez-moi ! »
"Open your eyes and look at me!"
« Pourquoi ne réponds-tu pas ? »
"Why do you not answer?"
« Je ne te l'ai pas fait »
"I did not do it to you"
ce n'est pas moi qui vous ai fait tant de mal !
"it was not I that hurt you so!"
« Croyez-moi, ce n'était pas moi ! »
"believe me, it was not me!"
« Ouvre les yeux, Eugène »
"Open your eyes, Eugene"
« Si tu fermes les yeux, je mourrai aussi »
"If you keep your eyes shut I shall die, too"
« Oh ! que dois-je faire ?
"Oh! what shall I do?"
comment pourrai-je jamais rentrer chez moi ?
"how shall I ever return home?"
« Comment pourrais-je jamais avoir le courage de retourner auprès de ma bonne maman ? »
"How can I ever have the courage to go back to my good mamma?"
« Que vais-je devenir ? »
"What will become of me?"
« Où puis-je prendre l'avion ? »
"Where can I fly to?"
si seulement j'étais allé à l'école !
"had I only gone to school!"

« Pourquoi ai-je écouté mes compagnons ? »
"Why did I listen to my companions?"
« Ils ont été ma ruine »
"they have been my ruin"
« Le maître me l'a dit »
"The master said it to me"
« Et ma maman l'a répété souvent »
"and my mamma repeated it often"
« Méfiez-vous des mauvais compagnons ! »
'Beware of bad companions!'
« Oh, mon Dieu ! que vais-je devenir ? »
"Oh, dear! what will become of me?"
Et Pinocchio se mit à pleurer et à sangloter
And Pinocchio began to cry and sob
et il se frappa la tête avec ses poings
and he struck his head with his fists
Soudain, il entendit le bruit de pas
Suddenly he heard the sound of footsteps
Il se retourna et vit deux soldats
He turned and saw two soldiers
« Qu'est-ce que tu fais là ? »
"What are you doing there?"
« Pourquoi es-tu allongé sur le sol ? »
"why are you lying on the ground?"
« J'aide mon camarade d'école »
"I am helping my school-fellow"
« A-t-il été blessé ? »
"Has he been hurt?"
« Il semble qu'il ait été blessé »
"It seems he has been hurt"
« Blessé en effet ! » dit l'un d'eux
"Hurt indeed!" said one of them
et il se baissa pour examiner Eugène de près
and he stooped down to examine Eugene closely
« Ce garçon a été blessé à la tête »
"This boy has been wounded on the head"
« Qui l'a blessé ? » demandèrent-ils à Pinocchio

"Who wounded him?" they asked Pinocchio
« Pas moi », balbutia la marionnette à bout de souffle
"Not I," stammered the puppet breathlessly
« Si ce n'était pas vous, qui l'a fait ? »
"If it was not you, who then did it?"
— Pas moi, répéta Pinocchio
"Not I," repeated Pinocchio
— Et avec quoi a-t-il été blessé ?
"And with what was he wounded?"
« Il a été blessé avec ce livre »
"he was hurt with this book"
Et la marionnette ramassa sur le sol son livre
And the puppet picked up from the ground his book
le Traité d'arithmétique
the Treatise on Arithmetic
et il montra le livre au soldat
and he showed the book to the soldier
« Et à qui cela appartient-il ? »
"And to whom does this belong?"
— Il m'appartient, répondit honnêtement Pinocchio
"It belongs to me," answered Pinocchio, honestly
« C'est assez, il ne faut rien de plus »
"That is enough, nothing more is wanted"
« Lève-toi et viens avec nous tout de suite »
"Get up and come with us at once"
« Mais je... » Pinocchio a essayé de s'y opposer
"But I..." Pinocchio tried to object
« Venez avec nous ! » insistèrent-ils
"Come along with us!" they insisted
« Mais je suis innocent », a-t-il plaidé
"But I am innocent" he pleaded
Mais ils n'ont pas écouté. « Venez avec nous ! »
but they didn't listen. "Come along with us!"
Avant de partir, les soldats ont appelé un pêcheur de passage
Before they left, the soldiers called a passing fishermen
« Nous te donnons ce garçon blessé »

"We give you this wounded boy"
« **Nous le laissons à vos soins** »
"we leave him in your care"
« **Portez-le chez vous et allaitez-le** »
"Carry him to your house and nurse him"
« **Demain, nous viendrons le voir** »
"Tomorrow we will come and see him"
Ils se tournèrent ensuite vers Pinocchio
They then turned to Pinocchio
« **En avant ! et marcher vite**"
"Forward! and walk quickly"
« **ou ce sera pire pour vous** »
"or it will be the worse for you"
Pinocchio n'avait pas besoin qu'on le lui dise deux fois
Pinocchio did not need to be told twice
La marionnette se mit en route le long de la route menant au village
the puppet set out along the road leading to the village
Mais le pauvre petit diable savait à peine où il était
But the poor little Devil hardly knew where he was
Il pensait qu'il devait rêver
He thought he must be dreaming
et quel rêve affreux ce fut !
and what a dreadful dream it was!
Il a vu double et ses jambes tremblaient
He saw double and his legs shook
sa langue s'accrocha au palais de sa bouche
his tongue clung to the roof of his mouth
et il ne pouvait pas prononcer un mot
and he could not utter a word
Et pourtant, au milieu de sa stupéfaction et de son apathie
And yet, in the midst of his stupefaction and apathy
son cœur était transpercé par une épine cruelle
his heart was pierced by a cruel thorn
il savait où il devait passer
he knew where he had to walk past
sous les fenêtres de la maison de la bonne fée

under the windows of the good Fairy's house
et elle allait le voir avec les soldats
and she was going see him with the soldiers
Il aurait préféré mourir
He would rather have died
bientôt ils atteignirent le village
soon they reached the village
une rafale de vent a arraché la casquette de Pinocchio de sa tête
a gust of wind blew Pinocchio's cap off his head
« Voulez-vous me le permettre ? » dit la marionnette aux soldats
"Will you permit me?" said the puppet to the soldiers
« Puis-je aller chercher ma casquette ? »
"can I go and get my cap?"
— Allez, alors ; mais faites vite"
"Go, then; but be quick about it"
La marionnette alla prendre sa casquette
The puppet went and picked up his cap
mais il ne mit pas le bonnet sur sa tête
but he didn't put the cap on his head
Il mit le capuchon entre ses dents
he put the cap between his teeth
et il se mit à courir aussi vite qu'il le put
and began to run as fast as he could
il courait vers le bord de la mer !
he was running back towards the seashore!
Les soldats pensaient qu'il serait difficile de le rattraper
The soldiers thought it would be difficult to overtake him
alors ils envoyèrent après lui un grand dogue
so they sent after him a large mastiff
il avait remporté les premiers prix à toutes les courses de chiens
he had won the first prizes at all the dog races
Pinocchio courut, mais le chien courut plus vite
Pinocchio ran, but the dog ran faster
Les gens sont venus à leurs fenêtres

The people came to their windows
et ils se pressèrent dans la rue
and they crowded into the street
ils voulaient voir la fin de la course désespérée
they wanted to see the end of the desperate race

Pinocchio court le risque d'être frit dans une poêle comme un poisson
Pinocchio Runs the Danger of being Fried in a Pan like a Fish

La course n'allait pas bien pour la marionnette
the race was not going well for the puppet
et Pinocchio pensait qu'il avait perdu
and Pinocchio thought he had lost
Alidoro, le dogue, avait couru rapidement
Alidoro, the mastiff, had run swiftly
et il l'avait presque rattrapé
and he had nearly caught up with him
la bête terrible était très proche derrière lui
the dreadful beast was very close behind him
il pouvait entendre le halètement du chien
he could hear the panting of the dog
il n'y avait pas une largeur de main entre eux
there was not a hand's breadth between them
il pouvait même sentir le souffle chaud du chien
he could even feel the dog's hot breath
Heureusement, le rivage était proche
Fortunately the shore was close
et la mer n'était qu'à quelques pas
and the sea was but a few steps off
bientôt ils atteignirent le sable de la plage
soon they reached the sands of the beach
ils y sont arrivés presque en même temps
they got there almost at the same time
mais la marionnette a fait un bond merveilleux
but the puppet made a wonderful leap

une grenouille n'aurait pas pu faire mieux
a frog could have done no better
et il plongea dans l'eau
and he plunged into the water
Alidoro, au contraire, voulait s'arrêter
Alidoro, on the contrary, wished to stop himself
mais il se laissa emporter par l'élan de la course
but he was carried away by the impetus of the race
il est également allé dans la mer
he also went into the sea
Le malheureux chien ne savait pas nager
The unfortunate dog could not swim
mais il fit de grands efforts pour se maintenir à flot
but he made great efforts to keep himself afloat
et il nageait aussi bien qu'il pouvait avec ses pattes
and he swam as well as he could with his paws
mais plus il se débattait, plus il s'enfonçait
but the more he struggled the farther he sank
et bientôt sa tête fut sous l'eau
and soon his head was under the water
sa tête s'éleva un instant au-dessus de l'eau
his head rose above the water for a moment
et ses yeux roulaient de terreur
and his eyes were rolling with terror
et le pauvre chien aboya :
and the poor dog barked out:
« Je me noie ! Je me noie !
"I am drowning! I am drowning!"
« Noyez-vous ! » cria Pinocchio de loin
"Drown!" shouted Pinocchio from a distance
il savait qu'il n'était plus en danger
he knew that he was in no more danger
« Aide-moi, cher Pinocchio ! »
"Help me, dear Pinocchio!"
« Sauve-moi de la mort ! »
"Save me from death!"
en réalité, Pinocchio avait un excellent cœur

in reality Pinocchio had an excellent heart
il entendit le cri d'agonie du chien
he heard the agonizing cry from the dog
et la marionnette fut émue de compassion
and the puppet was moved with compassion
Il se tourna vers le chien et dit :
he turned to the dog, and said:
« Je te sauverai, dit Pinocchio
"I will save you," said Pinocchio
mais me promets-tu de ne plus m'ennuyer ?
"but do you promise to give me no further annoyance?"
« Je te le promets ! Je te le promets ! » aboya le chien
"I promise! I promise!" barked the dog
« Faites vite, par pitié »
"Be quick, for pity's sake"
si vous tardez encore une demi-minute, je serai mort.
"if you delay another half-minute I shall be dead"
Pinocchio hésita un instant
Pinocchio hesitated for a moment
mais il se souvint alors de ce que son père lui avait souvent dit
but then he remembered what his father had often told him
« Une bonne action n'est jamais perdue »
"a good action is never lost"
il nagea rapidement jusqu'à Alidoro
he quickly swam over to Alidoro
et saisit sa queue à deux mains
and took hold of his tail with both hands
Bientôt, ils étaient de nouveau sur la terre ferme
soon they were on dry land again
et Alidoro était sain et sauf
and Alidoro was safe and sound
Le pauvre chien ne pouvait pas se tenir debout
The poor dog could not stand
Il avait bu beaucoup d'eau salée
He had drunk a lot of salt water
et maintenant il était comme un ballon

and now he was like a balloon
La marionnette, cependant, ne lui faisait pas entièrement confiance
The puppet, however, didn't entirely trust him
il pensa qu'il était plus prudent de sauter de nouveau dans l'eau
he thought it more prudent to jump again into the water
il nagea un peu dans l'eau
he swam a little distance into the water
et il appela son ami qu'il avait sauvé
and he called out to his friend he had rescued
« Au revoir, Alidoro ; Bon voyage à vous"
"Good-bye, Alidoro; a good journey to you"
« Et portez mes compliments à tous à la maison »
"and take my compliments to all at home"
« Au revoir, Pinocchio, » répondit le chien
"Good-bye, Pinocchio," answered the dog
« Mille mercis de m'avoir sauvé la vie »
"a thousand thanks for having saved my life"
« Vous m'avez rendu un grand service »
"You have done me a great service"
« Et dans ce monde, ce qui est donné est rendu »
"and in this world what is given is returned"
« Si une occasion se présente, je ne l'oublierai pas »
"If an occasion offers I shall not forget it"
Pinocchio nagea le long du rivage
Pinocchio swam along the shore
Enfin, il pensa qu'il était arrivé en sécurité
At last he thought he had reached a safe place
alors il jeta un coup d'œil le long du rivage
so he gave a look along the shore
il vit parmi les rochers une sorte de grotte
he saw amongst the rocks a kind of cave
de la grotte il y avait un nuage de fumée
from the cave there was a cloud of smoke
« Dans cette grotte, il doit y avoir un feu »
"In that cave there must be a fire"

« **Tant mieux, pensa Pinocchio**
"So much the better," thought Pinocchio
« **J'irai me sécher et me réchauffer** »
"I will go and dry and warm myself"
« **Et ensuite ?** » **Pinocchio s'est demandé**
"and then?" Pinocchio wondered
« **Et alors nous verrons,** » **conclut-il**
"and then we shall see," he concluded
Ayant pris la résolution, il nagea vers la terre
Having taken the resolution he swam landwards
il était sur le point de grimper sur les rochers
he was was about to climb up the rocks
mais il sentit quelque chose sous l'eau
but he felt something under the water
quoi qu'il en soit, il montait de plus en plus haut
whatever it was rose higher and higher
et il l'emporta dans les airs
and it carried him into the air
Il essaya d'y échapper
He tried to escape from it
mais il était trop tard pour s'enfuir
but it was too late to get away
Il a été extrêmement surpris quand il a vu ce que c'était
he was extremely surprised when he saw what it was
il se trouva enfermé dans un grand filet
he found himself enclosed in a great net
il était avec un essaim de poissons de toutes tailles et de toutes formes
he was with a swarm of fish of every size and shape
ils battaient des ailes et se débattaient
they were flapping and struggling around
comme un essaim d'âmes désespérées
like a swarm of despairing souls
Au même instant, un pêcheur sortit de la grotte
At the same moment a fisherman came out of the cave
Le pêcheur était horriblement laid
the fisherman was horribly ugly

et il ressemblait à un monstre marin
and he looked like a sea monster
sa tête n'était pas couverte de cheveux
his head was not covered in hair
à la place, il avait un épais buisson d'herbe verte
instead he had a thick bush of green grass
sa peau était verte et ses yeux étaient verts
his skin was green and his eyes were green
et sa longue barbe descendit jusqu'à terre
and his long beard came down to the ground
et bien sûr, sa barbe était également verte
and of course his beard was also green
Il avait l'apparence d'un immense lézard
He had the appearance of an immense lizard
un lézard debout sur ses pattes arrière
a lizard standing on its hind-paws

Le pêcheur a sorti son filet de la mer
the fisherman pulled his net out of the sea
« Dieu merci ! » s'écria-t-il, très satisfait
"Thank Heaven!" he exclaimed greatly satisfied
«Encore aujourd'hui, j'aurai un splendide festin de poisson!»
"Again today I shall have a splendid feast of fish!"
Pinocchio pensa un instant
Pinocchio thought to himself for a moment

« Quelle pitié que je ne sois pas un poisson ! »
"What a mercy that I am not a fish!"
et il reprit un peu de courage
and he regained a little courage
Le filet rempli de poissons a été transporté dans la grotte
The netful of fish was carried into the cave
et la grotte était sombre et enfumée
and the cave was dark and smoky
Au milieu de la grotte se trouvait une grande poêle à frire
In the middle of the cave was a large frying-pan
et la poêle était pleine d'huile
and the frying-pan was full of oil
il y avait une odeur suffocante de champignons
there was a suffocating smell of mushrooms
mais le pêcheur était très excité
but the fisherman was very excited
« Maintenant, nous allons voir quel poisson nous avons pris !»
"Now we will see what fish we have taken!"
et il mit dans le filet une main énorme
and he put into the net an enormous hand
sa main avait les proportions d'une pelle de boulanger
his hand had the proportions of a baker's shovel
et il en sortit une poignée de poissons
and he pulled out a handful of fish
« Ces poissons sont bons ! » a-t-il dit
"These fish are good!" he said
et il sentit le poisson avec complaisance
and he smelled the fish complacently
Puis il jeta le poisson dans une casserole sans eau
And then he threw the fish into a pan without water
Il a répété la même opération plusieurs fois
He repeated the same operation many times
et en tirant le poisson, il en avait l'eau à la bouche
and as he drew out the fish his mouth watered
et le pêcheur gloussa en lui-même
and the Fisherman chuckled to himself

« Quelles sardines exquises j'ai attrapées ! »
"What exquisite sardines I've caught!"
« Ces maquereaux vont être délicieux ! »
"These mackerel are going to be delicious!"
« Et ces crabes seront excellents ! »
"And these crabs will be excellent!"
« Quels chers petits anchois ! »
"What dear little anchovies they are!"
Le dernier à rester dans le filet du pêcheur était Pinocchio
The last to remain in the fisher's net was Pinocchio
ses grands yeux verts s'ouvrirent d'étonnement
his big green eyes opened with astonishment
« De quelle espèce de poisson s'agit-il ?? »
"What species of fish is this??"
« Des poissons de ce genre que je ne me souviens pas avoir mangés »
"Fish of this kind I don't remember to have eaten"
Et il le regarda de nouveau attentivement
And he looked at him again attentively
et il l'examina bien partout
and he examined him well all over
— Je sais : ce doit être une écrevisse.
"I know: he must be a craw-fish"
Pinocchio était mortifié d'être pris pour une écrevisse
Pinocchio was mortified at being mistaken for a craw-fish
« Me prenez-vous pour une écrevisse ? »
"Do you take me for a craw-fish?"
« Ce n'est pas une façon de traiter vos invités ! »
"that's no way to treat your guests!"
« Laissez-moi vous dire que je suis une marionnette »
"Let me tell you that I am a puppet"
— Une marionnette ? répondit le pêcheur
"A puppet?" replied the fisherman
« Alors je dois vous dire la vérité »
"then I must tell you the truth"
« Une marionnette est un poisson tout à fait nouveau pour moi »

"a puppet is quite a new fish to me"
« Mais c'est encore mieux ! »
"but that is even better!"
« Je te mangerai avec plus de plaisir »
"I shall eat you with greater pleasure"
« Tu peux me manger autant que tu veux »
"you can eat me all you want"
mais voulez-vous comprendre que je ne suis pas un poisson?
"but will you understand that I am not a fish?"
« N'entendez-vous pas que je parle ? »
"Do you not hear that I talk?"
ne voyez-vous pas que je raisonne comme vous ?
"can you not see that I reason as you do?"
— C'est tout à fait vrai, dit le pêcheur
"That is quite true," said the fisherman
« Tu es vraiment un poisson avec le talent de parler »
"you are indeed a fish with the talent of talking"
« et tu es un poisson qui peut raisonner comme moi »
"and you are a fish that can reason as I do"
« Je dois vous traiter avec l'attention appropriée »
"I must treat you with appropriate attention"
« Et quelle serait cette attention ? »
"And what would this attention be?"
« Laissez-moi vous donner un gage de mon amitié »
"let me give you a token of my friendship"
« Et laissez-moi vous montrer mon respect particulier »
"and let me show my particular regard"
« Je vous laisse choisir comment vous souhaitez être cuisiné »
"I will let you choose how you would like to be cooked"
« Voulez-vous être frit dans la poêle ?
"Would you like to be fried in the frying-pan?
« Ou préférez-vous être mijoté avec de la sauce tomate ? »
"or would you prefer to be stewed with tomato sauce?"
« Laissez-moi vous dire la vérité », répondit Pinocchio
"let me tell you the truth," answered Pinocchio
« si je devais choisir, j'aimerais être libéré »

"if I had to choose, I would like to be set free"
« **Vous plaisantez !** » **dit le pêcheur en riant**
"You are joking!" laughed the fisherman
« **Pourquoi perdrais-je l'occasion de goûter un poisson aussi rare ?** »
"why would I lose the opportunity to taste such a rare fish?"
« **Je peux vous assurer que les poissons-marionnettes sont rares ici** »
"I can assure you puppet fish are rare here"
« **On n'attrape pas un poisson marionnette tous les jours** »
"one does not catch a puppet fish every day"
« **Laisse-moi faire le choix pour toi** »
"Let me make the choice for you"
« **Tu seras avec les autres poissons** »
"you will be with the other fish"
« **Je vais te faire frire dans la poêle** »
"I will fry you in the frying-pan"
« **et vous serez tout à fait satisfait** »
"and you will be quite satisfied"
« **C'est toujours une consolation d'être frit en compagnie** »
"It is always consolation to be fried in company"
À ce discours, le malheureux Pinocchio se mit à pleurer
At this speech the unhappy Pinocchio began to cry
Il cria et implora la pitié
he screamed and implored for mercy
« **Comme cela aurait été mieux si j'étais allé à l'école !** »
"How much better it would have been if I had gone to school!"
« **Je n'aurais pas dû écouter mes compagnons** »
"I shouldn't have listened to my companions"
« **et maintenant je le paie** »
"and now I am paying for it"
Et il se tortillait comme une anguille
And he wriggled like an eel
et il fit des efforts indescriptibles pour s'échapper
and he made indescribable efforts to slip out
mais il était serré dans les griffes du pêcheur vert
but he was tight in clutches of the green fisherman

et tous les efforts de Pinocchio furent inutiles
and all of Pinocchio's efforts were useless
Le pêcheur prit une longue bande de jonc
the fisherman took a long strip of rush
et il lia les mains et les pieds des marionnettes
and he bound the puppets hands and feet
Le pauvre Pinocchio était ligoté comme une saucisse
Poor Pinocchio was tied up like a sausage
et il le jeta dans la casserole avec les autres poissons
and he threw him into the pan with the other fish
Il alla ensuite chercher un bol en bois rempli de farine
He then fetched a wooden bowl full of flour
et un à un, il commença à fariner chaque poisson
and one by one he began to flour each fish
bientôt tous les petits poissons furent prêts
soon all the little fish were ready
et il les jeta dans la poêle
and he threw them into the frying-pan
Les premiers à danser dans l'huile bouillante étaient les pauvres merlans
The first to dance in the boiling oil were the poor whitings
les crabes étaient les prochains à suivre la danse
the crabs were next to follow the dance
et puis les sardines sont arrivées aussi
and then the sardines came too
et enfin les anchois ont été jetés dedans
and finally the anchovies were thrown in
enfin c'était le tour de Pinocchio
at last it had come to Pinocchio's turn
il vit l'horrible mort qui l'attendait
he saw the horrible death waiting for him
et vous pouvez imaginer à quel point il était effrayé
and you can imagine how frightened he was
il tremblait violemment et avec beaucoup d'effort
he trembled violently and with great effort
et il n'avait plus ni voix ni souffle pour de nouvelles supplications

and he had neither voice nor breath left for further entreaties
Mais le pauvre garçon implora des yeux !
But the poor boy implored with his eyes!
Le pêcheur vert, cependant, ne s'en souciait pas le moins du monde
The green fisherman, however, didn't care the least
et il le plongea cinq ou six fois dans la farine
and he plunged him five or six times in the flour
enfin il était blanc de la tête aux pieds
finally he was white from head to foot
et il ressemblait à une marionnette en plâtre
and he looked like a puppet made of plaster

Pinocchio revient à la maison de la fée
Pinocchio Returns to the Fairy's House

Pinocchio était suspendu au-dessus de la poêle à frire
Pinocchio was dangling over the frying pan
le pêcheur était sur le point de le jeter dedans
the fisherman was just about to throw him in
mais alors un gros chien entra dans la grotte
but then a large dog entered the cave
le chien avait senti l'odeur savoureuse du poisson frit
the dog had smelled the savoury odour of fried fish
et il avait été attiré dans la grotte
and he had been enticed into the cave
« Sortez ! » cria le pêcheur
"Get out!" shouted the fisherman
Il tenait la marionnette farinée dans une main
he was holding the floured puppet in one hand
et il menaça le chien de l'autre main
and he threatened the dog with the other hand
Mais le pauvre chien avait faim comme un loup
But the poor dog was as hungry as a wolf
et il gémissait et remuait la queue
and he whined and wagged his tail

S'il avait pu parler, il aurait dit :
if he could have talked he would have said:
« Donne-moi du poisson et je te laisserai en paix »
"Give me some fish and I will leave you in peace"
— Sortez, je vous le dis ! répéta le pêcheur
"Get out, I tell you!" repeated the fisherman
et il étendit sa jambe pour lui donner un coup de pied
and he stretched out his leg to give him a kick
Mais le chien ne voulait pas rester insignifiant
But the dog would not stand trifling
il avait trop faim pour qu'on lui refuse la nourriture
he was too hungry to be denied the food
Il commença à grogner contre le pêcheur
he started growling at the fisherman
et il montra ses dents terribles
and he showed his terrible teeth
À ce moment, une petite voix faible appela
At that moment a little feeble voice called out
« Sauve-moi, Alidoro, s'il te plaît ! »
"Save me, Alidoro, please!"
« Si vous ne me sauvez pas, je serai frit ! »
"If you do not save me I shall be fried!"
Le chien reconnut la voix de Pinocchio
The dog recognized Pinocchio's voice
tout ce qu'il vit était le paquet fariné dans la main du pêcheur
all he saw was the floured bundle in the fisherman's hand
C'est de là que venait la voix
that must be where the voice had come from
Alors, que pensez-vous qu'il a fait ?
So what do you think he did?
Alidoro s'élança vers le pêcheur
Alidoro sprung up to the fisherman
et il saisit le paquet dans sa bouche
and he seized the bundle in his mouth
Il tenait doucement le paquet entre ses dents
he held the bundle gently in his teeth

et il se précipita de nouveau hors de la grotte
and he rushed out of the cave again
puis il disparut comme un éclair
and then he was gone like a flash of lightning
Le pêcheur était furieux
The fisherman was furious
le rare poisson marionnette lui avait été arraché
the rare puppet fish had been snatched from him
et il courut après le chien
and he ran after the dog
il a essayé de récupérer son poisson
he tried to get his fish back
mais le pêcheur ne courut pas loin
but the fisherman did not run far
parce qu'il avait été pris d'une quinte de toux
because he had been taken by a fit of coughing

Alidoro courut presque jusqu'au village
Alidoro ran almost to the village
Quand il arriva sur le chemin, il s'arrêta
when he got to the path he stopped
il posa doucement son ami Pinocchio sur le sol
he put his friend Pinocchio gently on the ground
« Combien j'ai à vous remercier ! » dit la marionnette
"How much I have to thank you for!" said the puppet

— Ce n'est pas nécessaire, répondit le chien
"There is no necessity," replied the dog
« Tu m'as sauvé et je l'ai maintenant rendu »
"You saved me and I have now returned it"
« Vous savez que nous devons tous nous entraider dans ce monde »
"You know that we must all help each other in this world"
Pinocchio était heureux d'avoir sauvé Alidoro
Pinocchio was happy to have saved Alidoro
— Mais comment êtes-vous entré dans la grotte ?
"But how did you get into the cave?"
« J'étais allongé sur le rivage plus mort que vif »
"I was lying on the shore more dead than alive"
« Puis le vent m'a apporté l'odeur du poisson frit »
"then the wind brought to me the smell of fried fish"
« L'odeur a excité mon appétit »
"The smell excited my appetite"
« et j'ai suivi mon nez »
"and I followed my nose"
« Si j'étais arrivé une seconde plus tard... »
"If I had arrived a second later..."
— N'en parlez pas ! soupira Pinocchio
"Do not mention it!" sighed Pinocchio
il tremblait encore de peur
he was still trembling with fright
« Je serais une marionnette frite maintenant »
"I would be a fried puppet by now"
« Ça me fait frissonner rien que d'y penser ! »
"It makes me shudder just to think of it!"
Alidoro rit un peu à l'idée
Alidoro laughed a little at the idea
mais il tendit sa patte droite vers la marionnette
but he extended his right paw to the puppet
Pinocchio secoua chaleureusement sa patte
Pinocchio shook his paw heartily
puis ils se séparèrent
and then they went their separate ways

Le chien a pris la route du retour
The dog took the road home
et Pinocchio se rendit dans une chaumière non loin de là
and Pinocchio went to a cottage not far off
il y avait un petit vieillard qui se réchauffait au soleil
there was a little old man warming himself in the sun
Pinocchio parla au petit vieillard
Pinocchio spoke to the little old man
« Dis-moi, brave homme, commença-t-il
"Tell me, good man," he started
savez-vous quelque chose d'un pauvre garçon appelé Eugène ?
"do you know anything of a poor boy called Eugene?"
« Il a été blessé à la tête »
"he was wounded in the head"
« Le garçon a été amené par des pêcheurs dans ce chalet »
"The boy was brought by some fishermen to this cottage"
« et maintenant je ne sais pas ce qui lui est arrivé »
"and now I do not know what happened to him"
— Et maintenant il est mort ! interrompit Pinocchio avec une grande douleur
"And now he is dead!" interrupted Pinocchio with great sorrow
— Non, il est vivant, interrompit le pêcheur
"No, he is alive," interrupted the fisherman
« et il a été renvoyé chez lui »
"and he has been returned to his home"
« Est-ce vrai ? » s'écria la marionnette
"Is it true?" cried the puppet
et Pinocchio dansa avec délice
and Pinocchio danced with delight
— Alors la blessure n'était pas grave ?
"Then the wound was not serious?"
répondit le petit vieillard Pinocchio
the little old man answered Pinocchio
« Cela aurait pu être très grave »
"It might have been very serious"

« Cela aurait même pu être fatal »
"it could even have been fatal"
« Ils lui ont jeté un livre épais à la tête »
"they threw a thick book at his head"
— Et qui le lui a jeté ?
"And who threw it at him?"
« Un de ses camarades d'école, du nom de Pinocchio »
"One of his school-fellows, by the name of Pinocchio"
« Et qui est ce Pinocchio ? » demanda la marionnette
"And who is this Pinocchio?" asked the puppet
et il feignit son ignorance du mieux qu'il put
and he pretended his ignorance as best he could
« Ils disent que c'est un mauvais garçon »
"They say that he is a bad boy"
« Un vagabond, un bon à rien ordinaire »
"a vagabond, a regular good-for-nothing"
« Calomnies ! que des calomnies !
"Calumnies! all calumnies!"
« Connaissez-vous ce Pinocchio ? »
"Do you know this Pinocchio?"
« À vue ! » répondit la marionnette
"By sight!" answered the puppet
— Et quelle est votre opinion sur lui ? demanda le petit homme
"And what is your opinion of him?" asked the little man
« Il me semble être un très bon garçon »
"He seems to me to be a very good boy"
il est impatient d'apprendre, ajouta Pinocchio
"he is anxious to learn," added Pinocchio
« et il est obéissant et affectueux envers son père et sa famille »
"and he is obedient and affectionate to his father and family"
La marionnette a lancé un tas de mensonges
the puppet fired off a bunch of lies
mais il se souvint alors de se toucher le nez
but then he remembered to touch his nose
son nez semblait avoir grandi de plus d'une main

his nose seemed to have grown by more than a hand
Très alarmé, il se mit à crier :
Very much alarmed he began to cry:
« Ne me crois pas, brave homme »
"Don't believe me, good man"
« Ce que j'ai dit n'était que des mensonges »
"what I said were all lies"
« Je connais très bien Pinocchio »
"I know Pinocchio very well"
et je peux vous assurer que c'est un très mauvais garçon.
"and I can assure you that he is a very bad boy"
« Il est désobéissant et oisif »
"he is disobedient and idle"
« Au lieu d'aller à l'école, il s'enfuit avec ses camarades »
"instead of going to school, he runs off with his companions"
Il avait à peine fini de parler que son nez devint plus court
He had hardly finished speaking when his nose became shorter
et finalement son nez reprit son ancienne taille
and finally his nose returned to the old size
Le petit vieillard remarqua la couleur des garçons
the little old man noticed the boys' colour
« Et pourquoi êtes-vous tous couverts de blanc ? »
"And why are you all covered with white?"
— Je vais vous dire pourquoi, dit Pinocchio
"I will tell you why," said Pinocchio
« Sans m'en rendre compte, je me suis frotté contre un mur »
"Without observing it I rubbed myself against a wall"
« Je ne savais pas que le mur avait été fraîchement blanchi à la chaux »
"little did I know that the wall had been freshly whitewashed"
il avait honte d'avouer la vérité
he was ashamed to confess the truth
en fait, il avait été fariné comme un poisson
in fact he had been floured like a fish
« Et qu'as-tu fait de ta veste ? »
"And what have you done with your jacket?"

Où sont votre pantalon et votre bonnet ?
"where are your trousers, and your cap?"
« J'ai rencontré des voleurs sur mon chemin »
"I met some robbers on my journey"
« Et ils m'ont pris toutes mes affaires »
"and they took all my things from me"
« Bon vieil homme, j'ai une faveur à demander »
"Good old man, I have a favour to ask"
« Pourriez-vous peut-être me donner des vêtements pour rentrer chez moi ? »
"could you perhaps give me some clothes to return home in?"
« Mon garçon, je voudrais t'aider »
"My boy, I would like to help you"
« mais je n'ai rien d'autre qu'un petit sac »
"but I have nothing but a little sack"
« ce n'est qu'un sac dans lequel je garde des haricots »
"it is but a sack in which I keep beans"
« Mais si vous en avez besoin, prenez-le »
"but if you have need of it, take it"
Pinocchio n'attendit pas qu'on le lui demande deux fois
Pinocchio did not wait to be asked twice
Il prit le sac immédiatement
He took the sack at once
et il emprunta une paire de ciseaux
and he borrowed a pair of scissors
et il fit un trou au bout du sac
and he cut a hole at the end of the sack
de chaque côté, il a découpé de petits trous pour ses bras
at each side, he cut out small holes for his arms
et il mit le sac comme une chemise
and he put the sack on like a shirt
Et avec ses nouveaux vêtements, il partit pour le village
And with his new clothing he set off for the village
Mais en chemin, il ne se sentait pas du tout à l'aise
But as he went he did not feel at all comfortable
pour chaque pas en avant, il faisait un autre pas en arrière
for each step forward he took another step backwards

Comment me présenterai-je jamais à ma bonne petite fée ?
"How shall I ever present myself to my good little Fairy?"
« **Que dira-t-elle quand elle me verra ?** »
"What will she say when she sees me?"
« **Me pardonnera-t-elle cette deuxième escapade ?** »
"Will she forgive me this second escapade?"
— **Oh ! je suis sûr qu'elle ne me pardonnera pas !**
"Oh, I am sure that she will not forgive me!"
« **Et cela me sert bien, car je suis un coquin** »
"And it serves me right, because I am a rascal"
« **Je promets toujours de me corriger** »
"I am always promising to correct myself"
mais je ne tiens jamais ma parole !
"but I never keep my word!"
Quand il arriva au village, il faisait nuit
When he reached the village it was night
et il faisait très sombre
and it had gotten very dark
Une tempête était venue du rivage
A storm had come in from the shore
et la pluie tombait à torrents
and the rain was coming down in torrents
il alla droit à la maison de la fée
he went straight to the Fairy's house
il était résolu à frapper à la porte
he was resolved to knock at the door
Mais quand il fut là, son courage lui manqua
But when he was there his courage failed him
au lieu de frapper, il s'enfuit d'une vingtaine de pas
instead of knocking he ran away some twenty paces
Il retourna à la porte une seconde fois
He returned to the door a second time
et il tenait le heurtoir de porte dans sa main
and he held the door knocker in his hand
tremblant, il frappa un peu à la porte
trembling, he gave a little knock at the door
Il attendit et attendit que sa mère ouvre la porte

He waited and waited for his mother to open the door
Pinocchio a dû attendre pas moins d'une demi-heure
Pinocchio must have waited no less than half an hour
Enfin, une fenêtre au dernier étage s'ouvrit
At last a window on the top floor was opened
la maison avait quatre étages
the house was four stories high
et Pinocchio vit un gros escargot
and Pinocchio saw a big Snail
il y avait une bougie allumée sur sa tête pour regarder dehors
it had a lighted candle on her head to look out
« **Qui est là à cette heure ?** »
"Who is there at this hour?"
« **La fée est-elle à la maison ?** » **demanda la marionnette**
"Is the Fairy at home?" asked the puppet
« **La fée dort,** » **répondit l'escargot**
"The Fairy is asleep," answered the snail
« **et elle ne doit pas être réveillée** »
"and she must not be awakened"
« **Mais qui es-tu ?** » **demanda l'Escargot**
"but who are you?" asked the Snail
— **C'est moi, répondit Pinocchio**
"It is I," answered Pinocchio
« **Qui suis-je ?** » **demanda l'Escargot**
"Who is I?" asked the Snail
« **C'est moi, Pinocchio** », **répondit Pinocchio**
"It is I, Pinocchio," answered Pinocchio
« **Et qui est Pinocchio ?** » **demanda l'Escargot**
"And who is Pinocchio?" asked the Snail
« **La marionnette qui vit dans la maison de la fée** »
"The puppet who lives in the Fairy's house"
« **Ah, je comprends !** » **dit l'Escargot**
"Ah, I understand!" said the Snail
« **Attends-moi là-bas** »
"Wait for me there"
« **Je descendrai et ouvrirai la porte** »

"I will come down and open the door"
« Faites vite, par pitié »
"Be quick, for pity's sake"
« parce que je meurs de froid »
"because I am dying of cold"
« Mon garçon, je suis un escargot »
"My boy, I am a snail"
« Et les escargots ne sont jamais pressés »
"and snails are never in a hurry"
Une heure passa, puis deux
An hour passed, and then two
et la porte n'était toujours pas ouverte
and the door was still not opened
Pinocchio était trempé de part en part
Pinocchio was wet through and through
et il tremblait de froid et de peur
and he was trembling from cold and fear
enfin il eut le courage de frapper à nouveau
at last he had the courage to knock again
cette fois, il frappa plus fort qu'auparavant
this time he knocked louder than before
À ce deuxième coup, une fenêtre de l'étage inférieur s'ouvrit
At this second knock a window on the lower story opened
et le même escargot apparut à la fenêtre
and the same Snail appeared at the window
« Belle petite escargot », s'écria Pinocchio
"Beautiful little Snail," cried Pinocchio
« J'attends depuis deux heures ! »
"I have been waiting for two hours!"
« Deux heures par une telle nuit semblent plus longues que deux ans »
"two hours on such a night seems longer than two years"
« Faites vite, par pitié »
"Be quick, for pity's sake"
« Mon garçon », répondit le petit animal calme
"My boy," answered the calm little animal
« tu sais que je suis un escargot »

"you know that I am a snail"
« Et les escargots ne sont jamais pressés »
"and snails are never in a hurry"
Et la fenêtre fut refermée
And the window was shut again
Peu après, minuit sonna
Shortly afterwards midnight struck
puis une heure, puis deux heures
then one o'clock, then two o'clock
et la porte n'était toujours pas ouverte
and the door still remained unopened
Pinocchio finit par perdre patience
Pinocchio finally lost all patience
il saisit le heurtoir de la porte avec rage
he seized the door knocker in a rage
il avait l'intention de frapper à la porte aussi fort qu'il le pouvait
he intended bang the door as hard as he could
un coup qui résonnerait dans toute la maison
a blow that would resound through the house
le heurtoir de porte était en fer
the door knocker was made from iron
mais soudain, il s'est transformé en anguille
but suddenly it turned into an eel
et l'anguille glissa de la main de Pinocchio
and the eel slipped out of Pinocchio's hand
en bas de la rue se trouvait un ruisseau d'eau
down the street was a stream of water
et l'anguille disparut dans le cours d'eau
and the eel disappeared down the stream
Pinocchio était aveuglé par la rage
Pinocchio was blinded with rage
— Ah ! Alors c'est comme ça ?"
"Ah! so that's the way it is?"
« alors je donnerai un coup de pied de toutes mes forces »
"then I will kick with all my might"
Pinocchio courut un peu jusqu'à la porte

Pinocchio took a little run up to the door
et il donna un coup de pied à la porte de toutes ses forces
and he kicked the door with all his might
C'était en effet un coup de pied puissant
it was indeed a mighty strong kick
et son pied passa par la porte
and his foot went through the door
Pinocchio essaya de retirer son pied
Pinocchio tried to pull his foot out
Mais il s'est rendu compte de sa situation difficile
but then he realized his predicament
c'était comme si son pied avait été cloué
it was as if his foot had been nailed down
Pensez à la situation du pauvre Pinocchio !
Think of poor Pinocchio's situation!
Il dut passer le reste de la nuit sur un pied
He had to spend the rest of the night on one foot
et l'autre pied était en l'air
and the other foot was in the air
Après de nombreuses heures, le jour se leva enfin
after many hours daybreak finally came
et enfin la porte s'ouvrit
and at last the door was opened
il n'avait fallu que neuf heures à l'escargot
it had only taken the Snail nine hours
il était venu du quatrième étage
he had come all the way from the fourth story
Il est évident que ses efforts ont dû être grands
It is evident that her exertions must have been great
mais elle était également confuse par Pinocchio
but she was equally confused by Pinocchio
« Que faites-vous avec votre pied dans la porte ? »
"What are you doing with your foot in the door?"
« C'était un accident », répondit la marionnette
"It was an accident," answered the puppet
« Oh bel escargot, s'il te plaît, aide-moi »
"oh beautiful snail, please help me"

« Essayer de mettre le pied dehors »
"try and get my foot out the door"
« Mon garçon, c'est le travail d'un charpentier. »
"My boy, that is the work of a carpenter""
« et je n'ai jamais été charpentier »
"and I have never been a carpenter"
« dans ce cas, s'il vous plaît, prenez la fée pour moi ! »
"in that case please get the Fairy for me!"
« La fée dort encore »
"The Fairy is still asleep"
« et elle ne doit pas être réveillée »
"and she must not be awakened"
« Mais que puis-je faire avec mon pied coincé dans la porte?»
"But what can I do with me foot stuck in the door?"
« Il y a beaucoup de fourmis dans cette région »
"there are many ants in this area"
« Amusez-vous à compter toutes les petites fourmis »
"Amuse yourself by counting all the little ants"
« Apporte-moi au moins quelque chose à manger »
"Bring me at least something to eat"
« parce que je suis assez épuisé et affamé »
"because I am quite exhausted and hungry"
« Tout de suite, » dit l'Escargot
"At once," said the Snail
c'était en fait presque aussi rapide qu'elle l'avait dit
it was in fact almost as fast as she had said
après trois heures, elle retourna à Pinocchio
after three hours she returned to Pinocchio
et sur sa tête il y avait un plateau d'argent
and on her head was a silver tray
Le plateau contenait une miche de pain
The tray contained a loaf of bread
et il y avait un poulet rôti
and there was a roast chicken
et il y avait quatre abricots mûrs
and there were four ripe apricots

« Voici le petit-déjeuner que la fée vous a envoyé »
"Here is the breakfast that the Fairy has sent you"
c'étaient toutes des choses que Pinocchio aimait manger
these were all things Pinocchio liked to eat
La marionnette se sentit très réconfortée à cette vue
The puppet felt very much comforted at the sight
Mais ensuite, il a commencé à manger la nourriture
But then he began to eat the food
et il était très dégoûté par le goût
and he was most disgusted by the taste
il a découvert que le pain était du plâtre
he discovered that the bread was plaster
le poulet était en carton
the chicken was made of cardboard
et les quatre abricots étaient d'albâtre
and the four apricots were alabaster
Le pauvre Pinocchio voulait pleurer
Poor Pinocchio wanted to cry
En désespoir de cause, il essaya de jeter le plateau
In his desperation he tried to throw away the tray
peut-être était-ce à cause de son chagrin
perhaps it was because of his grief
ou il se peut qu'il ait été épuisé
or it could have been that he was exhausted
et la petite marionnette s'évanouit sous l'effort
and the little puppet fainted from the effort
Finalement, il a repris conscience
eventually he regained consciousness
et il s'aperçut qu'il était couché sur un canapé
and he found that he was lying on a sofa
et la bonne fée était à côté de lui
and the good Fairy was beside him
« Je te pardonnerai encore une fois », dit la fée
"I will pardon you once more," the Fairy said
mais malheur à vous si vous vous conduisez mal une troisième fois !
"but woe to you if you behave badly a third time!"

Pinocchio promit et jura qu'il étudierait
Pinocchio promised and swore that he would study
et il jura qu'il se conduirait toujours bien
and he swore he would always conduct himself well
Et il tint parole pendant le reste de l'année
And he kept his word for the remainder of the year
Pinocchio avait de très bonnes notes à l'école
Pinocchio got very good grades at school
et il a eu l'honneur d'être le meilleur élève
and he had the honour of being the best student
son comportement en général était très louable
his behaviour in general was very praiseworthy
et la fée en fut très contente
and the Fairy was very much pleased with him
« Demain, ton souhait sera exaucé »
"Tomorrow your wish shall be gratified"
« Quel souhait était-ce ? » demanda Pinocchio
"what wish was that?" asked Pinocchio
« Demain, tu cesseras d'être une marionnette de bois »
"Tomorrow you shall cease to be a wooden puppet"
« Et tu deviendras enfin un garçon »
"and you shall finally become a boy"
vous n'auriez pas pu imaginer la joie de Pinocchio
you could not have imagined Pinocchio's joy
et Pinocchio fut autorisé à faire la fête
and Pinocchio was allowed to have a party
Tous ses camarades d'école devaient être invités
All his school-fellows were to be invited
il y aurait un grand déjeuner chez la fée
there would be a grand breakfast at the Fairy's house
ensemble, ils célébreraient le grand événement
together they would celebrate the great event
La fée avait préparé deux cents tasses de café et de lait
The Fairy had prepared two hundred cups of coffee and milk
et quatre cents petits pains furent coupés
and four hundred rolls of bread were cut
et tout le pain était beurré de chaque côté

and all the bread was buttered on each side
Le jour promettait d'être des plus heureux et des plus délicieux
The day promised to be most happy and delightful
mais...
but...
Malheureusement, dans la vie des marionnettes, il y a toujours un « mais » qui gâche tout
Unfortunately in the lives of puppets there is always a "but" that spoils everything

Le Pays des Oiseaux fous
The Land of the Boobie Birds

Bien sûr, Pinocchio demanda la permission à la fée
Of course Pinocchio asked the Fairy's permission
puis-je faire le tour de la ville pour distribuer les invitations?
"may I go round the town to give out the invitations?"
et la fée lui dit :
and the Fairy said to him:
« Vas-y, si tu veux, tu as ma permission »
"Go, if you like, you have my permission"
« Invitez vos compagnons pour le petit-déjeuner de demain »
"invite your companions for the breakfast tomorrow"
« Mais n'oubliez pas de rentrer chez vous avant la nuit »
"but remember to return home before dark"
« Avez-vous compris ? » vérifia-t-elle
"Have you understood?" she checked
« Je promets d'être de retour dans une heure »
"I promise to be back in an hour"
« Prenez garde, Pinocchio ! » l'avertit-elle
"Take care, Pinocchio!" she cautioned him
« Les garçons sont toujours prêts à promettre »
"Boys are always very ready to promise"

« Mais en général, les garçons ont du mal à tenir parole »
"but generally boys struggle to keep their word"
« Mais je ne suis pas comme les autres garçons »
"But I am not like other boys"
« Quand je dis une chose, je la fais »
"When I say a thing, I do it"
« Nous verrons si vous tiendrez votre promesse »
"We shall see if you will keep your promise"
« Si vous êtes désobéissants, tant pis pour vous »
"If you are disobedient, so much the worse for you"
« Pourquoi serait-ce tant pire pour moi ? »
"Why would it be so much the worse for me?"
« Il y a des garçons qui n'écoutent pas les conseils »
"there are boys who do not listen to the advice"
« Conseils de personnes qui en savent plus qu'eux »
"advice from people who know more than them"
« et ils rencontrent toujours un malheur ou un autre »
"and they always meet with some misfortune or other"
« J'en ai fait l'expérience », a déclaré Pinocchio
"I have experienced that," said Pinocchio
mais je ne ferai plus jamais cette erreur.
"but I shall never make that mistake again"
« Nous verrons si c'est vrai »
"We shall see if that is true"
et la marionnette prit congé de sa bonne fée
and the puppet took leave of his good Fairy
la bonne fée était maintenant comme une maman pour lui
the good Fairy was now like a mamma to him
et il sortit de la maison en chantant et en dansant
and he went out of the house singing and dancing
En moins d'une heure, tous ses amis étaient invités
In less than an hour all his friends were invited
Certains acceptèrent immédiatement
Some accepted at once heartily
d'autres ont d'abord eu besoin d'être convaincus
others at first required some convincing
mais ils ont entendu dire qu'il y aurait du café

but then they heard that there would be coffee
et le pain allait être beurré des deux côtés
and the bread was going to be buttered on both sides
« Nous viendrons aussi, pour vous faire plaisir »
"We will come also, to do you a pleasure"

Maintenant, je dois vous dire que Pinocchio avait beaucoup d'amis
Now I must tell you that Pinocchio had many friends
et il y avait beaucoup de garçons avec qui il allait à l'école
and there were many boys he went to school with
Mais il y avait un garçon qu'il aimait particulièrement
but there was one boy he especially liked
Ce garçon s'appelait Roméo
This boy's name was Romeo

Mais il a toujours utilisé son surnom
but he always went by his nickname
tous les garçons l'appelaient Mèche de bougie
all the boys called him Candle-wick
parce qu'il était si mince, droit et brillant
because he was so thin, straight and bright
comme la nouvelle mèche d'une petite veilleuse
like the new wick of a little nightlight
Mèche de bougie était le plus paresseux des garçons
Candle-wick was the laziest of the boys
et il était aussi plus méchant que les autres garçons
and he was naughtier than the other boys too
mais Pinocchio lui était dévoué
but Pinocchio was devoted to him
il était allé chez Mèche de bougie avant les autres
he had gone to Candle-wick's house before the others
mais il ne l'avait pas trouvé
but he had not found him
Il revint une seconde fois, mais Mèche-de-Bougie n'était pas là
He returned a second time, but Candle-wick was not there
Il y est allé une troisième fois, mais ce fut en vain
He went a third time, but it was in vain
Où pouvait-il le chercher ?
Where could he search for him?
Il regardait ici, là et partout
He looked here, there, and everywhere
et enfin il trouva son ami Mèche de bougie
and at last he found his friend Candle-wick
il se cachait sur le porche d'une chaumière de paysan
he was hiding on the porch of a peasant's cottage
« Que faites-vous là ? » demanda Pinocchio
"What are you doing there?" asked Pinocchio
« J'attends minuit »
"I am waiting for midnight"
« Je vais m'enfuir »
"I am going to run away"

« Et où vas-tu ? »
"And where are you going?"
« Je vais vivre dans un autre pays »
"I am going to live in another country"
« Le pays le plus charmant du monde »
"the most delightful country in the world"
« Un vrai pays de sucreries ! »
"a real land of sweetmeats!"
— Et comment s'appelle-t-il ?
"And what is it called?"
« On l'appelle le pays des Oiseaux fous »
"It is called the Land of Boobies"
« Pourquoi ne venez-vous pas aussi ? »
"Why do you not come, too?"
« Moi ? Non, même si je le voulais ! »
"I? No, even if I wanted to!"
« Tu as tort, Pinocchio »
"You are wrong, Pinocchio"
« Si vous ne venez pas, vous vous en repender »
"If you do not come you will repent it"
« Où pourriez-vous trouver un meilleur pays pour les garçons ? »
"Where could you find a better country for boys?"
« Il n'y a pas d'écoles là-bas »
"There are no schools there"
« Il n'y a pas de maîtres là-bas »
"there are no masters there"
« Et il n'y a pas de livres là-bas »
"and there are no books there"
« Dans ce pays charmant que personne n'étudie jamais »
"In that delightful land nobody ever studies"
« Le samedi, il n'y a jamais d'école »
"On Saturday there is never school"
« chaque semaine se compose de six samedis »
"every week consists of six Saturdays"
« et le reste de la semaine sont les dimanches »
"and the remainder of the week are Sundays"

« Pensez à tout le temps qu'il y a pour jouer »
"think of all the time there is to play"
« les vacances d'automne commencent le premier janvier »
"the autumn holidays begin on the first of January"
« et ils finissent le dernier jour de décembre »
"and they finish on the last day of December"
« C'est le pays pour moi ! »
"That is the country for me!"
« C'est ce que devraient être tous les pays civilisés ! »
"That is what all civilized countries should be like!"
« Mais comment sont les jours passés au pays des Oiseaux fous ? »
"But how are the days spent in the Land of Boobies?"
« Les journées se passent à jouer et à s'amuser »
"The days are spent in play and amusement"
« Vous vous amusez du matin au soir »
"you enjoy yourself from morning till night"
« Et quand la nuit vient tu vas te coucher »
"and when night comes you go to bed"
« Et puis vous recommencez à vous amuser le lendemain »
"and then you recommence the fun the next day"
« Qu'en pensez-vous ? »
"What do you think of it?"
— Hum ! dit Pinocchio d'un air pensif
"Hum!" said Pinocchio thoughtfully
et il secoua légèrement la tête
and he shook his head slightly
Le geste semblait dire quelque chose
the gesture did seem to say something
« C'est une vie que je mènerais aussi volontiers »
"That is a life that I also would willingly lead"
mais il n'avait pas encore accepté l'invitation
but he had not accepted the invitation yet
— Eh bien, voulez-vous m'accompagner ?
"Well, will you go with me?"
« Oui ou non ? Résoudre rapidement"
"Yes or no? Resolve quickly"

« Non, non, non et encore non »
"No, no, no, and no again"
« J'ai promis à ma bonne fée d'être un bon garçon »
"I promised my good Fairy to be good boy"
« et je tiendrai ma parole »
"and I will keep my word"
« Le soleil va bientôt se coucher »
"the sun will soon be setting"
« alors je dois te quitter et m'enfuir »
"so I must leave you and run away"
« Au revoir, et bon voyage à vous »
"Good-bye, and a pleasant journey to you"
« Où vous précipitez-vous si vite ? »
"Where are you rushing off to in such a hurry?"
— Je rentre chez moi, dit Pinocchio
"I am going home," said Pinocchio
« Ma bonne fée souhaite que je sois de retour avant la nuit »
"My good Fairy wishes me to be back before dark"
« Attendez encore deux minutes »
"Wait another two minutes"
« Cela me fera trop tard »
"It will make me too late"
« Seulement deux minutes », supplia Mèche de bougie
"Only two minutes," Candle-wick pleaded
« Et si la fée me gronde ? »
"And if the Fairy scolds me?"
« Laisse-la te gronder, suggéra-t-il
"Let her scold you," he suggested
Mèche de bougie était un coquin assez persuasif
Candle-wick was quite a persuasive rascal
« Quand elle aura bien grondé, elle se taira »
"When she has scolded well she will hold her tongue"
« Et qu'est-ce que tu vas faire ? »
"And what are you going to do?"
« Allez-vous seul ou avec des compagnons ? »
"Are you going alone or with companions?"
« Oh, ne t'inquiète pas pour ce Pinocchio »

"oh don't worry about that Pinocchio"
« Je ne serai pas seul au pays des Oiseaux fous »
"I will not be alone in the Land of Boobies"
« Il y aura plus d'une centaine de garçons »
"there will be more than a hundred boys"
— Et faites-vous le voyage à pied ?
"And do you make the journey on foot?"
« Un entraîneur passera bientôt »
"A coach will pass by shortly"
« La voiture me conduira dans ce pays heureux »
"the carriage will take me to that happy country"
« Qu'est-ce que je ne donnerais pas pour que l'entraîneur passe maintenant ! »
"What would I not give for the coach to pass by now!"
« Pourquoi voulez-vous que l'entraîneur passe si mal ? »
"Why do you want the coach to come by so badly?"
« Pour que je puisse vous voir tous aller ensemble »
"so that I can see you all go together"
« Reste ici un peu plus longtemps, Pinocchio »
"Stay here a little longer, Pinocchio"
« Restez un peu plus longtemps et vous nous verrez »
"stay a little longer and you will see us"
« Non, non, je dois rentrer chez moi »
"No, no, I must go home"
« Attendez encore deux minutes »
"just wait another two minutes"
« J'ai déjà retardé trop longtemps »
"I have already delayed too long"
« La fée sera inquiète pour moi »
"The Fairy will be anxious about me"
« A-t-elle peur que les chauves-souris te mangent ? »
"Is she afraid that the bats will eat you?"
Pinocchio était devenu un peu curieux
Pinocchio had grown a little curious
« Êtes-vous certain qu'il n'y a pas d'écoles ? »
"are you certain that there are no schools?"
« Il n'y a même pas l'ombre d'une école »

"there is not even the shadow of a school"
« Et n'y a-t-il pas de maîtres non plus ? »
"And are there no masters either?"
« le pays des Oiseaux fous est libre de maîtres »
"the Land of the Boobies is free of masters"
« Et personne n'est jamais obligé d'étudier ? »
"And no one is ever made to study?"
« Jamais, jamais, et plus jamais ! »
"Never, never, and never again!"
Pinocchio eut l'eau à la bouche à l'idée
Pinocchio's mouth watered at the idea
« Quel pays délicieux ! » dit Pinocchio
"What a delightful country!" said Pinocchio
— Je n'y suis jamais allé, dit Mèche-bougie
"I have never been there," said Candle-wick
mais je peux parfaitement l'imaginer.
"but I can imagine it perfectly well"
« Pourquoi ne veux-tu pas venir aussi ? »
"Why will you not come also?"
« Il est inutile de me tenter »
"It is useless to tempt me"
« J'ai fait une promesse à ma bonne Fée »
"I made a promise to my good Fairy"
« Je deviendrai un garçon raisonnable »
"I will become a sensible boy"
« et je ne manquerai pas à ma parole »
"and I will not break my word"
« Au revoir donc, » dit Mèche-Bougie
"Good-bye, then," said Candle-wick
« Faites mes compliments à tous les garçons de l'école »
"give my compliments to all the boys at school"
« Au revoir, Mèche-de-bougie ; Un agréable voyage à vous"
"Good-bye, Candle-wick; a pleasant journey to you"
« Amusez-vous dans ce pays agréable »
"amuse yourself in this pleasant land"
« et pensez parfois à vos amis »
"and think sometimes of your friends"

En disant cela, la marionnette fit deux pas pour y aller
Thus saying, the puppet made two steps to go
Mais il s'est arrêté à mi-chemin
but then he stopped halfway in his track
et, se tournant vers son ami, il demanda :
and, turning to his friend, he inquired:
— Mais êtes-vous bien sûr de tout cela ?
"But are you quite certain about all this?"
« Dans ce pays, toutes les semaines se composent de six samedis ? »
"in that country all the weeks consist of six Saturdays?"
et le reste de la semaine consiste en dimanches ?
"and the rest of the week consists of Sundays?"
« tous les jours de la semaine consistent très certainement en six samedis »
"all the weekdays most certainly consist of six Saturdays"
« et le reste des jours sont en effet des dimanches »
"and the rest of the days are indeed Sundays"
« Et êtes-vous bien sûr des vacances ? »
"and are you quite sure about the holidays?"
« les vacances commencent définitivement le premier janvier ? »
"the holidays definitely begin on the first of January?"
et vous êtes sûr que les vacances se terminent le dernier jour de décembre ?
"and you're sure the holidays finish on the last day of December?"
« Je suis assurément certain que c'est comme ça »
"I am assuredly certain that this is how it is"
« Quel pays délicieux ! » répéta Pinocchio
"What a delightful country!" repeated Pinocchio
et il fut enchanté de tout ce qu'il avait entendu
and he was enchanted by all that he had heard
cette fois, Pinocchio parla avec plus de fermeté
this time Pinocchio spoke more resolute
« Cette fois, vraiment au revoir »
"This time really good-bye"

« Je vous souhaite un bon voyage et une bonne vie »
"I wish you pleasant journey and life"
« Au revoir, mon ami, » s'inclina Mèche-bougie
"Good-bye, my friend," bowed Candle-wick
— Quand commencez-vous ? demanda Pinocchio
"When do you start?" inquired Pinocchio
« Je vais partir très bientôt »
"I will be leaving very soon"
Quel dommage que vous deviez partir si tôt !
"What a pity that you must leave so soon!"
« Je serais presque tenté d'attendre »
"I would almost be tempted to wait"
– Et la fée ? demanda Mèche-bougie
"And the Fairy?" asked Candle-wick
« Il est déjà tard », confirma Pinocchio
"It is already late," confirmed Pinocchio
« Je peux rentrer chez moi une heure plus tôt »
"I can return home an hour sooner"
« ou je peux rentrer chez moi une heure plus tard »
"or I can return home an hour later"
« Vraiment, ce sera la même chose »
"really it will be all the same"
« Mais que se passe-t-il si la fée te gronde ? »
"but what if the Fairy scolds you?"
« Il faut que j'aie de la patience ! »
"I must have patience!"
« Je vais la laisser me gronder »
"I will let her scold me"
« Quand elle aura bien grondé, elle se taira »
"When she has scolded well she will hold her tongue"
Entre-temps, la nuit était venue
In the meantime night had come on
et à présent, il faisait assez sombre
and by now it had gotten quite dark
Soudain, ils virent au loin une petite lumière se déplacer
Suddenly they saw in the distance a small light moving

ils entendirent un bruit de conversation
they heard a noise of talking
et il y eut le son d'une trompette
and there was the sound of a trumpet
mais le son était encore petit et faible
but the sound was still small and feeble
aussi le bruit ressemblait-il encore au bourdonnement d'un moustique
so the sound still resembled the hum of a mosquito
« Le voici ! » cria Mèche-Bougie en sautant sur ses pieds
"Here it is!" shouted Candle-wick, jumping to his feet
« Qu'est-ce que c'est ? » demanda Pinocchio à voix basse
"What is it?" asked Pinocchio in a whisper
« C'est la voiture qui vient me prendre »
"It is the carriage coming to take me"
« Alors veux-tu venir, oui ou non ? »
"so will you come, yes or no?"
« Mais est-ce vraiment vrai ? » demanda la marionnette
"But is it really true?" asked the puppet
« Dans ce pays, les garçons ne sont jamais obligés d'étudier?»
"in that country boys are never obliged to study?"
« Jamais, jamais, et plus jamais ! »
"Never, never, and never again!"
« Quel pays délicieux ! »
"What a delightful country!"

Pinocchio profite de six mois de bonheur
Pinocchio Enjoys Six Months of Happiness

Enfin, le chariot arriva enfin
At last the wagon finally arrived
et il arriva sans faire le moindre bruit
and it arrived without making the slightest noise
parce que ses roues étaient liées avec du lin et des chiffons
because its wheels were bound with flax and rags
Il était tiré par douze paires d'ânes
It was drawn by twelve pairs of donkeys
tous les ânes étaient de la même taille
all the donkeys were the same size
mais chaque âne était d'une couleur différente
but each donkey was a different colour
Certains des ânes étaient gris
Some of the donkeys were gray
et certains des ânes étaient blancs
and some of the donkeys were white
et quelques ânes étaient bringés comme du poivre et du sel
and some donkeys were brindled like pepper and salt
et d'autres ânes avaient de grandes rayures jaunes et bleues
and other donkeys had large stripes of yellow and blue
Mais il y avait quelque chose de très extraordinaire à leur sujet
But there was something most extraordinary about them
ils n'étaient pas ferrés comme les autres bêtes de somme
they were not shod like other beasts of burden
Sur leurs pieds, les ânes avaient des bottes d'homme
on their feet the donkeys had men's boots
« Et le cocher ? » me direz-vous
"And the coachman?" you may ask
Imaginez-vous un petit homme plus large que long
Picture to yourself a little man broader than long
flasque et gras comme un morceau de beurre
flabby and greasy like a lump of butter
avec un petit visage rond comme une orange

with a small round face like an orange
une petite bouche qui riait toujours
a little mouth that was always laughing
et une voix douce et caressante de chat
and a soft, caressing voice of a cat
Tous les garçons se sont battus pour leur place dans le carrosse
All the boys fought for their place in the coach
ils voulaient tous être conduits au pays des Oiseaux fous
they all wanted to be conducted to the Land of Boobies
La voiture était, en fait, assez pleine de garçons
The carriage was, in fact, quite full of boys
et tous les garçons avaient entre huit et quatorze ans
and all the boys were between eight and fourteen years
les garçons étaient entassés les uns sur les autres
the boys were heaped one upon another
tout comme les harengs sont pressés dans un baril
just like herrings are squeezed into a barrel
Ils étaient mal à l'aise et serrés les uns contre les autres
They were uncomfortable and packed closely together
et ils pouvaient à peine respirer
and they could hardly breathe
mais aucun des garçons ne songea à grommeler
but not one of the boys thought of grumbling
ils étaient consolés par les promesses de leur destination
they were consoled by the promises of their destination
un endroit sans livres, sans écoles et sans maîtres
a place with no books, no schools, and no masters
cela les rendait si heureux et résignés
it made them so happy and resigned
et ils ne ressentaient ni fatigue ni inconvénient
and they felt neither fatigue nor inconvenience
ni faim, ni soif, ni manque de sommeil
neither hunger, nor thirst, nor want of sleep
bientôt le chariot les atteignit
soon the wagon had reached them
le petit homme se tourna droit vers Mèche-Bougie

the little man turned straight to Candle-wick
Il avait mille sourires et grimaces
he had a thousand smirks and grimaces
« Dis-moi, mon brave garçon ; »
"Tell me, my fine boy;"
« Voulez-vous aussi aller dans le pays fortuné ? »
"would you also like to go to the fortunate country?"
« Je veux certainement y aller »
"I certainly wish to go"
« Mais je dois vous prévenir, ma chère enfant »
"But I must warn you, my dear child"
« Il n'y a plus de place dans le wagon »
"there is not a place left in the wagon"
« Vous pouvez voir par vous-même qu'il est assez plein »
"You can see for yourself that it is quite full"
— N'importe, répondit Mèche-Bougie
"No matter," replied Candle-wick
« Je n'ai pas besoin de m'asseoir dans le wagon »
"I do not need to sit in the wagon"
« Je m'assiérai sur l'arche de la roue »
"I will sit on the arch of the wheel"
Et d'un bond, il s'assit au-dessus de la roue
And with a leap he sat above the wheel
« Et toi, mon amour ! » dit le petit homme
"And you, my love!" said the little man
et il se tourna d'une manière flatteuse vers Pinocchio
and he turned in a flattering manner to Pinocchio
« Qu'avez-vous l'intention de faire ? »
"what do you intend to do?"
« Tu viens avec nous ? »
"Are you coming with us?
« Ou allez-vous rester en arrière ? »
"or are you going to remain behind?"
— Je resterai en arrière, répondit Pinocchio
"I will remain behind," answered Pinocchio
« Je rentre chez moi », répondit-il fièrement
"I am going home," he answered proudly

« J'ai l'intention d'étudier, comme tous les garçons bien conduits »
"I intend to study, as all well conducted boys do"
« Que cela vous fasse beaucoup de bien ! »
"Much good may it do you!"
« Pinocchio ! » cria Mèche-Bougie
"Pinocchio!" called out Candle-wick
« Viens avec nous et nous nous amuserons tellement »
"come with us and we shall have such fun"
— Non, non, et encore non ! répondit Pinocchio
"No, no, and no again!" answered Pinocchio
Un chœur de cent voix cria du carrosse
a chorus of hundred voices shouted from the the coach
« Venez avec nous et nous nous amuserons tellement »
"Come with us and we shall have so much fun"
mais la marionnette n'en était pas du tout sûre
but the puppet was not at all sure
si je viens avec vous, que dira ma bonne fée ?
"if I come with you, what will my good Fairy say?"
et il commençait à céder
and he was beginning to yield
« Ne vous troublez pas la tête avec des pensées mélancoliques »
"Do not trouble your head with melancholy thoughts"
« Considérez seulement à quel point ce sera délicieux »
"consider only how delightful it will be"
« nous allons au pays des Oiseaux fous »
"we are going to the Land of the Boobies"
« Toute la journée, nous serons libres de nous déchaîner »
"all day we shall be at liberty to run riot"
Pinocchio ne répondit pas, mais il soupira
Pinocchio did not answer, but he sighed
Il soupira à nouveau, puis soupira pour la troisième fois
he sighed again, and then sighed for the third time
finalement Pinocchio se décida
finally Pinocchio made up his mind
« Faites-moi un peu de place »

"Make a little room for me"
« parce que j'aimerais venir aussi »
"because I would like to come, too"
« Les places sont toutes pleines », répondit le petit homme
"The places are all full," replied the little man
« Mais, laissez-moi vous montrer à quel point vous êtes les bienvenus »
"but, let me show you how welcome you are"
« Je vais vous laisser ma place sur la boîte »
"I will let you have my seat on the box"
« Et où allez-vous vous asseoir ? »
"And where will you sit?"
« Oh, j'irai à pied »
"Oh, I will go on foot"
« Non, en effet, je ne pouvais pas permettre cela »
"No, indeed, I could not allow that"
« Je préfère monter sur un de ces ânes »
"I would rather mount one of these donkeys"
alors Pinocchio monta sur le premier âne
so Pinocchio went up the the first donkey
et il essaya de monter sur l'animal
and he attempted to mount the animal
mais le petit âne se retourna contre lui
but the little donkey turned on him
et l'âne lui donna un grand coup dans l'estomac
and the donkey gave him a great blow in the stomach
et il le renversa avec les jambes en l'air
and it rolled him over with his legs in the air
Tous les garçons avaient regardé ça
all the boys had been watching this
Vous pouvez donc imaginer les rires du chariot
so you can imagine the laughter from the wagon
Mais le petit homme ne rit pas
But the little man did not laugh
Il s'approcha de l'âne rebelle
He approached the rebellious donkey
et d'abord il fit semblant de l'embrasser

and at first he pretended to kiss him
mais il se mordit la moitié de l'oreille
but then he bit off half of his ear
Pinocchio, entre-temps, s'était levé du sol
Pinocchio in the meantime had gotten up from the ground
il était encore très fâché avec l'animal
he was still very cross with the animal
mais d'un bond il sauta sur lui
but with a spring he jumped onto him
et il s'assit sur le dos du pauvre animal
and he seated himself on the poor animal's back
Et il sauta si bien que les garçons cessèrent de rire
And he sprang so well that the boys stopped laughing
et ils se mirent à crier : « Hourra, Pinocchio ! »
and they began to shout: "Hurrah, Pinocchio!"
et ils battaient des mains et l'applaudissaient
and they clapped their hands and applauded him
bientôt les ânes galopèrent sur la piste
soon the donkeys were galloping down the track
et le chariot cliquetait sur les pierres
and the wagon was rattling over the stones
mais la marionnette crut entendre une voix basse
but the puppet thought that he heard a low voice
« Pauvre imbécile ! tu aurais dû suivre ton propre chemin"
"Poor fool! you should have followed your own way"
mais vous vous repentirez d'être venu !
"but but you will repent having come!"
Pinocchio était un peu effrayé par ce qu'il avait entendu
Pinocchio was a little frightened by what he had heard
il regarda d'un côté à l'autre pour voir ce que c'était
he looked from side to side to see what it was
Il essaya de voir d'où pouvaient venir ces mots
he tried to see where these words could have come from
mais peu importe où il regardait, il ne voyait personne
but regardless of of where he looked he saw nobody
Les ânes galopaient et le chariot s'ébranlait
The donkeys galloped and the wagon rattled

et pendant tout ce temps, les garçons à l'intérieur dormaient
and all the while the boys inside slept
La mèche de la bougie ronflait comme un loir
Candle-wick snored like a dormouse
et le petit homme s'assit sur la boîte
and the little man seated himself on the box
et il chantait des chansons entre ses dents
and he sang songs between his teeth
« Pendant la nuit, tout le sommeil »
"During the night all sleep"
« Mais je ne dors jamais »
"But I sleep never"
bientôt ils avaient fait un autre kilomètre
soon they had gone another mile
Pinocchio entendit à nouveau la même petite voix basse
Pinocchio heard the same little low voice again
« Garde-le à l'esprit, idiot ! »
"Bear it in mind, simpleton!"
« Il y a des garçons qui refusent d'étudier »
"there are boys who refuse to study"
« Ils tournent le dos aux livres »
"they turn their backs upon books"
"Ils pensent qu'ils sont trop bons pour aller à l'école
"they think they're too good to go to school
« Et ils n'obéissent pas à leurs maîtres »
"and they don't obey their masters"
« Ils passent leur temps à jouer et à s'amuser »
"they pass their time in play and amusement"
« Mais tôt ou tard, ils finissent mal »
"but sooner or later they come to a bad end"
« Je le sais par expérience »
"I know it from my experience"
« et je peux vous dire comment cela finit toujours »
"and I can tell you how it always ends"
« Un jour viendra où tu pleureras »
"A day will come when you will weep"
« tu pleureras comme je pleure maintenant »

"you will weep just as I am weeping now"
mais alors il sera trop tard !
"but then it will be too late!"
les mots avaient été murmurés très doucement
the words had been whispered very softly
mais Pinocchio pouvait être sûr de ce qu'il avait entendu
but Pinocchio could be sure of what he had heard
La marionnette était plus effrayée que jamais
the puppet was more frightened than ever
Il sauta du dos de son âne
he sprang down from the back of his donkey
et il alla saisir la bouche de l'âne
and he went and took hold of the donkey's mouth
vous pouvez imaginer la surprise de Pinocchio devant ce qu'il a vu
you can imagine Pinocchio's surprise at what he saw
l'âne pleurait comme un garçon !
the donkey was crying just like a boy!
— Hein ! Monsieur le cocher, s'écria Pinocchio
"Eh! Sir Coachman," cried Pinocchio
voilà une chose extraordinaire !
"here is an extraordinary thing!"
« Cet âne pleure »
"This donkey is crying"
— Qu'il pleure, dit le cocher
"Let him cry," said the coachman
« Il rira quand il sera marié »
"he will laugh when he is a bridegroom"
— Mais lui avez-vous appris par hasard à parler ?
"But have you by chance taught him to talk?"
— Non ; mais il a passé trois ans avec des chiens instruits"
"No; but he spent three years with learned dogs"
« Et il a appris à marmonner quelques mots »
"and he learned to mutter a few words"
— Pauvre bête ! ajouta le cocher
"Poor beast!" added the coachman
« Mais ne t'inquiète pas, » dit le petit homme

"but don't you worry," said the little man
« Ne perdons pas de temps à voir un âne pleurer »
"don't let us waste time in seeing a donkey cry"
« Montez-le et allons-y »
"Mount him and let us go on"
« La nuit est froide et la route est longue »
"the night is cold and the road is long"
Pinocchio obéit sans un mot de plus
Pinocchio obeyed without another word

Au matin, vers l'aube, ils arrivèrent
In the morning about daybreak they arrived
ils étaient maintenant en sécurité au pays des Boobie Birds
they were now safely in the Land of Boobie Birds
C'était un pays qui ne ressemblait à aucun autre pays au monde
It was a country unlike any other country in the world
La population était entièrement composée de garçons
The population was composed entirely of boys
L'aîné des garçons avait quatorze ans
The oldest of the boys were fourteen
et les plus jeunes avaient à peine huit ans
and the youngest were scarcely eight years old
Dans les rues, il y avait une grande gaieté
In the streets there was great merriment

sa vue suffisait à faire tourner la tête de n'importe qui
the sight of it was enough to turn anybody's head
Il y avait des troupes de garçons partout
There were troops of boys everywhere
Certains jouaient avec des noix qu'ils avaient trouvées
Some were playing with nuts they had found
certains jouaient à des jeux avec des batailledores
some were playing games with battledores
beaucoup de garçons jouaient au football
lots of boys were playing football
Certains montaient des vélocipèdes, d'autres des chevaux de bois
Some rode velocipedes, others wooden horses
Un groupe de garçons jouait à cache-cache
A party of boys were playing hide and seek
Quelques garçons se poursuivaient
a few boys were chasing each other
Certains récitaient et chantaient des chansons
Some were reciting and singing songs
d'autres sautaient simplement en l'air
others were just leaping into the air
Certains s'amusaient à marcher sur leurs mains
Some amused themselves with walking on their hands
d'autres traînaient des cerceaux le long de la route
others were trundling hoops along the road
et certains se pavanaient habillés en généraux
and some were strutting about dressed as generals
Ils portaient des casques faits de feuilles
they were wearing helmets made from leaves
et ils commandaient un escadron de soldats en carton
and they were commanding a squadron of cardboard soldiers
Certains riaient et d'autres criaient
Some were laughing and some shouting
et certains criaient des choses stupides
and some were calling out silly things
d'autres battaient des mains ou sifflaient
others clapped their hands, or whistled

certains gloussèrent comme une poule qui vient de pondre un œuf
some clucked like a hen who has just laid an egg
Sur chaque place, des théâtres de toile avaient été érigés
In every square, canvas theatres had been erected
et ils étaient bondés de garçons toute la journée
and they were crowded with boys all day long
Sur les murs des maisons, il y avait des inscriptions
On the walls of the houses there were inscriptions
« Vive les jouets »
"Long live the playthings"
« Nous n'aurons plus d'écoles »
"we will have no more schools"
« Dans les toilettes avec l'arithmétique »
"down the toilet with arithmetic"
et d'autres beaux sentiments semblables furent écrits
and similar other fine sentiments were written
Bien sûr, tous les slogans étaient mal orthographiés
of course all the slogans were in bad spelling
Pinocchio, Mèche-bougie et les autres garçons se rendirent à la ville
Pinocchio, Candle-wick and the other boys went to the town
ils étaient au cœur du tumulte
they were in the thick of the tumult
et je n'ai pas besoin de vous dire à quel point c'était amusant
and I need not tell you how fun it was
En quelques minutes, ils se sont familiarisés avec tout le monde
within minutes they acquainted themselves with everybody
Où pouvait-on trouver des garçons plus heureux ou plus satisfaits ?
Where could happier or more contented boys be found?
les heures, les jours et les semaines passèrent comme l'éclair
the hours, days and weeks passed like lightning
Le temps passe vite quand on s'amuse
time flies when you're having fun
« Oh, quelle vie délicieuse ! » dit Pinocchio

"Oh, what a delightful life!" said Pinocchio

— Voyez-vous, n'avais-je pas raison ? répondit Mèche-bougie

"See, then, was I not right?" replied Candle-wick

— Et dire que vous ne vouliez pas venir !

"And to think that you did not want to come!"

« Imagine que tu sois rentré chez toi auprès de ta fée »

"imagine you had returned home to your Fairy"

« Tu voulais perdre ton temps à étudier ! »

"you wanted to lose your time in studying!"

« Maintenant, vous êtes libéré de l'ennui des livres »

"now you are free from the bother of books"

« Tu dois reconnaître que tu me le dois »

"you must acknowledge that you owe it to me"

« seuls les amis savent rendre de si grands services »

"only friends know how to render such great services"

— C'est vrai, Mèche-bougie ! confirma Pinocchio

"It is true, Candle-wick!" confirmed Pinocchio

« Si je suis maintenant un garçon heureux, c'est de ta faute »

"If I am now a happy boy, it is all your doing"

— Mais savez-vous ce que disait le maître ?

"But do you know what the master used to say?"

« Ne vous associez pas à ce coquin de Mèche de bougie »

"Do not associate with that rascal Candle-wick"

« Parce qu'il est un mauvais compagnon pour toi »

"because he is a bad companion for you"

et il ne fera que vous induire en méfait !

"and he will only lead you into mischief!"

— Pauvre maître ! répondit l'autre en secouant la tête

"Poor master!" replied the other, shaking his head

« Je ne sais que trop bien qu'il ne m'aimait pas. »

"I know only too well that he disliked me"

« Et il s'est amusé à me rendre la vie difficile »

"and he amused himself by making my life hard"

mais je suis généreuse, et je lui pardonne !

"but I am generous, and I forgive him!"

« tu es une âme noble ! » dit Pinocchio

"you are a noble soul!" said Pinocchio
et il embrassa affectueusement son ami
and he embraced his friend affectionately
et il l'embrassa entre les yeux
and he kissed him between the eyes
Cette vie délicieuse durait depuis cinq mois
This delightful life had gone on for five months
Les journées avaient été entièrement consacrées au jeu et à l'amusement
The days had been entirely spent in play and amusement
pas une pensée n'était consacrée aux livres ou à l'école
not a thought was spent on books or school
mais un matin, Pinocchio se réveilla avec une surprise des plus désagréables
but one morning Pinocchio awoke to a most disagreeable surprise
ce qu'il vit le mit de très mauvaise humeur
what he saw put him into a very bad humour

Pinocchio se transforme en âne
Pinocchio Turns into a Donkey

quand il Pinocchio s'est réveillé, il s'est gratté la tête
when he Pinocchio awoke he scratched his head
En se grattant la tête, il a découvert quelque chose...
when scratching his head he discovered something...
ses oreilles avaient poussé plus qu'une main !
his ears had grown more than a hand!
Vous pouvez imaginer sa surprise
You can imagine his surprise
parce qu'il avait toujours eu de très petites oreilles
because he had always had very small ears
Il partit aussitôt à la recherche d'un miroir
He went at once in search of a mirror
il devait mieux se regarder
he had to have a better look at himself

mais il n'a pu trouver aucune sorte de miroir
but he was not able to find any kind of mirror
Il remplit donc la bassine d'eau
so he filled the basin with water
et il vit un reflet qu'il n'avait jamais voulu voir
and he saw a reflection he never wished to see
une magnifique paire d'oreilles d'âne ornait sa tête !
a magnificent pair of donkey's ears embellished his head!
pensez au chagrin, à la honte et au désespoir du pauvre Pinocchio !
think of poor Pinocchio's sorrow, shame and despair!
Il se mit à pleurer et à rugir
He began to cry and roar
et il se frappa la tête contre le mur
and he beat his head against the wall
mais plus il pleurait, plus ses oreilles grandissaient
but the more he cried the longer his ears grew
et ses oreilles grandissaient, grandissaient, grandissaient et grandissaient
and his ears grew, and grew, and grew
et ses oreilles devinrent velues vers les pointes
and his ears became hairy towards the points
une petite marmotte entendit les grands cris de Pinocchio
a little Marmot heard Pinocchio's loud cries
Voyant la marionnette dans un tel chagrin, elle demanda sérieusement :
Seeing the puppet in such grief she asked earnestly:
– Que vous est-il arrivé, mon cher compagnon de logement ?
"What has happened to you, my dear fellow-lodger?"
« Je suis malade, ma chère petite marmotte »
"I am ill, my dear little Marmot"
« Très malade, et ma maladie m'effraie »
"very ill, and my illness frightens me"
« Comprenez-vous compter un pouls ? »
"Do you understand counting a pulse?"
— Un peu, sanglota Pinocchio
"A little," sobbed Pinocchio

« **Alors tâte et vois si par hasard j'ai de la fièvre** »
"Then feel and see if by chance I have got fever"
La petite marmotte leva sa patte de devant droite
The little Marmot raised her right fore-paw
et la petite marmotte tâta le pouls de Pinocchio
and the little Marmot felt Pinocchio's pulse
et elle lui dit en soupirant :
and she said to him, sighing:
« **Mon ami, cela me fait beaucoup de peine** »
"My friend, it grieves me very much"
mais je suis obligé de vous donner de mauvaises nouvelles !
"but I am obliged to give you bad news!"
« **Qu'est-ce que c'est ?** » **demanda Pinocchio**
"What is it?" asked Pinocchio
« **Vous avez une très mauvaise fièvre !** »
"You have got a very bad fever!"
« **Quelle est cette fièvre ?** »
"What fever is it?"
« **Vous avez un cas de fièvre de l'âne** »
"you have a case of donkey fever"
« **C'est une fièvre que je ne comprends pas** »
"That is a fever that I do not understand"
mais il ne le comprenait que trop bien
but he understood it only too well
— **Alors je vais vous l'expliquer, dit la marmotte**
"Then I will explain it to you," said the Marmot
« **Bientôt, tu ne seras plus une marionnette** »
"soon you will no longer be a puppet"
« **Cela ne prendra pas plus de deux ou trois heures** »
"it won't take longer than two or three hours"
« **Tu ne seras pas non plus un garçon** »
"nor will you be a boy either"
— **Alors, que serai-je ?**
"Then what shall I be?"
« **Tu seras bel et bien un petit âne** »
"you will well and truly be a little donkey"
« **Un âne comme ceux qui tirent les charrettes** »

"a donkey like those that draw the carts"
« Un âne qui transporte des choux au marché »
"a donkey that carries cabbages to market"
« Oh ! que je suis malheureux ! » s'écria Pinocchio
"Oh, how unfortunate I am!" cried Pinocchio
et il saisit ses deux oreilles avec ses mains
and he seized his two ears with his hands
et il tira et se déchira furieusement les oreilles
and he pulled and tore at his ears furiously
Il tira comme si c'était les oreilles de quelqu'un d'autre
he pulled as if they had been someone else's ears
« Mon cher garçon, dit la marmotte
"My dear boy," said the Marmot
et elle fit de son mieux pour le consoler
and she did her best to console him
« Vous ne pouvez rien y faire »
"you can do nothing about it"
« C'est ton destin de devenir un âne »
"It is your destiny to become a donkey"
« C'est écrit dans les décrets de la sagesse »
"It is written in the decrees of wisdom"
« Cela arrive à tous les garçons paresseux »
"it happens to all boys who are lazy"
« Cela arrive aux garçons qui n'aiment pas les livres »
"it happens to the boys that dislike books"
« Cela arrive aux garçons qui ne vont pas à l'école »
"it happens to the boys that don't go to schools"
« Et cela arrive aux garçons qui désobéissent à leurs maîtres »
"and it happens to boys who disobey their masters"
« tous les garçons qui passent leur temps à s'amuser »
"all boys who pass their time in amusement"
« Tous les garçons qui jouent à des jeux toute la journée »
"all the boys who play games all day"
« Des garçons qui se distraient avec des diversions »
"boys who distract themselves with diversions"
« Le même sort attend tous ces garçons »

"the same fate awaits all those boys"
« Tôt ou tard, ils deviennent des petits ânes »
"sooner or later they become little donkeys"
— Mais est-ce vraiment vrai ? demanda la marionnette en sanglotant
"But is it really so?" asked the puppet, sobbing
— Ce n'est que trop vrai !
"It is indeed only too true!"
« Et les larmes sont maintenant inutiles »
"And tears are now useless"
« Tu aurais dû y penser plus tôt ! »
"You should have thought of it sooner!"
"Mais ce n'était pas ma faute ; crois-moi, petite Marmotte"
"But it was not my fault; believe me, little Marmot"
la faute en était à Mèche-Bougie !
"the fault was all Candle-wick's!"
« Et qui est cette mèche de bougie ? »
"And who is this Candle-wick?"
« Mèche-bougie est l'un de mes camarades d'école »
"Candle-wick is one of my school-fellows"
« Je voulais rentrer chez moi et être obéissante »
"I wanted to return home and be obedient"
« Je voulais étudier et être un bon garçon »
"I wished to study and be a good boy"
« mais Mèche de bougie m'a convaincu du contraire »
"but Candle-wick convinced me otherwise"
« Pourquoi devriez-vous vous donner la peine d'étudier ? »
'Why should you bother yourself by studying?'
« Pourquoi devriez-vous aller à l'école ? »
'Why should you go to school?'
« Venez plutôt avec nous au pays des Oiseaux fous »
'Come with us instead to the Land of Boobies Birds'
« Là, aucun de nous n'aura à apprendre »
'there we shall none of us have to learn'
« Nous nous amuserons du matin au soir »
'we will amuse ourselves from morning to night'
« Et nous serons toujours joyeux »

'and we shall always be merry'
« Cet ami à toi était faux »
"that friend of yours was false"
« Pourquoi as-tu suivi son conseil ? »
"why did you follow his advice?"
« Parce que, ma chère petite Marmotte, je suis une marionnette »
"Because, my dear little Marmot, I am a puppet"
« Je n'ai ni sens ni cœur »
"I have no sense and no heart"
« si j'avais eu un cœur, je ne serais jamais parti »
"if I had had a heart I would never have left"
« J'ai quitté ma bonne fée qui m'aimait comme une maman »
"I left my good Fairy who loved me like a mamma"
la bonne fée qui avait tant fait pour moi !
"the good Fairy who had done so much for me!"
« Et je n'allais plus être une marionnette »
"And I was going to be a puppet no longer"
« Je serais devenu un petit garçon à ce moment-là »
"I would by this time have become a little boy"
« et je serais comme les autres garçons »
"and I would be like the other boys"
« Mais si je rencontre Mèche-Bougie, malheur à lui ! »
"But if I meet Candle-wick, woe to him!"
— Il entendra ce que je pense de lui !
"He shall hear what I think of him!"
Et il se retourna pour sortir
And he turned to go out
Mais il se souvint alors qu'il avait des oreilles d'âne
But then he remembered he had donkey's ears
Bien sûr, il avait honte de montrer ses oreilles en public
of course he was ashamed to show his ears in public
Alors, que pensez-vous qu'il a fait ?
so what do you think he did?
Il prit un grand chapeau de coton
He took a big cotton hat
et il mit le chapeau de coton sur sa tête

and he put the cotton hat on his head
et il tira le chapeau bien sur son nez
and he pulled the hat well down over his nose
Il partit alors à la recherche de Mèche de bougie
He then set out in search of Candle-wick
Il l'a cherché dans les rues
He looked for him in the streets
et il le cherchait dans les petits théâtres
and he looked for him in the little theatres
il regardait dans tous les endroits possibles
he looked in every possible place
mais il ne pouvait pas le trouver où qu'il regarde
but he could not find him wherever he looked
Il s'enquit de lui auprès de tous ceux qu'il rencontrait
He inquired for him of everybody he met
mais personne ne semblait l'avoir vu
but no one seemed to have seen him
Il alla ensuite le chercher chez lui
He then went to seek him at his house
et, arrivé à la porte, il frappa
and, having reached the door, he knocked
« Qui est là ? » **demanda Mèche-Bougie de l'intérieur**
"Who is there?" asked Candle-wick from within
« C'est moi ! » **répondit la marionnette**
"It is I!" answered the puppet
« Attends un moment et je te laisserai entrer »
"Wait a moment and I will let you in"
Au bout d'une demi-heure, la porte s'ouvrit
After half an hour the door was opened
vous pouvez maintenant imaginer ce que Pinocchio ressentait à ce qu'il a vu
now you can imagine Pinocchio's feeling at what he saw
son ami avait aussi un grand chapeau de coton sur la tête
his friend also had a big cotton hat on his head
À la vue du bonnet, Pinocchio se sentit presque consolé
At the sight of the cap Pinocchio felt almost consoled
et Pinocchio pensa en lui-même :

and Pinocchio thought to himself:
« Mon ami a-t-il la même maladie que moi ? »
"Has my friend got the same illness that I have?"
« Souffre-t-il aussi de la fièvre de l'âne ? »
"Is he also suffering from donkey fever?"
mais d'abord Pinocchio fit semblant de ne pas l'avoir remarqué
but at first Pinocchio pretended not to have noticed
Il lui a juste posé une question en souriant :
he just casually asked him a question, smiling:
« Comment allez-vous, ma chère Mèche-bougie ? »
"How are you, my dear Candle-wick?"
« ainsi qu'une souris dans un parmesan »
"as well as a mouse in a Parmesan cheese"
« Tu dis ça sérieusement ? »
"Are you saying that seriously?"
« Pourquoi devrais-je vous dire un mensonge ? »
"Why should I tell you a lie?"
mais pourquoi donc portez-vous un chapeau de coton ?
"but why, then, do you wear a cotton hat?"
« Il couvre toutes vos oreilles »
"is covers up all of your ears"
« Le médecin m'a ordonné de le porter »
"The doctor ordered me to wear it"
« parce que j'ai blessé ce genou »
"because I have hurt this knee"
— Et toi, chère marionnette, demanda Mèche-de-Bougie
"And you, dear puppet," asked Candle-wick
« Pourquoi as-tu tiré ce chapeau de coton sur ton nez ? »
"why have you pulled that cotton hat passed your nose?"
« Le médecin l'a prescrit parce que je me suis écorché le pied »
"The doctor prescribed it because I have grazed my foot"
« Oh, pauvre Pinocchio ! » - « Oh, pauvre Mèche de bougie !»
"Oh, poor Pinocchio!" - "Oh, poor Candle-wick!"
Après ces paroles, un long silence suivit
After these words a long silence followed

Les deux amis ne firent rien d'autre que de se regarder d'un air moqueur
the two friends did nothing but look mockingly at each other
Enfin la marionnette dit d'une voix douce à son compagnon :
At last the puppet said in a soft voice to his companion:
« Satisfaire ma curiosité, ma chère Mèche-Bougie. »
"Satisfy my curiosity, my dear Candle-wick"
« Avez-vous déjà souffert d'une maladie des oreilles ? »
"have you ever suffered from disease of the ears?"
« Je n'ai jamais souffert d'une maladie des oreilles ! »
"I have never suffered from disease of the ears!"
— Et vous, Pinocchio ? demanda Mèche-bougie
"And you, Pinocchio?" asked Candle-wick
« Avez-vous déjà souffert d'une maladie des oreilles ? »
"have you ever suffered from disease of the ears?"
« Je n'ai jamais souffert de cette maladie non plus »
"I have never suffered from that disease either"
« Seulement depuis ce matin, j'ai mal aux oreilles »
"Only since this morning one of my ears aches"
« Mon oreille me fait aussi mal »
"my ear is also paining me"
« Et laquelle de tes oreilles te fait mal ? »
"And which of your ears hurts you?"
« Mes deux oreilles me font mal »
"Both of my ears happen to hurt"
« Et toi ? »
"And what about you?"
« Mes deux oreilles me font mal aussi »
"Both of my ears happen to hurt too"
Pouvons-nous avoir eu la même maladie ?
Can we have got the same illness?"
« Je crains que nous ayons attrapé de la fièvre »
"I fear we might have caught a fever"
« Voulez-vous me faire du bien, Mèche de bougie ? »
"Will you do me a kindness, Candle-wick?"
— Volontiers ! De tout mon cœur"
"Willingly! With all my heart"

« Voulez-vous me laisser voir vos oreilles ? »
"Will you let me see your ears?"
« Pourquoi refuserais-je votre demande ? »
"Why would I deny your request?"
« Mais d'abord, mon cher Pinocchio, je voudrais voir le vôtre»
"But first, my dear Pinocchio, I should like to see yours"
« Non : vous devez le faire d'abord »
"No: you must do so first"
« Non, ma chère. D'abord toi et ensuite moi !"
"No, dear. First you and then I!"
« Eh bien, » dit la marionnette
"Well," said the puppet
« Mettons-nous d'accord comme de bons amis »
"let us come to an agreement like good friends"
« Laissez-moi entendre ce qu'est cet accord »
"Let me hear what this agreement is"
« Nous allons tous les deux enlever nos chapeaux au même moment »
"We will both take off our hats at the same moment"
« Êtes-vous d'accord pour le faire ? »
"Do you agree to do it?"
« Je suis d'accord, et vous avez ma parole »
"I agree, and you have my word"
Et Pinocchio se mit à compter d'une voix forte :
And Pinocchio began to count in a loud voice:
« Un, deux, trois ! » compta-t-il
"One, two, three!" he counted
À « Trois heures ! », les deux garçons ont enlevé leurs chapeaux
At "Three!" the two boys took off their hats
et ils jetèrent leurs chapeaux en l'air
and they threw their hats into the air
et vous auriez dû voir la scène qui suivit
and you should have seen the scene that followed
cela semblerait incroyable si ce n'était pas vrai
it would seem incredible if it were not true

ils virent qu'ils étaient tous deux frappés par le même malheur
they saw they were both struck by the same misfortune
mais ils n'éprouvaient ni mortification ni chagrin
but they felt neither mortification nor grief
au lieu de cela, ils commencèrent à dresser leurs oreilles disgracieuses
instead they began to prick their ungainly ears
et ils commencèrent à faire mille bouffonneries
and they began to make a thousand antics
ils ont fini par éclater de rire
they ended by going into bursts of laughter
Et ils rirent, rirent, et rirent
And they laughed, and laughed, and laughed
jusqu'à ce qu'ils aient à se tenir ensemble
until they had to hold themselves together

Mais au milieu de leur gaieté, quelque chose se passa
But in the midst of their merriment something happened
Mèche de bougie cessa soudain de rire et de plaisanter
Candle-wick suddenly stopped laughing and joking
il titubait et changeait de couleur
he staggered around and changed colour
« Au secours, au secours, Pinocchio ! » cria-t-il
"Help, help, Pinocchio!" he cried
« Qu'avez-vous ? »

"What is the matter with you?"
« Hélas, je ne peux plus me tenir debout »
"Alas, I cannot any longer stand upright"
— Moi non plus, s'écria Pinocchio
"Neither can I," exclaimed Pinocchio
et il se mit à chanceler et à pleurer
and he began to totter and cry
Et pendant qu'ils parlaient, ils se sont tous deux doublés
And whilst they were talking, they both doubled up
et ils se mirent à courir autour de la chambre sur leurs mains et leurs pieds
and they began to run round the room on their hands and feet
Et tandis qu'ils couraient, leurs mains devenaient des sabots
And as they ran, their hands became hoofs
leurs visages s'allongeaient en museaux
their faces lengthened into muzzles
et leur dos se couvrit d'un poil gris clair
and their backs became covered with a light gray hairs
et leurs cheveux étaient parsemés de noir
and their hair was sprinkled with black
Mais savez-vous quel a été le pire moment ?
But do you know what was the worst moment?
un moment était pire que tous les autres
one moment was worse than all the others
Les deux garçons ont poussé des queues d'âne
both of the boys grew donkey tails
les garçons ont été vaincus par la honte et le chagrin
the boys were vanquished by shame and sorrow
et ils pleuraient et se lamentaient sur leur sort
and they wept and lamented their fate
Oh, s'ils avaient été plus sages !
Oh, if they had but been wiser!
mais ils ne pouvaient pas se lamenter sur leur sort
but they couldn't lament their fate
parce qu'ils ne pouvaient brailler que comme des ânes
because they could only bray like asses
et ils braillèrent bruyamment en chœur : « Hee-haw ! »

and they brayed loudly in chorus: "Hee-haw!"
Pendant ce temps, quelqu'un frappa à la porte
Whilst this was going on someone knocked at the door
et il y avait une voix à l'extérieur qui disait :
and there was a voice on the outside that said:
« Ouvrez la porte ! Je suis le petit homme"
"Open the door! I am the little man"
« Je suis le cocher qui vous a amené dans ce pays »
"I am the coachman who brought you to this country"
« Ouvrez tout de suite, ou ce sera pis pour vous ! »
"Open at once, or it will be the worse for you!"

Pinocchio est formé pour le cirque
Pinocchio gets Trained for the Circus

la porte ne s'ouvrait pas sur son ordre
the door wouldn't open at his command
alors le petit homme donna un violent coup de pied à la porte
so the little man gave the door a violent kick
et le cocher fit irruption dans la chambre
and the coachman burst into the room
Il parla avec son petit rire habituel :
he spoke with his usual little laugh:
« Bien joué, les gars ! Tu as bien braillé"
"Well done, boys! You brayed well"
« et je t'ai reconnu à tes voix »
"and I recognized you by your voices"
« C'est pourquoi je suis ici »
"That is why I am here"
Les deux petits ânes étaient tout à fait stupéfaits
the two little donkeys were quite stupefied
ils se tenaient debout, la tête baissée
they stood with their heads down
ils avaient les oreilles baissées
they had their ears lowered

et ils avaient la queue entre les jambes
and they had their tails between their legs
Au début, le petit homme les caressa et les caressa
At first the little man stroked and caressed them
puis il sortit un peigne à curry
then he took out a currycomb
et il peigna bien les ânes
and he currycombed the donkeys well
par ce procédé, il les avait polis
by this process he had polished them
et les deux ânes brillaient comme deux miroirs
and the two donkeys shone like two mirrors
il leur a mis un licol autour du cou
he put a halter around their necks
et il les conduisit sur la place du marché
and he led them to the market-place

il espérait les vendre
he was in hopes of selling them
il pensait qu'il pourrait obtenir un bon profit
he thought he could get a good profit
Et en effet, il y avait des acheteurs pour les ânes
And indeed there were buyers for the donkeys
La mèche de bougie a été achetée par un paysan
Candle-wick was bought by a peasant
son âne était mort la veille
his donkey had died the previous day

Pinocchio a été vendu au directeur d'une entreprise
Pinocchio was sold to the director of a company
c'était une compagnie de bouffons et de danseurs de corde raide
they were a company of buffoons and tight-rope dancers
il l'acheta pour qu'il lui apprît à danser
he bought him so that he might teach him to dance
il pouvait danser avec les autres animaux du cirque
he could dance with the other circus animals
Et maintenant, mes petits lecteurs, vous comprenez
And now, my little readers, you understand
Le petit homme n'était qu'un homme d'affaires
the little man was just a businessman
et c'était une entreprise rentable qu'il dirigeait
and it was a profitable business that he led
Le méchant petit monstre au visage de lait et de miel
The wicked little monster with a face of milk and honey
Il a fait de fréquents voyages autour du monde
he made frequent journeys round the world
il promettait et flattait partout où il allait
he promised and flattered wherever he went
et il rassembla tous les garçons oisifs
and he collected all the idle boys
et il y avait beaucoup de garçons oisifs à rassembler
and there were many idle boys to collect
tous les garçons qui avaient pris en aversion les livres
all the boys who had taken a dislike to books
et tous les garçons qui n'aimaient pas l'école
and all the boys who weren't fond of school
chaque fois que son chariot se remplissait de ces garçons
each time his wagon filled up with these boys
et il les emmena tous au pays des Boobie Birds
and he took them all to the Land of Boobie Birds
Là, ils passaient leur temps à jouer à des jeux
here they passed their time playing games
et il y eut du tumulte et beaucoup d'amusement
and there was uproar and much amusement

mais le même sort attendait tous les garçons trompés
but the same fate awaited all the deluded boys
trop de jeu et aucune étude les ont transformés en ânes
too much play and no study turned them into donkeys
puis il en prit possession avec une grande joie
then he took possession of them with great delight
et il les emmenait aux foires et aux marchés
and he carried them off to the fairs and markets
Et de cette façon, il gagna des tas d'argent
And in this way he made heaps of money
Je ne sais pas ce qu'il advint de Mèche de bougie
What became of Candle-wick I do not know
mais je sais ce qui est arrivé au pauvre Pinocchio
but I do know what happened to poor Pinocchio
Dès le premier jour, il a enduré une vie très dure
from the very first day he endured a very hard life
Pinocchio fut mis dans sa stalle
Pinocchio was put into his stall
et son maître remplit la crèche de paille
and his master filled the manger with straw
mais Pinocchio n'aimait pas du tout manger de la paille
but Pinocchio didn't like eating straw at all
et le petit âne cracha de nouveau la paille
and the little donkey spat the straw out again
Alors son maître, grommelant, remplit la mangeoire de foin
Then his master, grumbling, filled the manger with hay
mais le foin ne plaisait pas non plus à Pinocchio
but hay did not please Pinocchio either
— Ah ! s'écria son maître avec colère
"Ah!" exclaimed his master in a passion
— Le foin ne vous plaît-il pas non plus ?
"Does not hay please you either?"
« Laisse-moi faire, mon bel âne »
"Leave it to me, my fine donkey"
« Je vois que tu es plein de caprices »
"I see you are full of caprices"
mais ne vous inquiétez pas, je trouverai un moyen de vous

guérir !
"but worry not, I will find a way to cure you!"
Et il frappa les jambes de l'âne avec son fouet
And he struck the donkey's legs with his whip
Pinocchio se mit à pleurer et à brailler de douleur
Pinocchio began to cry and bray with pain
« Hee-haw ! Je ne peux pas digérer la paille !
"Hee-haw! I cannot digest straw!"
« Alors mangez du foin ! » dit son maître
"Then eat hay!" said his master
il comprenait parfaitement le dialecte stupide
he understood perfectly the asinine dialect
« Hee-haw ! Le foin me fait mal au ventre"
"Hee-haw! hay gives me a pain in my stomach"
« Je vois comme c'est petit âne »
"I see how it is little donkey"
« Tu voudrais être nourri de chapons en gelée »
"you would like to be fed with capons in jelly"
et il se mit de plus en plus en colère
and he got more and more angry
et il fouetta de nouveau le pauvre Pinocchio
and he whipped poor Pinocchio again
la deuxième fois que Pinocchio a tenu sa langue
the second time Pinocchio held his tongue
et il apprit à ne rien dire de plus
and he learned to say nothing more
L'écurie a ensuite été fermée
The stable was then shut
et Pinocchio resta seul
and Pinocchio was left alone
Il n'avait pas mangé depuis de nombreuses heures
He had not eaten for many hours
et il se mit à bâiller de faim
and he began to yawn from hunger
ses bâillements semblaient aussi larges qu'un four
his yawns seemed as wide as an oven
mais il ne trouva rien d'autre à manger

but he found nothing else to eat
il se résigna donc à son sort
so he resigned himself to his fate
et céda et mâcha un peu de foin
and gave in and chewed a little hay
Il mâcha bien le foin, car il était sec
he chewed the hay well, because it was dry
et il ferma les yeux et l'avala
and he shut his eyes and swallowed it
« Ce foin n'est pas mal, se dit-il
"This hay is not bad," he said to himself
mais il eût mieux valu que j'eusse étudié !
"but better would have been if I had studied!"
« Au lieu de foin, je pourrais maintenant manger du pain »
"Instead of hay I could now be eating bread"
« et peut-être que j'aurais mangé de bonnes saucisses »
"and perhaps I would have been eating fine sausages"
« Mais il faut que j'aie de la patience ! »
"But I must have patience!"
Le lendemain matin, il se réveilla à nouveau
The next morning he woke up again
Il chercha dans la crèche un peu plus de foin
he looked in the manger for a little more hay
mais il n'y avait plus de foin à trouver
but there was no more hay to be found
car il avait mangé tout le foin pendant la nuit
for he had eaten all the hay during the night
Puis il prit une bouchée de paille hachée
Then he took a mouthful of chopped straw
mais il dut reconnaître l'horrible goût
but he had to acknowledge the horrible taste
Il n'avait pas le moindre goût de macaronis ou de tarte
it tasted not in the least like macaroni or pie
« J'espère que d'autres vilains garçons apprendront de ma leçon »
"I hope other naughty boys learn from my lesson"
« Mais il faut que j'aie de la patience ! »

"But I must have patience!"
et le petit âne continuait à mâcher la paille
and the little donkey kept chewing the straw
« Patience en effet ! » cria son maître
"Patience indeed!" shouted his master
il était arrivé en ce moment dans l'écurie
he had come at that moment into the stable
« Mais ne te mets pas trop à l'aise, mon petit âne »
"but don't get too comfortable, my little donkey"
« Je ne t'ai pas acheté pour te donner à manger et à boire »
"I didn't buy you to give you food and drink"
« Je t'ai acheté pour te faire travailler »
"I bought you to make you work"
« Je t'ai acheté pour que tu me gagnes de l'argent »
"I bought you so that you earn me money"
« Levez-vous, alors, tout de suite ! »
"Up you get, then, at once!"
« Il faut que vous veniez avec moi au cirque »
"you must come with me into the circus"
« là, je t'apprendrai à sauter à travers des cerceaux »
"there I will teach you to jump through hoops"
« Tu apprendras à te tenir debout sur tes pattes arrière »
"you will learn to stand upright on your hind legs"
« et tu apprendras à danser des valses et des polkas »
"and you will learn to dance waltzes and polkas"
Le pauvre Pinocchio a dû apprendre toutes ces belles choses
Poor Pinocchio had to learn all these fine things
et je ne peux pas dis-le que c'était facile à apprendre
and I can't say it was easy to learn
Il lui a fallu trois mois pour apprendre les astuces
it took him three months to learn the tricks
il reçut de nombreux coups de fouet qui lui enlevèrent presque la peau
he got many a whipping that nearly took off his skin
Enfin son maître fit l'annonce
At last his master made the announcement
de nombreuses pancartes colorées collées aux coins des rues

many coloured placards stuck on the street corners
« Grande représentation en grande tenue »
"Great Full Dress Representation"
« CE SOIR AURONT LIEU LES EXPLOITS ET LES SURPRISES HABITUELS »
"TONIGHT will Take Place the Usual Feats and Surprises"
« Performances exécutées par tous les artistes et chevaux »
"Performances Executed by All the Artists and horses"
et de plus ; Le célèbre PETIT ÂNE PINOCCHIO"
"and moreover; The Famous LITTLE DONKEY PINOCCHIO"
« LA STAR DE LA DANSE »
"THE STAR OF THE DANCE"
« Le théâtre sera brillamment illuminé »
"the theatre will be brilliantly illuminated"
Vous pouvez imaginer à quel point le théâtre était bondé
you can imagine how crammed the theatre was
Le cirque était plein d'enfants de tous âges
The circus was full of children of all ages
tous sont venus voir danser le célèbre petit âne Pinocchio
all came to see the famous little donkey Pinocchio dance
La première partie de la représentation était terminée
the first part of the performance was over
Le directeur de la société s'est présenté au public
the director of the company presented himself to the public
il était vêtu d'un manteau noir et d'une culotte blanche
he was dressed in a black coat and white breeches
et de grandes bottes de cuir qui lui arrivaient au-dessus des genoux
and big leather boots that came above his knees
Il fit une profonde révérence à la foule
he made a profound bow to the crowd
Il commença avec beaucoup de solennité un discours ridicule :
he began with much solemnity a ridiculous speech:
« Respectable public, mesdames et messieurs ! »
"Respectable public, ladies and gentlemen!"
« C'est avec grand honneur et plaisir »

"it is with great honour and pleasure"
« Je me tiens ici devant ce public distingué »
"I stand here before this distinguished audience"
« et je vous présente le célèbre petit âne »
"and I present to you the celebrated little donkey"
« Le petit âne qui a déjà eu l'honneur »
"the little donkey who has already had the honour"
« l'honneur de danser en présence de Sa Majesté »
"the honour of dancing in the presence of His Majesty"
« Et, en vous remerciant, je vous supplie de nous aider »
"And, thanking you, I beg of you to help us"
« Aidez-nous par votre présence inspirante »
"help us with your inspiring presence"
« Et s'il vous plaît, cher auditoire, soyez indulgent avec nous »
"and please, esteemed audience, be indulgent to us"
Ce discours a été reçu par beaucoup de rires et d'applaudissements
This speech was received with much laughter and applause
Mais les applaudissements furent bientôt encore plus forts qu'auparavant
but the applause soon was even louder than before
le petit âne Pinocchio fit son apparition
the little donkey Pinocchio made his appearance
et il se tenait au milieu du cirque
and he stood in the middle of the circus
Il était paré pour l'occasion
He was decked out for the occasion
Il avait une nouvelle bride de cuir poli
He had a new bridle of polished leather
et il portait des boucles et des clous en laiton
and he was wearing brass buckles and studs
et il avait deux camélias blancs dans les oreilles
and he had two white camellias in his ears
Sa crinière était fendue et recourbée
His mane was divided and curled
et chaque boucle était nouée avec des nœuds de ruban coloré

and each curl was tied with bows of coloured ribbon
Il avait une circonférence d'or et d'argent autour de son corps
He had a girth of gold and silver round his body
sa queue était tressée d'amarante et de rubans de velours bleu
his tail was plaited with amaranth and blue velvet ribbons
C'était, en fait, un petit âne dont on tombait amoureux !
He was, in fact, a little donkey to fall in love with!
Le directeur ajouta ces quelques mots :
The director added these few words:
« Mes respectables auditeurs ! »
"My respectable auditors!"
« Je ne suis pas ici pour vous dire des mensonges »
"I am not here to tell you falsehoods"
« il y a eu de grandes difficultés que j'ai dû surmonter »
"there were great difficulties I had to overcome"
« J'ai compris et subjugué ce mammifère »
"I understood and subjugated this mammifer"
« Il paissait en liberté parmi les montagnes »
"he was grazing at liberty amongst the mountains"
« Il vivait dans les plaines de la zone torride »
"he lived in the plains of the torrid zone"
« Je vous prie d'observer le roulement sauvage de ses yeux »
"I beg you will observe the wild rolling of his eyes"
« Tous les moyens avaient été essayés en vain pour l'apprivoiser »
"Every means had been tried in vain to tame him"
« Je l'ai habitué à la vie de quadrupèdes domestiques »
"I have accustomed him to the life of domestic quadrupeds"
« et je lui ai épargné l'argument convaincant du fouet »
"and I spared him the convincing argument of the whip"
« Mais toute ma bonté n'a fait qu'augmenter sa méchanceté »
"But all my goodness only increased his viciousness"
« Cependant, j'ai découvert dans son crâne un cartilage osseux »
"However, I discovered in his cranium a bony cartilage"

« **Je l'ai fait inspecter par la Faculté de Médecine de Paris** »
"I had him inspected by the Faculty of Medicine of Paris"
« **Je n'ai pas lésiné sur les frais pour le traitement de mon petit âne** »
"I spared no cost for my little donkey's treatment"
« **En lui les médecins ont trouvé le cortex régénérant de la danse** »
"in him the doctors found the regenerating cortex of dance"
« **Pour cette raison, je ne lui ai pas seulement appris à danser** »
"For this reason I have not only taught him to dance"
« **mais je lui ai aussi appris à sauter à travers des cerceaux** »
"but I also taught him to jump through hoops"
« **Admirez-le, puis donnez votre avis sur lui !** »
"Admire him, and then pass your opinion on him!"
Mais avant de prendre congé de vous, permettez-moi ceci.
"But before taking my leave of you, permit me this;"
« **Mesdames et Messieurs, chers membres de la foule** »
"ladies and gentlemen, esteemed members of the crowd"
« **Je vous invite à la performance quotidienne de demain** »
"I invite you to tomorrow's daily performance"
Ici le directeur fit une autre révérence profonde
Here the director made another profound bow
puis, se tournant vers Pinocchio, il dit :
and, then turning to Pinocchio, he said:
« **Courage, Pinocchio ! Mais avant de commencer :** »
"Courage, Pinocchio! But before you begin:"
« **Inclinez-vous devant ce public distingué** »
"bow to this distinguished audience"
Pinocchio obéit aux ordres de son maître
Pinocchio obeyed his master's commands
et il plia les deux genoux jusqu'à ce qu'ils touchent le sol
and he bent both his knees till they touched the ground
Le directeur fit claquer son fouet et cria :
the director cracked his whip and shouted:
— À un pas, Pinocchio !
"At a foot's pace, Pinocchio!"

Alors le petit âne se souleva sur ses quatre pattes
Then the little donkey raised himself on his four legs
et se mit à faire le tour du théâtre
and began to walk round the theatre
et pendant tout ce temps, il se tint à un pas
and the whole time he kept at a foot's pace
Au bout d'un moment, le directeur cria de nouveau :
After a little time the director shouted again:
« Trot ! » et Pinocchio obéirent à l'ordre
"Trot!" and Pinocchio, obeyed the order
et il changea son allure pour trotter
and he changed his pace to a trot
« Galop ! » et Pinocchio se mit à galoper
"Gallop!" and Pinocchio broke into a gallop
« Au grand galop ! » et Pinocchio partit au grand galop
"Full gallop!" and Pinocchio went full gallop
il courait autour du cirque comme un cheval de course
he was running round the circus like a racehorse
Mais le réalisateur a ensuite tiré un coup de pistolet
but then the director fired off a pistol
à toute vitesse, il tomba au sol
at full speed he fell to the floor
et le petit âne fit semblant d'être blessé
and the little donkey pretended to be wounded
Il se leva de terre au milieu d'une explosion d'applaudissements
he got up from the ground amidst an outburst of applause
il y a eu des cris et des battements de mains
there were shouts and clapping of hands
et il leva naturellement la tête et leva les yeux
and he naturally raised his head and looked up
et il vit dans l'une des loges une belle dame
and he saw in one of the boxes a beautiful lady
elle portait autour du cou une épaisse chaîne d'or
she wore round her neck a thick gold chain
et à la chaîne pendait un médaillon
and from the chain hung a medallion

Sur le médaillon était peint le portrait d'une marionnette
On the medallion was painted the portrait of a puppet
« C'est mon portrait ! » réalisa Pinocchio
"That is my portrait!" realized Pinocchio
« Cette dame est la fée ! » se dit Pinocchio
"That lady is the Fairy!" said Pinocchio to himself
Pinocchio l'avait reconnue immédiatement
Pinocchio had recognized her immediately
et, submergé de joie, il essaya de l'appeler
and, overcome with delight, he tried to call her
« Oh, ma petite fée ! Oh, ma petite fée !
"Oh, my little Fairy! Oh, my little Fairy!"
Mais au lieu de ces mots, un bray sortit de sa gorge
But instead of these words a bray came from his throat
un bray si prolongé que tous les spectateurs riaient
a bray so prolonged that all the spectators laughed
et tous les enfants du théâtre surtout riaient
and all the children in the theatre especially laughed
Puis le directeur lui donna une leçon
Then the director gave him a lesson
ce n'est pas une bonne manière de braver devant le public
it is not good manners to bray before the public
avec le manche de son fouet, il frappa le nez de l'âne
with the handle of his whip he smacked the donkey's nose
Le pauvre petit âne tira la langue d'un pouce
The poor little donkey put his tongue out an inch
et il s'est léché le nez pendant au moins cinq minutes
and he licked his nose for at least five minutes
il pensait peut-être que cela soulagerait la douleur
he thought perhaps that it would ease the pain
Mais comme il désespérait en levant les yeux une deuxième fois
But how he despaired when looking up a second time
Il vit que le siège était vide
he saw that the seat was empty
sa bonne fée avait disparu !
the good Fairy of his had disappeared!

Il pensait qu'il allait mourir
He thought he was going to die
Ses yeux se remplirent de larmes et il se mit à pleurer
his eyes filled with tears and he began to weep
Personne, cependant, n'a remarqué ses larmes
Nobody, however, noticed his tears
« Courage, Pinocchio ! » cria le directeur
"Courage, Pinocchio!" shouted the director
« Montrez au public à quel point vous pouvez sauter gracieusement à travers les cerceaux »
"show the audience how gracefully you can jump through the hoops"
Pinocchio a essayé deux ou trois fois
Pinocchio tried two or three times
Mais passer à travers le cerceau n'est pas facile pour un âne
but going through the hoop is not easy for a donkey
et il trouva plus facile de passer sous le cerceau
and he found it easier to go under the hoop
Enfin, il fit un bond et passa à travers le cerceau
At last he made a leap and went through the hoop
mais sa jambe droite s'est malheureusement prise dans le cerceau
but his right leg unfortunately caught in the hoop
et cela le fit tomber au sol
and that caused him to fall to the ground
il était doublé en tas de l'autre côté
he was doubled up in a heap on the other side
Quand il se releva, il était boiteux
When he got up he was lame
ce n'est qu'avec beaucoup de difficulté qu'il retourna à l'écurie
only with great difficulty did he return to the stable
« Sortez Pinocchio ! » crièrent tous les garçons
"Bring out Pinocchio!" shouted all the boys
« Nous voulons le petit âne ! » rugit le théâtre
"We want the little donkey!" roared the theatre
Ils étaient touchés et désolés pour le triste accident

they were touched and sorry for the sad accident
Mais on ne vit plus le petit âne ce soir-là
But the little donkey was seen no more that evening
Le lendemain matin, le vétérinaire lui rendit visite
The following morning the veterinary paid him a visit
Les vétérinaires sont les médecins des animaux
the vets are doctors to the animals
et il déclara qu'il resterait boiteux toute sa vie
and he declared that he would remain lame for life
Le directeur dit alors au garçon d'écurie :
The director then said to the stable-boy:
« Que pensez-vous que je puisse faire avec un âne boiteux ? »
"What do you suppose I can do with a lame donkey?"
« Il mangera de la nourriture sans la gagner »
"He will eat food without earning it"
« Emmenez-le au marché et vendez-le »
"Take him to the market and sell him"
Lorsqu'ils arrivèrent au marché, on trouva immédiatement un acheteur
When they reached the market a purchaser was found at once
Il demanda au garçon d'écurie :
He asked the stable-boy:
« Combien voulez-vous pour cet âne boiteux ? »
"How much do you want for that lame donkey?"
« Vingt dollars et je te le vendrai »
"Twenty dollars and I'll sell him to you"
« Je vais te donner deux dollars »
"I will give you two dollars"
mais ne croyez pas que je m'en servirai.
"but don't suppose that I will make use of him"
« Je l'achète uniquement pour sa peau »
"I am buying him solely for his skin"
« Je vois que sa peau est très dure »
"I see that his skin is very hard"
« J'ai l'intention de faire un tambour avec lui »
"I intend to make a drum with him"

il a entendu dire qu'il était destiné à devenir un tambour !
he heard that he was destined to become a drum!
vous pouvez imaginer les sentiments du pauvre Pinocchio
you can imagine poor Pinocchio's feelings
Les deux dollars ont été remis
the two dollars were handed over
et l'homme reçut son âne
and the man was given his donkey
il conduisit le petit âne au bord de la mer
he led the little donkey to the seashore
Il mit alors une pierre autour de son cou
he then put a stone round his neck
et il le poussa brusquement dans l'eau
and he gave him a sudden push into the water
Pinocchio était alourdi par la pierre
Pinocchio was weighted down by the stone
et il alla droit au fond de la mer
and he went straight to the bottom of the sea
son propriétaire tenait fermement la corde
his owner kept tight hold of the cord
Il s'assit tranquillement sur un morceau de rocher
he sat down quietly on a piece of rock
et il attendit que le petit âne fût noyé
and he waited until the little donkey was drowned
puis il avait l'intention de l'écorcher
and then he intended to skin him

Pinocchio se fait avaler par le chien-poisson
Pinocchio gets Swallowed by the Dog-Fish

Pinocchio était resté cinquante minutes sous l'eau
Pinocchio had been fifty minutes under the water
Son acheteur se dit tout haut :
his purchaser said aloud to himself:
« Mon petit âne boiteux doit maintenant être tout à fait noyé »

"My little lame donkey must by now be quite drowned"
« Je vais donc le sortir de l'eau »
"I will therefore pull him out of the water"
« et je ferai un beau tambour de sa peau »
"and I will make a fine drum of his skin"
Et il commença à tirer la corde
And he began to haul in the rope
la corde qu'il avait attachée à la jambe de l'âne
the rope he had tied to the donkey's leg
et il a halé, et halé, et halé
and he hauled, and hauled, and hauled
il a halé jusqu'à ce qu'enfin...
he hauled until at last...
À votre avis, qu'est-ce qui est apparu au-dessus de l'eau ?
what do you think appeared above the water?
il n'a pas tiré un âne mort pour atterrir
he did not pull a dead donkey to land
au lieu de cela, il a vu une petite marionnette vivante
instead he saw a living little puppet

et cette petite marionnette se tortillait comme une anguille !
and this little puppet was wriggling like an eel!
le pauvre homme crut rêver
the poor man thought he was dreaming
et il fut frappé d'étonnement
and he was struck dumb with astonishment

Il finit par se remettre de sa stupéfaction
he eventually recovered from his stupefaction
et il demanda à la marionnette d'une voix chevrotante :
and he asked the puppet in a quavering voice:
où est le petit âne que j'ai jeté à la mer ?
"where is the little donkey I threw into the sea?"
« Je suis le petit âne ! » dit Pinocchio
"I am the little donkey!" said Pinocchio
et Pinocchio se moqua d'être à nouveau une marionnette
and Pinocchio laughed at being a puppet again
« Comment peux-tu être le petit âne ?? »
"How can you be the little donkey??"
— J'étais le petit âne, répondit Pinocchio
"I was the little donkey," answered Pinocchio
« et maintenant je suis à nouveau une petite marionnette »
"and now I'm a little puppet again"
« Ah, un jeune coquin est ce que tu es !! »
"Ah, a young scamp is what you are!!"
« Oses-tu te moquer de moi ? »
"Do you dare to make fun of me?"
— Pour se moquer de vous ? demanda Pinocchio
"To make fun of you?" asked Pinocchio
– Bien au contraire, mon cher maître ?
"Quite the contrary, my dear master?"
« Je parle sérieusement avec vous »
"I am speaking seriously with you"
« Il y a peu de temps, tu étais un petit âne »
"a short time ago you were a little donkey"
« Comment as-tu pu devenir une marionnette en bois ? »
"how can you have become a wooden puppet?"
« Être laissé dans l'eau ne fait pas ça à un âne ! »
"being left in the water does not do that to a donkey!"
« Cela a dû être l'effet de l'eau de mer »
"It must have been the effect of sea water"
« La mer provoque des changements extraordinaires »
"The sea causes extraordinary changes"
« Méfie-toi, marionnette, je ne suis pas d'humeur ! »

"Beware, puppet, I am not in the mood!"
« N'imagine pas que tu pourras t'amuser à mes dépens »
"Don't imagine that you can amuse yourself at my expense"
« Malheur à vous si je perds patience ! »
"Woe to you if I lose patience!"
« Eh bien, maître, voulez-vous connaître la véritable histoire?»
"Well, master, do you wish to know the true story?"
« Si tu libères ma jambe, je te le dirai »
"If you set my leg free I will tell it you"
Le brave homme était curieux d'entendre la véritable histoire
The good man was curious to hear the true story
et il dénoua immédiatement le nœud
and he immediately untied the knot
Pinocchio était à nouveau aussi libre qu'un oiseau dans les airs
Pinocchio was again as free as a bird in the air
et il commença à raconter son histoire
and he commenced to tell his story
« Vous devez savoir que j'étais autrefois une marionnette »
"You must know that I was once a puppet"
« c'est-à-dire que je n'ai pas toujours été un âne »
"that is to say, I wasn't always a donkey"
« J'étais sur le point de devenir un garçon »
"I was on the point of becoming a boy"
« J'aurais été comme les autres garçons du monde »
"I would have been like the other boys in the world"
« mais comme les autres garçons, je n'aimais pas les études »
"but like other boys, I wasn't fond of study"
« et j'ai suivi les conseils de mauvais compagnons »
"and I followed the advice of bad companions"
« et finalement je me suis enfui de chez moi »
"and finally I ran away from home"
« Un beau jour, quand je me suis réveillé, je me suis trouvé changé »
"One fine day when I awoke I found myself changed"

« J'étais devenu un âne aux longues oreilles »
"I had become a donkey with long ears"
« et j'avais aussi une longue queue »
"and I had grown a long tail too"
« Quelle honte ce fut pour moi ! »
"What a disgrace it was to me!"
même votre pire ennemi ne vous l'infligerait pas !
"even your worst enemy would not inflict it upon you!"
« On m'a emmené au marché pour être vendu »
"I was taken to the market to be sold"
« et j'ai été acheté par une société équestre »
"and I was bought by an equestrian company"
« Ils voulaient faire de moi une danseuse célèbre »
"they wanted to make a famous dancer of me"
« Mais un soir, pendant une représentation, j'ai fait une mauvaise chute »
"But one night during a performance I had a bad fall"
« et je me suis retrouvé avec deux jambes boiteuses »
"and I was left with two lame legs"
« Je n'étais plus d'aucune utilité au cirque »
"I was of no use to the circus no more"
et de nouveau on m'emmena au marché
"and again I was taken to the market"
et au marché, vous étiez mon acheteur !
"and at the market you were my purchaser!"
« Trop vrai », se souvint l'homme
"Only too true," remembered the man
« Et j'ai payé deux dollars pour toi »
"And I paid two dollars for you"
« Et maintenant, qui me rendra mon bon argent ? »
"And now, who will give me back my good money?"
« Et pourquoi m'as-tu acheté ? »
"And why did you buy me?"
« Tu m'as acheté pour faire un tambour de ma peau ! »
"You bought me to make a drum of my skin!"
— Trop vrai ! dit l'homme
"Only too true!" said the man

- 285 -

« Et maintenant, où vais-je trouver une autre peau ? »
"And now, where shall I find another skin?"
« Ne désespérez pas, maître »
"Don't despair, master"
« Il y a beaucoup de petits ânes dans le monde ! »
"There are many little donkeys in the world!"
« Dis-moi, impertinent coquin » ;
"Tell me, you impertinent rascal;"
« Votre histoire s'arrête-t-elle ici ? »
"does your story end here?"
« Non », répondit la marionnette
"No," answered the puppet
« J'ai encore deux mots à dire »
"I have another two words to say"
« Et alors mon histoire sera terminée »
"and then my story shall have finished"
« Tu m'as amené ici pour me tuer »
"you brought me to this place to kill me"
« Mais ensuite tu as cédé à un sentiment de compassion »
"but then you yielded to a feeling of compassion"
et vous avez préféré m'attacher une pierre autour du cou
"and you preferred to tie a stone round my neck
« Et tu m'as jeté à la mer »
"and you threw me into the sea"
« Ce sentiment humain vous fait grand honneur »
"This humane feeling does you great honour"
« et je vous en serai toujours reconnaissant »
"and I shall always be grateful to you"
« Mais, néanmoins, cher maître, vous avez oublié une chose»
"But, nevertheless, dear master, you forgot one thing"
vous avez fait vos calculs sans tenir compte de la fée !
"you made your calculations without considering the Fairy!"
« Et qui est la fée ? »
"And who is the Fairy?"
— C'est ma maman, répondit Pinocchio
"She is my mamma," replied Pinocchio
« Et elle ressemble à toutes les autres bonnes mamans »

"and she resembles all other good mammas"
« **Et toutes les bonnes mamans prennent soin de leurs enfants** »
"and all good mammas care for their children"
« **des mamans qui ne perdent jamais de vue leurs enfants"** »
"mammas who never lose sight of their children""
« **Des mamans qui aident leurs enfants avec amour** »
"mammas who help their children lovingly"
« **Et ils les aiment même quand ils méritent d'être abandonnés** »
"and they love them even when they deserve to be abandoned"
« **Ma bonne maman m'a gardé dans son champ de vision** »
"my good mamma kept me in her sight"
« **et elle a vu que j'étais en danger de noyade** »
"and she saw that I was in danger of drowning"
« **Alors elle a immédiatement envoyé un immense banc de poissons** »
"so she immediately sent an immense shoal of fish"
« **d'abord, ils pensaient vraiment que j'étais un petit âne mort** »
"first they really thought I was a little dead donkey"
« **Et alors ils ont commencé à me manger à grosses bouchées** »
"and so they began to eat me in big mouthfuls"
« **Je n'ai jamais su que les poissons étaient plus gourmands que les garçons !** »
"I never knew fish were greedier than boys!"
« **Certains ont mangé mes oreilles et mon museau** »
"Some ate my ears and my muzzle"
« **et d'autres poissons mon cou et ma crinière** »
"and other fish my neck and mane"
« **Certains d'entre eux ont mangé la peau de mes jambes** »
"some of them ate the skin of my legs"
« **et d'autres se sont mis à manger ma fourrure** »
"and others took to eating my fur"
« **Parmi eux, il y avait un petit poisson particulièrement**

poli »
"Amongst them there was an especially polite little fish"
« Et il a daigné manger ma queue »
"and he condescended to eat my tail"
L'acheteur a été horrifié par ce qu'il a entendu
the purchaser was horrified by what he heard
« Je jure que je ne toucherai plus jamais au poisson ! »
"I swear that I will never touch fish again!"
« Imaginez ouvrir un mulet et trouver une queue d'âne ! »
"imagine opening a mullet and finding a donkey's tail!"
— Je suis d'accord avec vous, dit la marionnette en riant
"I agree with you," said the puppet, laughing
« Cependant, je dois vous dire ce qui s'est passé ensuite »
"However, I must tell you what happened next"
« Le poisson avait fini de manger la peau de l'âne »
"the fish had finished eating the donkey's hide"
« La peau d'âne qui m'avait couvert »
"the donkey's hide that had covered me"
« Alors ils atteignirent naturellement l'os »
"then they naturally reached the bone"
« Mais ce n'était pas de l'os, mais plutôt du bois »
"but it was not bone, but rather wood"
car, comme vous le voyez, je suis fait du bois le plus dur.
"for, as you see, I am made of the hardest wood"
« Ils ont essayé de prendre quelques bouchées de plus »
"they tried to take a few more bites"
« Mais ils ont vite découvert que je n'étais pas pour manger »
"But they soon discovered I was not for eating"
« Dégoûtés par une nourriture aussi indigeste, ils ont nagé »
"disgusted with such indigestible food, they swam off"
« Et ils sont partis sans même dire merci »
"and they left without even saying thank you"
« Et maintenant, enfin, vous avez entendu mon histoire »
"And now, at last, you have heard my story"
« Et c'est pourquoi tu n'as pas trouvé d'âne mort »
"and that is why you didn't find a dead donkey"

« Et à la place, vous avez trouvé une marionnette vivante »
"and instead you found a living puppet"
– Je ris de votre histoire, s'écria l'homme furieux
"I laugh at your story," cried the man in a rage
« Je sais seulement que j'ai dépensé deux dollars pour t'acheter »
"I only know that I spent two dollars to buy you"
« et je récupérerai mon argent »
"and I will have my money back"
« Dois-je vous dire ce que je vais faire ? »
"Shall I tell you what I will do?"
« Je vais te ramener au marché »
"I will take you back to the market"
« et je vous vendrai au poids comme bois sec »
"and I will sell you by weight as seasoned wood"
et l'acheteur peut allumer des feux avec vous"
and the purchaser can light fires with you"
Pinocchio n'était pas trop inquiet à ce sujet
Pinocchio was not too worried about this
« Vendez-moi si vous voulez ; Je suis content"
"Sell me if you like; I am content"
et il se replongea dans l'eau
and he plunged back into the water
il nagea gaiement loin du rivage
he swam gaily away from the shore
et il appela son pauvre maître
and he called to his poor owner
« Au revoir, maître, ne m'oubliez pas »
"Good-bye, master, don't forget me"
« La marionnette en bois que vous vouliez pour sa peau »
"the wooden puppet you wanted for its skin"
« et j'espère que tu auras ton tambour un jour »
"and I hope you get your drum one day"
Et il rit et continua à nager
And he laughed and went on swimming
et au bout d'un moment, il se retourna à nouveau
and after a while he turned around again

« Au revoir, maître, cria-t-il plus fort
"Good-bye, master," he shouted louder
« Et souviens-toi de moi quand tu auras besoin de bois bien séché »
"and remember me when you need well seasoned wood"
« Et pense à moi quand tu allumes un feu »
"and think of me when you're lighting a fire"
bientôt Pinocchio avait nagé vers l'horizon
soon Pinocchio had swam towards the horizon
et maintenant il était à peine visible du rivage
and now he was scarcely visible from the shore
il était une petite tache noire à la surface de la mer
he was a little black speck on the surface of the sea
de temps en temps, il sortait de l'eau
from time to time he lifted out of the water
et il sauta et cabriola comme un dauphin heureux
and he leaped and capered like a happy dolphin
Pinocchio nageait et il ne savait où
Pinocchio was swimming and he knew not whither
il vit au milieu de la mer un rocher
he saw in the midst of the sea a rock
le rocher semblait être fait de marbre blanc
the rock seemed to be made of white marble
et sur le sommet se tenait une belle petite chèvre
and on the summit there stood a beautiful little goat
la chèvre bêlait amoureusement à Pinocchio
the goat bleated lovingly to Pinocchio
et le bouc lui fit signe de s'approcher
and the goat made signs to him to approach
Mais la chose la plus singulière était celle-ci :
But the most singular thing was this:
Le poil de la petite chèvre n'était ni blanc ni noir
The little goat's hair was not white nor black
ce n'était pas non plus un mélange de deux couleurs
nor was it a mixture of two colours
C'est habituel avec les autres chèvres
this is usual with other goats

mais le poil de la chèvre était d'un bleu très vif
but the goat's hair was a very vivid blue
d'un bleu vif comme les cheveux du bel Enfant
a vivid blue like the hair of the beautiful Child
imaginez à quelle vitesse le cœur de Pinocchio se mit à battre
imagine how rapidly Pinocchio's heart began to beat
Il nageait avec une force et une énergie redoublées
He swam with redoubled strength and energy
et en un rien de temps, il était à mi-chemin
and in no time at all he was halfway there
mais alors il vit quelque chose sortir de l'eau
but then he saw something came out the water
l'horrible tête d'un monstre marin !
the horrible head of a sea-monster!
Sa bouche était grande ouverte et caverneuse
His mouth was wide open and cavernous
il y avait trois rangées de dents énormes
there were three rows of enormous teeth
Même une photo de ça vous terrifierait
even a picture of if would terrify you
Et savez-vous ce que c'était que ce monstre marin ?
And do you know what this sea-monster was?
ce n'était autre que ce gigantesque Chien-Poisson
it was none other than that gigantic Dog-Fish
le Chien-Poisson mentionné à plusieurs reprises dans cette histoire
the Dog-Fish mentioned many times in this story
Je devrais vous dire le nom de ce terrible poisson
I should tell you the name of this terrible fish
Attila des poissons et des pêcheurs
Attila of Fish and Fishermen
à cause de son massacre et de son insatiable voracité
on account of his slaughter and insatiable voracity
pensez à la terreur du pauvre Pinocchio à cette vue
think of poor Pinocchio's terror at the sight
Un vrai monstre marin nageait vers lui

a true sea monster was swimming at him
Il essaya d'éviter le Chien-Poisson
He tried to avoid the Dog-Fish
il a essayé de nager dans d'autres directions
he tried to swim in other directions
il a fait tout ce qu'il pouvait pour s'échapper
he did everything he could to escape
mais cette immense bouche grande ouverte était trop grande
but that immense wide-open mouth was too big
et il arrivait avec la vitesse d'une flèche
and it was coming with the velocity of an arrow
La belle petite chèvre essaya de bêler
the beautiful little goat tried to bleat
« Dépêche-toi, Pinocchio, par pitié ! »
"Be quick, Pinocchio, for pity's sake!"
Et Pinocchio nageait désespérément de tout ce qu'il pouvait
And Pinocchio swam desperately with all he could
ses bras, sa poitrine, ses jambes et ses pieds
his arms, his chest, his legs, and his feet
« Vite, Pinocchio, le monstre est près de toi ! »
"Quick, Pinocchio, the monster is close upon you!"
Et Pinocchio nageait plus vite que jamais
And Pinocchio swam quicker than ever
il s'envola avec la rapidité d'une balle de fusil
he flew on with the rapidity of a ball from a gun
Il avait presque atteint le rocher
He had nearly reached the rock
et il avait presque atteint la petite chèvre
and he had almost reached the little goat
et la petite chèvre se pencha vers la mer
and the little goat leaned over towards the sea
elle étendit ses pattes de devant pour l'aider
she stretched out her fore-legs to help him
peut-être pourrait-elle le sortir de l'eau
perhaps she could get him out of the water
Mais tous leurs efforts étaient trop tardifs !
But all their efforts were too late!

Le monstre avait dépassé Pinocchio
The monster had overtaken Pinocchio
Il inspira une grande bouffée d'air et d'eau
he drew in a big breath of air and water
et il a aspiré la pauvre marionnette
and he sucked in the poor puppet
comme s'il eût sucé un œuf de poule
like he would have sucked a hen's egg
et le Chien-Poisson l'avala tout entier
and the Dog-Fish swallowed him whole

Pinocchio tomba entre ses dents
Pinocchio tumbled through his teeth
et il tomba dans la gorge de l'Aiguillat
and he tumbled down the Dog-Fish's throat
et finalement il atterrit lourdement dans son estomac
and finally he landed heavily in his stomach
il resta inconscient pendant un quart d'heure
he remained unconscious for a quarter of an hour
mais finalement il revint à lui-même
but eventually he came to himself again
il ne pouvait pas imaginer le moins du monde dans lequel il se trouvait
he could not in the least imagine in what world he was
Tout autour de lui, il n'y avait que des ténèbres
All around him there was nothing but darkness

c'était comme s'il était tombé dans un pot d'encre
it was as if he had fallen into a pot of ink
Il écouta, mais il n'entendit aucun bruit
He listened, but he could hear no noise
de temps en temps, de grandes rafales de vent lui soufflaient au visage
occasionally great gusts of wind blew in his face
D'abord, il ne pouvait pas comprendre d'où il venait
first he could not understand from where it came from
mais enfin il en découvrit la source
but at last he discovered the source
il sortait des poumons du monstre
it came out of the monster's lungs
il y a une chose que vous devez savoir sur le Chien-Poisson
there is one thing you must know about the Dog-Fish
le Chien-Poisson souffrait beaucoup d'asthme
the Dog-Fish suffered very much from asthma
Quand il respirait, c'était exactement comme le vent du nord
when he breathed it was exactly like the north wind
Pinocchio essaya d'abord de garder son courage
Pinocchio at first tried to keep up his courage
Mais la réalité de la situation lui apparut lentement
but the reality of the situation slowly dawned on him
il était vraiment enfermé dans le corps de ce monstre marin
he was really shut up in the body of this sea-monster
et il se mit à pleurer, à crier et à sangloter
and he began to cry and scream and sob
« À l'aide ! Aide! Oh, comme je suis malheureux ! »
"Help! help! Oh, how unfortunate I am!"
« Personne ne viendra me sauver ? »
"Will nobody come to save me?"
De l'obscurité vint une voix
from the dark there came a voice
La voix sonnait comme une guitare désaccordée
the voice sounded like a guitar out of tune
« Qui pensez-vous pourrait vous sauver, malheureux ? »
"Who do you think could save you, unhappy wretch?"

Pinocchio se figea de terreur à cette voix
Pinocchio froze with terror at the voice
« Qui parle ? » demanda enfin Pinocchio
"Who is speaking?" asked Pinocchio, finally
« C'est moi ! Je suis un pauvre thon »
"It is I! I am a poor Tunny Fish"
« J'ai été avalé par le Chien-Poisson avec toi »
"I was swallowed by the Dog-Fish along with you"
« Et quel poisson êtes-vous ? »
"And what fish are you?"
« Je n'ai rien en commun avec les poissons »
"I have nothing in common with fish"
« Je suis une marionnette », ajouta Pinocchio
"I am a puppet," added Pinocchio
« Alors pourquoi t'es-tu laissé avaler ? »
"Then why did you let yourself be swallowed?"
« Je ne me suis pas laissé avaler »
"I didn't let myself be swallowed"
« C'est le monstre qui m'a avalé ! »
"it was the monster that swallowed me!"
« Et maintenant, que devons-nous faire ici dans l'obscurité?»
"And now, what are we to do here in the dark?"
« Il n'y a pas grand-chose que nous puissions faire à part nous résigner »
"there's not much we can do but to resign ourselves"
« et maintenant nous attendons que le Chien-Poisson nous ait digérés »
"and now we wait until the Dog-Fish has digested us"
« Mais je ne veux pas être digéré ! » hurla Pinocchio
"But I do not want to be digested!" howled Pinocchio
et il se remit à pleurer
and he began to cry again
« Je ne veux pas non plus être digéré, » ajouta le Thon
"Neither do I want to be digested," added the Tunny Fish
mais je suis assez philosophe pour me consoler.
"but I am enough of a philosopher to console myself"
« quand on naît, un poisson thon peut donner un sens à la

vie »
"when one is born a Tunny Fish life can be made sense of"
« Il est plus digne de mourir dans l'eau que dans le pétrole »
"it is more dignified to die in the water than in oil"
— C'est une absurdité ! s'écria Pinocchio
"That is all nonsense!" cried Pinocchio
— C'est mon opinion, répondit le Thon
"It is my opinion," replied the Tunny Fish
« et les opinions doivent être respectées »
"and opinions ought to be respected"
« c'est ce que disent les Thon politiques »
"that is what the political Tunny Fish say"
« Pour résumer, je veux m'éloigner d'ici »
"To sum it all up, I want to get away from here"
« Je veux m'échapper. »
"I do want to escape."
« Échappez-vous, si vous le pouvez ! »
"Escape, if you are able!"
« Est-ce que ce Chien-Poisson qui nous a avalés est très gros?»
"Is this Dog-Fish who has swallowed us very big?"
"Gros ? Mon garçon, tu ne peux qu'imaginer"
"Big? My boy, you can only imagine"
« Son corps fait deux miles de long sans compter sa queue »
"his body is two miles long without counting his tail"
Ils ont tenu cette conversation dans l'obscurité pendant un certain temps
they held this conversation in the dark for some time
finalement, les yeux de Pinocchio s'adaptèrent à l'obscurité
eventually Pinocchio's eyes adjusted to the darkness
Pinocchio crut voir une lumière au loin
Pinocchio thought that he saw a light a long way off
« Quelle est cette petite lumière que je vois au loin ? »
"What is that little light I see in the distance?"
« C'est très probablement un compagnon d'infortune »
"It is most likely some companion in misfortune"
« Lui, comme nous, attend d'être digéré »

"he, like us, is waiting to be digested"
« J'irai le trouver »
"I will go and find him"
« C'est peut-être un vieux poisson qui sait se débrouiller »
"perhaps it is an old fish that knows his way around"
« J'espère qu'il en sera ainsi, de tout mon cœur, chère marionnette »
"I hope it may be so, with all my heart, dear puppet"
« Au revoir, Thon » - « Au revoir, marionnette »
"Good-bye, Tunny Fish" - "Good-bye, puppet"
« et je te souhaite bonne fortune »
"and I wish a good fortune to you"
« Où nous retrouverons-nous ? »
"Where shall we meet again?"
« Qui peut voir de telles choses à l'avenir ? »
"Who can see such things in the future?"
« Il vaut mieux ne même pas y penser ! »
"It is better not even to think of it!"

Une heureuse surprise pour Pinocchio
A Happy Surprise for Pinocchio

Pinocchio a fait ses adieux à son ami le thon
Pinocchio said farewell to his friend the Tunny Fish
et il se mit à tâtonner à travers le Chien-Poisson
and he began to grope his way through the Dog-Fish
Il fit de petits pas en direction de la lumière
he took small steps in the direction of the light
la petite lumière brillait faiblement à une grande distance
the small light shining dimly at a great distance
plus il avançait, plus la lumière devenait brillante
the farther he advanced the brighter became the light
et il marcha et marcha jusqu'à ce qu'il l'atteignît enfin
and he walked and walked until at last he reached it
et quand il a atteint la lumière, qu'a-t-il trouvé ?
and when he reached the light, what did he find?

Je vous laisse avoir mille et une suppositions
I will let you have a thousand and one guesses
Ce qu'il trouva était une petite table toute préparée
what he found was a little table all prepared
Sur la table, il y avait une bougie allumée dans une bouteille verte
on the table was a lighted candle in a green bottle
et assis à table se trouvait un petit vieillard
and seated at the table was a little old man
Le petit vieillard mangeait du poisson vivant
the little old man was eating some live fish
et les petits poissons vivants étaient bien vivants
and the little live fish were very much alive
Certains des petits poissons ont même sauté de sa bouche
some of the little fish even jumped out of his mouth
à cette vue, Pinocchio fut rempli de bonheur
at this sight Pinocchio was filled with happiness
il devint presque délirant d'une joie inattendue
he became almost delirious with unexpected joy
Il voulait rire et pleurer en même temps
He wanted to laugh and cry at the same time
il voulait dire mille choses à la fois
he wanted to say a thousand things at once
mais tout ce qu'il parvint, ce furent quelques mots confus
but all he managed were a few confused words
Enfin il réussit à pousser un cri de joie
At last he succeeded in uttering a cry of joy
et il jeta son bras autour du petit vieillard
and he threw his arm around the little old man
« Oh, mon cher papa ! » cria-t-il avec joie
"Oh, my dear papa!" he shouted with joy
— Je vous ai enfin trouvé ! s'écria Pinocchio
"I have found you at last!" cried Pinocchio
« Je ne te quitterai plus jamais, jamais, jamais »
"I will never never never never leave you again"
Le petit vieillard n'en croyait pas ses yeux non plus
the little old man couldn't believe it either

« Mes yeux disent-ils la vérité ? » a-t-il dit
"are my eyes telling the truth?" he said
et il se frotta les yeux pour s'en assurer
and he rubbed his eyes to make sure
« alors vous êtes vraiment mon cher Pinocchio ? »
"then you are really my dear Pinocchio?"
« Oui, oui, je suis Pinocchio, je le suis vraiment ! »
"Yes, yes, I am Pinocchio, I really am!"
— Et vous m'avez pardonné, n'est-ce pas ?
"And you have forgiven me, have you not?"
« Oh, mon cher papa, comme tu es bon ! »
"Oh, my dear papa, how good you are!"
« Et penser à quel point j'ai été mauvais avec toi »
"And to think how bad I've been to you"
« mais si tu savais ce que j'ai traversé »
"but if you only knew what I've gone through"
« tous les malheurs que j'ai eus se sont déversés sur moi »
"all the misfortunes I've had poured on me"
et toutes les autres choses qui me sont arrivées !
"and all the other things that have befallen me!"
« Oh, repense au jour où tu as vendu ta veste »
"oh think back to the day you sold your jacket"
« Oh, tu as dû avoir terriblement froid »
"oh you must have been terribly cold"
« Mais tu l'as fait pour m'acheter un livre d'orthographe »
"but you did it to buy me a spelling book"
« Pour que je puisse étudier comme les autres garçons »
"so that I could study like the other boys"
« mais au lieu de cela, je me suis échappé pour voir le spectacle de marionnettes »
"but instead I escaped to see the puppet show"
« Et le showman voulait me mettre au feu »
"and the showman wanted to put me on the fire"
« pour que je puisse rôtir son mouton pour lui »
"so that I could roast his mutton for him"
« Mais ensuite le même showman m'a donné cinq pièces d'or »

"but then the same showman gave me five gold pieces"
« Il voulait que je te donne l'or »
"he wanted me to give you the gold"
« mais ensuite j'ai rencontré le Renard et le Chat »
"but then I met the Fox and the Cat"
et ils m'ont emmené à l'auberge de l'Écrevisse Rouge.
"and they took me to the inn of The Red Craw-Fish"
« Et à l'auberge, ils mangeaient comme des loups affamés »
"and at the inn they ate like hungry wolves"
« et je suis parti seul au milieu de la nuit »
"and I left by myself in the middle of the night"
« et j'ai rencontré des assassins qui m'ont couru après »
"and I encountered assassins who ran after me"
« et j'ai fui les assassins »
"and I ran away from the assassins"
« Mais les assassins m'ont suivi tout aussi vite »
"but the assassins followed me just as fast"
« et je me suis enfui d'eux aussi vite que j'ai pu »
"and I ran away from them as fast as I could"
« mais ils m'ont toujours suivi quelle que soit la vitesse à laquelle je courais »
"but they always followed me however fast I ran"
« et j'ai continué à courir pour m'éloigner d'eux »
"and I kept running to get away from them"
« Mais finalement ils m'ont attrapé après tout »
"but eventually they caught me after all"
« et ils m'ont pendu à une branche d'un grand chêne »
"and they hung me to a branch of a Big Oak"
« mais il y avait aussi le bel Enfant aux cheveux bleus »
"but then there was the beautiful Child with blue hair"
« Elle a envoyé une petite voiture pour me chercher »
"she sent a little carriage to fetch me"
« Et les médecins m'ont tous bien regardé »
"and the doctors all had a good look at me"
« Et ils ont immédiatement fait le même diagnostic »
"and they immediately made the same diagnosis"
« S'il n'est pas mort, c'est une preuve qu'il est toujours

vivant »
"If he is not dead, it is a proof that he is still alive"
« et puis par hasard j'ai menti »
"and then by chance I told a lie"
« Et mon nez a commencé à grandir et à grandir et à grandir »
"and my nose began to grow and grow and grow"
« et bientôt je ne pouvais plus franchir la porte »
"and soon I could no longer get through the door"
« alors je suis retourné avec le Renard et le Chat »
"so I went again with the Fox and the Cat"
« Et ensemble nous avons enterré les quatre pièces d'or »
"and together we buried the four gold pieces"
« parce que j'avais dépensé une pièce d'or à l'auberge »
"because one piece of gold I had spent at the inn"
« et le perroquet s'est mis à se moquer de moi »
"and the Parrot began to laugh at me"
« et il n'y avait pas deux mille pièces d'or »
"and there were not two thousand pieces of gold"
« Il n'y avait plus de pièces d'or du tout »
"there were no pieces of gold at all anymore"
« alors je suis allé voir le juge de la ville pour le lui dire »
"so I went to the judge of the town to tell him"
« il a dit que j'avais été volé et m'a mis en prison »
"he said I had been robbed, and put me in prison"
« en m'échappant j'ai vu une belle grappe de raisin »
"while escaping I saw a beautiful bunch of grapes"
« mais sur le terrain j'ai été pris dans un piège »
"but in the field I was caught in a trap"
« Et le paysan avait parfaitement le droit de m'attraper »
"and the peasant had every right to catch me"
« Il m'a mis un collier de chien autour du cou »
"he put a dog-collar round my neck"
et il a fait de moi le chien de garde de la basse-cour.
"and he made me the guard dog of the poultry-yard"
« Mais il a reconnu mon innocence et m'a laissé partir »
"but he acknowledged my innocence and let me go"
« et le serpent à la queue fumante se mit à rire »

"and the Serpent with the smoking tail began to laugh"
« mais le Serpent rit jusqu'à ce qu'il brise un vaisseau sanguin »
"but the Serpent laughed until he broke a blood-vessel"
« et ainsi je retournai à la maison de la belle Enfant »
"and so I returned to the house of the beautiful Child"
« mais alors le bel Enfant était mort »
"but then the beautiful Child was dead"
« et le Pigeon a pu voir que je pleurais »
"and the Pigeon could see that I was crying"
« Et le Pigeon dit : J'ai vu ton père. »
"and the Pigeon said, 'I have seen your father'"
« Il construisait un petit bateau pour vous rechercher »
'he was building a little boat to search of you'
« Et je lui ai dit : « Oh ! si j'avais aussi des ailes'. »
"and I said to him, 'Oh! if I also had wings,'"
« Et il m'a dit : « Veux-tu voir ton père ? »
"and he said to me, 'Do you want to see your father?'"
« Et j'ai dit : 'Sans aucun doute, j'aimerais le voir !' »
"and I said, 'Without doubt I would like to see him!'"
« — Mais qui me conduira à lui ? J'ai demandé"
"'but who will take me to him?' I asked"
« et il me dit : 'Je vais te prendre'. »
"and he said to me, 'I will take you,'"
« et je lui ai dit : 'Comment allez-vous me prendre ?' »
"and I said to him, 'How will you take me?'"
« Et il m'a dit : 'Monte sur mon dos'. »
"and he said to me, 'Get on my back,'"
« Et ainsi nous avons volé toute cette nuit »
"and so we flew through all that night"
« Et puis le matin, il y avait tous les pêcheurs »
"and then in the morning there were all the fishermen"
« Et les pêcheurs regardaient vers la mer »
"and the fishermen were looking out to sea"
et l'un d'eux m'a dit : 'Il y a un pauvre homme dans une barque'
"and one said to me, 'There is a poor man in a boat'"

« il est sur le point de se noyer »
"he is on the point of being drowned"
et je vous ai reconnu tout de suite, même à cette distance
"and I recognized you at once, even at that distance
« Parce que mon cœur m'a dit que c'était toi »
"because my heart told me that it was you"
« et j'ai fait des signes pour que tu retournes à terre »
"and I made signs so that you would return to land"
— **Je vous ai reconnu aussi, dit Geppetto**
"I also recognized you," said Geppetto
« et je serais volontiers retourné sur le rivage »
"and I would willingly have returned to the shore"
mais qu'allais-je faire si loin en mer ?
"but what was I to do so far out at sea?"
« La mer était extrêmement en colère ce jour-là »
"The sea was tremendously angry that day"
« Et une grande vague est venue et a renversé mon bateau »
"and a great wave came over and upset my boat"
« Puis j'ai vu l'horrible chien-poisson »
"Then I saw the horrible Dog-Fish"
« et l'horrible Chien-Poisson m'a vu aussi »
"and the horrible Dog-Fish saw me too"
« et c'est ainsi que l'horrible Chien-Poisson est venu à moi »
"and so the horrible Dog-Fish came to me"
« Et il a tiré la langue et m'a avalé »
"and he put out his tongue and swallowed me"
« comme si j'avais été une petite tarte aux pommes »
"as if I had been a little apple tart"
« Et depuis combien de temps êtes-vous enfermé ici ? »
"And how long have you been shut up here?"
« Ce jour-là, ça devait être il y a près de deux ans »
"that day must have been nearly two years ago"
« Deux ans, mon cher Pinocchio, dit-il
"two years, my dear Pinocchio," he said
« Ces deux années m'ont semblé deux siècles ! »
"those two years seemed like two centuries!"
« Et comment avez-vous réussi à vivre ? »

"And how have you managed to live?"
« Et où avez-vous trouvé la bougie ? »
"And where did you get the candle?"
« Et d'où sont les allumettes pour la bougie ?
"And from where are the matches for the candle?
« Arrête, et je te dirai tout »
"Stop, and I will tell you everything"
« Je n'étais pas le seul en mer ce jour-là »
"I was not the only one at sea that day"
« La tempête avait également renversé un navire marchand »
"the storm had also upset a merchant vessel"
« Les marins du navire ont tous été sauvés »
"the sailors of the vessel were all saved"
« mais la cargaison du navire a coulé au fond »
"but the cargo of the vessel sunk to the bottom"
« le Chien-Poisson avait un excellent appétit ce jour-là »
"the Dog-Fish had an excellent appetite that day"
« Après m'avoir avalé, il a avalé le récipient »
"after swallowing me he swallowed the vessel"
« Comment a-t-il avalé tout le récipient ? »
"How did he swallow the entire vessel?"
« Il a avalé tout le bateau d'une seule bouchée »
"He swallowed the whole boat in one mouthful"
« La seule chose qu'il a recrachée était le mât »
"the only thing that he spat out was the mast"
« il s'était coincé entre ses dents comme une arête de poisson »
"it had stuck between his teeth like a fish-bone"
« Heureusement pour moi, le navire était complètement chargé »
"Fortunately for me, the vessel was fully laden"
« Il y avait des viandes en conserve dans des boîtes, des biscuits »
"there were preserved meats in tins, biscuit"
« Et il y avait des bouteilles de vin et des raisins secs »
"and there were bottles of wine and dried raisins"
« et j'avais du fromage, du café et du sucre »

"and I had cheese and coffee and sugar"
« Et avec les bougies il y avait des boîtes d'allumettes »
"and with the candles were boxes of matches"
« Avec cela, j'ai pu vivre pendant deux ans »
"With this I have been able to live for two years"
« Mais je suis arrivé au bout de mes ressources »
"But I have arrived at the end of my resources"
« Il n'y a plus rien dans le garde-manger »
"there is nothing left in the larder"
« Et cette bougie est la dernière qui reste »
"and this candle is the last that remains"
« Et après cela, que ferons-nous ? »
"And after that what will we do?"
« Oh mon cher enfant, Pinocchio », s'écria-t-il
"oh my dear boy, Pinocchio," he cried
« Après cela, nous resterons tous les deux dans l'obscurité »
"After that we shall both remain in the dark"
« Alors, cher petit papa, il n'y a pas de temps à perdre »
"Then, dear little papa there is no time to lose"
« Il faut penser à un moyen de s'échapper »
"We must think of a way of escaping"
« À quel moyen de nous échapper pouvons-nous penser ? »
"what way of escaping can we think of?"
« Nous devons nous échapper par la bouche de l'Aiguillat Commun »
"We must escape through the mouth of the Dog-Fish"
« Nous devons nous jeter à la mer et nous éloigner à la nage »
"we must throw ourselves into the sea and swim away"
« Tu parles bien, mon cher Pinocchio »
"You talk well, my dear Pinocchio"
« mais je ne sais pas nager »
"but I don't know how to swim"
— Qu'est-ce que cela fait ? répondit Pinocchio
"What does that matter?" replied Pinocchio
« Je suis un bon nageur », suggéra-t-il
"I am a good swimmer," he suggested

« Tu peux te mettre sur mes épaules »
"you can get on my shoulders"
et je vous porterai sain et sauf jusqu'au rivage.
"and I will carry you safely to shore"
— Que des illusions, mon garçon ! répondit Geppetto
"All illusions, my boy!" replied Geppetto
et il secoua la tête avec un sourire mélancolique
and he shook his head with a melancholy smile
mon cher Pinocchio, tu es à peine un mètre de haut.
"my dear Pinocchio, you are scarcely a yard high"
« Comment peux-tu nager avec moi sur tes épaules ? »
"how could you swim with me on your shoulders?"
« Essayez-le et vous verrez ! » répondit Pinocchio
"Try it and you will see!" replied Pinocchio
Sans un mot de plus, Pinocchio prit la bougie
Without another word Pinocchio took the candle
« Suivez-moi, et n'ayez pas peur »
"Follow me, and don't be afraid"
et ils se promenèrent quelque temps à travers le Chien-Poisson
and they walked for some time through the Dog-Fish
ils marchaient jusqu'au ventre
they walked all the way through the stomach
et c'est là que la gorge de l'Aiguillat a commencé
and they were where the Dog-Fish's throat began
et là ils pensèrent qu'ils feraient mieux de s'arrêter
and here they thought they should better stop
et ils ont pensé au meilleur moment pour s'échapper
and they thought about the best moment for escaping
Maintenant, je dois vous dire que le Chien-Poisson était très vieux
Now, I must tell you that the Dog-Fish was very old
et il souffrait d'asthme et de palpitations cardiaques
and he suffered from asthma and heart palpitations
il fut donc obligé de dormir la bouche ouverte
so he was obliged to sleep with his mouth open
et à travers sa bouche ils pouvaient voir le ciel étoilé

and through his mouth they could see the starry sky
et la mer était éclairée par un beau clair de lune
and the sea was lit up by beautiful moonlight
Pinocchio se tourna prudemment et tranquillement vers son père
Pinocchio carefully and quietly turned to his father
« C'est le moment de s'échapper », lui murmura-t-il
"This is the moment to escape," he whispered to him
« le chien-poisson dort comme un loir »
"the Dog-Fish is sleeping like a dormouse"
« La mer est calme, et elle est aussi légère que le jour »
"the sea is calm, and it is as light as day"
« Suis-moi, cher papa », lui dit-il
"follow me, dear papa," he told him
« et dans peu de temps nous serons en sécurité »
"and in a short time we shall be in safety"
ils grimpèrent dans la gorge du monstre marin
they climbed up the throat of the sea-monster
et bientôt ils atteignirent son immense bouche
and soon they reached his immense mouth
alors ils se mirent à marcher sur la pointe des pieds le long de sa langue
so they began to walk on tiptoe down his tongue
ils étaient sur le point de faire le saut final
they were about to make the final leap
La marionnette se tourna vers son père
the puppet turned around to his father
« Monte sur mes épaules, cher papa », murmura-t-il
"Get on my shoulders, dear Papa," he whispered
« Et mets tes bras serrés autour de mon cou »
"and put your arms tightly around my neck"
« Je m'occuperai du reste », a-t-il promis
"I will take care of the rest," he promised
bientôt Geppetto fut fermement installé sur les épaules de son fils
soon Geppetto was firmly settled on his son's shoulders
Pinocchio prit un moment pour prendre son courage à deux

mains
Pinocchio took a moment to build up courage
puis il se jeta à l'eau
and then he threw himself into the water
et commença à nager loin du Chien-Poisson
and began to swim away from the Dog-Fish
La mer était aussi lisse que l'huile
The sea was as smooth as oil
la lune brillait brillamment dans le ciel
the moon shone brilliantly in the sky
et le Chien-Poisson dormait profondément
and the Dog-Fish was in deep sleep
même les canons ne l'auraient pas réveillé
even cannons wouldn't have awoken him

Pinocchio cesse enfin d'être une marionnette et devient un garçon
Pinocchio at last Ceases to be a Puppet and Becomes a Boy

Pinocchio nageait rapidement vers le rivage
Pinocchio was swimming quickly towards the shore
Geppetto avait les jambes sur les épaules de son fils
Geppetto had his legs on his son's shoulders
mais Pinocchio découvrit que son père tremblait
but Pinocchio discovered his father was trembling
il frissonnait de froid comme s'il avait de la fièvre
he was shivering from cold as if in a fever
mais le froid n'était pas la seule cause de son tremblement
but cold was not the only cause of his trembling
Pinocchio pensait que la cause du tremblement était la peur
Pinocchio thought the cause of the trembling was fear
et la marionnette essaya de réconforter son père
and the Puppet tried to comfort his father
« Courage, papa ! Tu vois comme je sais nager ? »
"Courage, papa! See how well I can swim?"
« Dans quelques minutes, nous serons en sécurité à terre. »

"In a few minutes we shall be safely on shore"
mais son père avait un point de vue plus élevé
but his father had a higher vantage point
« Mais où est ce rivage béni ? »
"But where is this blessed shore?"
et il devint encore plus effrayé
and he became even more frightened
et il plissa les yeux comme un tailleur
and he screwed up his eyes like a tailor
lorsqu'ils enfilent de la ficelle dans une aiguille
when they thread string through a needle
« J'ai regardé dans toutes les directions »
"I have been looking in every direction"
« et je ne vois que le ciel et la mer »
"and I see nothing but the sky and the sea"
« Mais je vois aussi le rivage », dit la marionnette
"But I see the shore as well," said the puppet
« Tu dois savoir que je suis comme un chat »
"You must know that I am like a cat"
« Je vois mieux la nuit que le jour »
"I see better by night than by day"
Le pauvre Pinocchio faisait semblant
Poor Pinocchio was making a pretence
Il essayait de faire preuve d'optimisme
he was trying to show optimism
mais en réalité il commençait à se sentir découragé
but in reality he was beginning to feel discouraged
ses forces lui manquaient rapidement
his strength was failing him rapidly
et il haletait et haletait
and he was gasping and panting for breath
Il ne pouvait plus nager beaucoup plus loin
He could not swim much further anymore
et le rivage était encore loin
and the shore was still far off
Il nagea jusqu'à ce qu'il n'ait plus de souffle
He swam until he had no breath left

puis il tourna la tête vers Geppetto
and then he turned his head to Geppetto
« Papa, aide-moi, je me meurs ! » dit-il
"Papa, help me, I am dying!" he said
Le père et le fils étaient sur le point de se noyer
The father and son were on the point of drowning
mais ils entendirent une voix comme une guitare désaccordée
but they heard a voice like an out of tune guitar
« Qui est celui qui meurt ? » demanda la voix
"Who is it that is dying?" said the voice
« C'est moi et mon pauvre père ! »
"It is I, and my poor father!"
« Je connais cette voix ! Tu es Pinocchio ! »
"I know that voice! You are Pinocchio!"
« Précisément ; et toi ? demanda Pinocchio
"Precisely; and you?" asked Pinocchio
« Je suis le thon », dit son compagnon de prison
"I am the Tunny Fish," said his prison companion
« nous nous sommes rencontrés dans le corps de l'Aiguillat Commun »
"we met in the body of the Dog-Fish"
« Et comment avez-vous réussi à vous échapper ? »
"And how did you manage to escape?"
« J'ai suivi ton exemple »
"I followed your example"
« Tu m'as montré la route »
"You showed me the road"
« et je me suis échappé après toi »
"and I escaped after you"
« Thon Poisson, tu es arrivé au bon moment ! »
"Tunny Fish, you have arrived at the right moment!"
« Je vous implore de nous aider ou nous sommes morts »
"I implore you to help us or we are dead"
« Je t'aiderai volontiers de tout mon cœur »
"I will help you willingly with all my heart"
« Vous devez, tous les deux, saisir ma queue »

"You must, both of you, take hold of my tail"
« Laissez-moi vous guider
"leave it to me to guide you
« Je vous emmènerai tous les deux à terre dans quatre minutes »
"I will take you both on shore in four minutes"
Je n'ai pas besoin de vous dire à quel point ils étaient heureux
I don't need to tell you how happy they were
Geppetto et Pinocchio acceptèrent immédiatement l'offre
Geppetto and Pinocchio accepted the offer at once
Mais attraper la queue n'était pas le plus confortable
but grabbing the tail was not the most comfortable
alors ils montèrent sur le dos du thon
so they got on the Tunny Fish's back

Le Thon n'a en effet pris que quatre minutes
The Tunny Fish did indeed take only four minutes
Pinocchio a été le premier à sauter sur la terre ferme
Pinocchio was the first to jump onto the land
De cette façon, il pourrait aider son père à se débarrasser du poisson
that way he could help his father off the fish
Il se tourna alors vers son ami le Thon Fish
He then turned to his friend the Tunny Fish
« Mon ami, tu as sauvé la vie de mon papa »
"My friend, you have saved my papa's life"
La voix de Pinocchio était pleine d'émotions profondes
Pinocchio's voice was full of deep emotions
« Je ne trouve pas de mots pour vous remercier comme il se doit »
"I can find no words with which to thank you properly"
« Permettez-moi au moins de vous embrasser »
"Permit me at least to give you a kiss"
c'est un signe de ma reconnaissance éternelle !
"it is a sign of my eternal gratitude!"
Le thon sortit la tête de l'eau
The Tunny put his head out of the water
et Pinocchio s'agenouilla sur le bord du rivage
and Pinocchio knelt on the edge of the shore
et il l'embrassa tendrement sur la bouche
and he kissed him tenderly on the mouth
Le thon n'était pas habitué à une affection aussi chaleureuse
The Tunny Fish was not used to such warm affection
Il se sentait à la fois très touché, mais aussi honteux
he felt both very touched, but also ashamed
parce qu'il s'était mis à pleurer comme un petit enfant
because he had started crying like a small child
et il replongea dans l'eau et disparut
and he plunged back into the water and disappeared
À ce moment-là, le jour s'était levé
By this time the day had dawned
Geppetto avait à peine le souffle pour se tenir debout

Geppetto had scarcely breath to stand
« Appuyez-vous sur mon bras, cher papa, et laissez-nous partir »
"Lean on my arm, dear papa, and let us go"
« Nous marcherons très lentement, comme les fourmis »
"We will walk very slowly, like the ants"
« Et quand nous sommes fatigués, nous pouvons nous reposer au bord du chemin »
"and when we are tired we can rest by the wayside"
« Et où irons-nous ? » demanda Geppetto
"And where shall we go?" asked Geppetto
« Cherchons une maison ou un chalet »
"let us search for some house or cottage"
« Là, ils nous donneront un peu de charité »
"there they will give us some charity"
« Peut-être recevrons-nous une bouchée de pain »
"perhaps we will receive a mouthful of bread"
« et un peu de paille pour servir de lit »
"and a little straw to serve as a bed"
Pinocchio et son père n'avaient pas marché très loin
Pinocchio and his father hadn't walked very far
ils avaient vu deux individus à l'air méchant
they had seen two villainous-looking individuals
le Chat et le Renard étaient sur la route en train de mendier
the Cat and the Fox were at the road begging

mais ils étaient à peine reconnaissables
but they were scarcely recognizable
le chat avait feint la cécité toute sa vie
the Cat had feigned blindness all her life
et maintenant elle devenait aveugle en réalité
and now she became blind in reality
et un sort semblable a dû arriver au Renard
and a similar fate must have met the Fox
sa fourrure était devenue vieille et galeuse
his fur had gotten old and mangy
un de ses côtés était paralysé
one of his sides was paralyzed
et il n'avait même plus sa queue
and he had not even his tail left
il était tombé dans la misère la plus sordide
he had fallen in the most squalid of misery
et un beau jour, il fut obligé de vendre sa queue
and one fine day he was obliged to sell his tail
un colporteur ambulant a acheté sa belle queue
a travelling peddler bought his beautiful tail
et maintenant sa queue servait à chasser les mouches
and now his tail was used for chasing away flies
« Oh ! Pinocchio ! » s'écria le Renard
"Oh, Pinocchio!" cried the Fox
« Donnez un peu en charité à deux pauvres et infirmes »
"give a little in charity to two poor, infirm people"
« Des infirmes, répéta le Chat
"Infirm people," repeated the Cat
« Allez-vous-en, imposteurs ! » répondit la marionnette
"Be gone, impostors!" answered the puppet
« Tu m'as trompé une fois avec tes trucs »
"You fooled me once with your tricks"
« Mais tu ne m'attraperas plus jamais »
"but you will never catch me again"
« cette fois, tu dois nous croire, Pinocchio »
"this time you must believe us, Pinocchio"
nous sommes maintenant pauvres et malheureux !

"we are now poor and unfortunate indeed!"
« Si vous êtes pauvre, vous le méritez »
"If you are poor, you deserve it"
et Pinocchio leur demanda de se souvenir d'un proverbe
and Pinocchio asked them to recollect a proverb
« L'argent volé ne fructifie jamais »
"Stolen money never fructifies"
« Allez-vous-en, imposteurs ! » leur dit-il
"Be gone, impostors!" he told them
Et Pinocchio et Geppetto s'en allèrent en paix
And Pinocchio and Geppetto went their way in peace
bientôt ils eurent encore fait une centaine de mètres
soon they had gone another hundred yards
ils ont vu un chemin menant à un champ
they saw a path going into a field
et dans le champ ils virent une jolie petite cabane
and in the field they saw a nice little hut
La hutte était faite de tuiles, de paille et de briques
the hut was made from tiles and straw and bricks
« Cette cabane doit être habitée par quelqu'un »
"That hut must be inhabited by someone"
« Allons frapper à la porte »
"Let us go and knock at the door"
alors ils allèrent frapper à la porte
so they went and knocked at the door
De la hutte vint une petite voix
from in the hut came a little voice
« Qui est là ? » demanda la petite voix
"who is there?" asked the little voice
Pinocchio répondit à la petite voix
Pinocchio answered to the little voice
« Nous sommes un père et un fils pauvres »
"We are a poor father and son"
« Nous sommes sans pain et sans toit »
"we are without bread and without a roof"
La même petite voix parla de nouveau :
the same little voice spoke again:

« Tournez la clé et la porte s'ouvrira »
"Turn the key and the door will open"
Pinocchio tourna la clé et la porte s'ouvrit
Pinocchio turned the key and the door opened
Ils entrèrent et regardèrent autour d'eux
They went in and looked around
ils regardaient ici, là et partout
they looked here, there, and everywhere
mais ils ne voyaient personne dans la hutte
but they could see no one in the hut
Pinocchio fut très surpris que la cabane fût vide
Pinocchio was much surprised the hut was empty
« Oh ! Où est le maître de la maison ? »
"Oh! where is the master of the house?"
« Me voici, ici ! » dit la petite voix
"Here I am, up here!" said the little voice
Le père et le fils levèrent les yeux vers le plafond
The father and son looked up to the ceiling
et sur une poutre, ils virent le petit grillon qui parlait
and on a beam they saw the talking little Cricket
« Oh, mon cher petit grillon ! » dit Pinocchio
"Oh, my dear little Cricket!" said Pinocchio
et Pinocchio s'inclina poliment devant le petit grillon
and Pinocchio bowed politely to the little Cricket
— Ah ! maintenant tu m'appelles ton cher petit grillon"
"Ah! now you call me your dear little Cricket"
« Mais te souviens-tu de notre première rencontre ? »
"But do you remember when we first met?"
« Tu voulais que je parte de ta maison »
"you wanted me gone from your house"
« Et tu m'as jeté le manche d'un marteau »
"and you threw the handle of a hammer at me"
« Tu as raison, petit Grillon ! Chassez-moi aussi ! »
"You are right, little Cricket! Chase me away also!"
« Lance-moi le manche d'un marteau »
"Throw the handle of a hammer at me"
« Mais s'il vous plaît, ayez pitié de mon pauvre papa »

"but please, have pity on my poor papa"
« J'aurai pitié du père et du fils »
"I will have pity on both father and son"
mais je voulais vous rappeler mes mauvais traitements.
"but I wished to remind you my ill treatment"
« les mauvais traitements que j'ai reçus de votre part »
"the ill treatment I received from you"
« Mais il y a une leçon que je veux que tu apprennes »
"but there's a lesson I want you to learn"
« La vie dans ce monde n'est pas toujours facile »
"life in this world is not always easy"
« Dans la mesure du possible, nous devons être courtois envers tout le monde »
"when possible, we must be courteous to everyone"
« Ce n'est qu'ainsi que nous pouvons nous attendre à recevoir de la courtoisie »
"only so can we expect to receive courtesy"
« Parce que nous ne savons jamais quand nous pourrions être dans le besoin »
"because we never know when we might be in need"
« Tu as raison, petit Grillon, tu as raison »
"You are right, little Cricket, you are right"
et je garderai à l'esprit la leçon que vous m'avez enseignée.
"and I will bear in mind the lesson you have taught me"
« Mais dites-moi comment vous avez réussi à acheter cette belle cabane »
"But tell me how you managed to buy this beautiful hut"
« Cette cabane m'a été donnée hier »
"This hut was given to me yesterday"
« Le propriétaire de la cabane était une chèvre »
"the owner of the hut was a goat"
« et elle avait une laine d'une belle couleur bleue »
"and she had wool of a beautiful blue colour"
Pinocchio devint vif et curieux à cette nouvelle
Pinocchio grew lively and curious at this news
« Et où est passée la chèvre ? » demanda Pinocchio
"And where has the goat gone?" asked Pinocchio

« Je ne sais pas où elle est allée »
"I do not know where she has gone"
« Et quand la chèvre reviendra-t-elle ? » demanda Pinocchio
"And when will the goat come back?" asked Pinocchio
« Oh, elle ne reviendra jamais, j'en ai peur »
"oh she will never come back, I'm afraid"
« Elle est partie hier dans un grand chagrin »
"she went away yesterday in great grief"
« Ses bêlements semblaient vouloir dire quelque chose »
"her bleating seemed to want to say something"
« Pauvre Pinocchio ! Je ne le reverrai jamais"
"Poor Pinocchio! I shall never see him again"
« à présent, le Chien-Poisson doit l'avoir dévoré ! »
"by now the Dog-Fish must have devoured him!"
« La chèvre a-t-elle vraiment dit ça ? »
"Did the goat really say that?"
« Puis c'était elle, la chèvre bleue »
"Then it was she, the blue goat"
— C'était ma chère petite fée, s'écria Pinocchio
"It was my dear little Fairy," exclaimed Pinocchio
et il pleurait et sanglotait des larmes amères
and he cried and sobbed bitter tears
Quand il eut pleuré pendant un certain temps, il s'essuya les yeux
When he had cried for some time he dried his eyes
et il prépara un lit de paille confortable pour Geppetto
and he prepared a comfortable bed of straw for Geppetto
Puis il a demandé au Grillon plus d'aide
Then he asked the Cricket for more help
« Dis-moi, petit Grillon, s'il te plaît »
"Tell me, little Cricket, please"
« où puis-je trouver un gobelet de lait »
"where can I find a tumbler of milk"
« Mon pauvre papa n'a pas mangé de la journée »
"my poor papa has not eaten all day"
« Trois champs d'ici vit un jardinier »
"Three fields from here there lives a gardener"

« le jardinier s'appelle Giangio »
"the gardener is called Giangio"
« Et dans son jardin, il a aussi des vaches »
"and in his garden he also has cows"
« Il vous laissera avoir le lait que vous voulez »
"he will let you have the milk you want"
Pinocchio a couru jusqu'à la maison de Giangio
Pinocchio ran all the way to Giangio's house
et le jardinier lui demanda :
and the gardener asked him:
« Combien de lait veux-tu ? »
"How much milk do you want?"
— Je veux un gobelet, répondit Pinocchio
"I want a tumblerful," answered Pinocchio
« Un verre de lait coûte cinq centimes »
"A tumbler of milk costs five cents"
« Commencez par me donner les cinq cents »
"Begin by giving me the five cents"
— Je n'ai même pas un sou, répondit Pinocchio
"I have not even one cent," replied Pinocchio
et il était affligé d'être si sans le sou
and he was grieved from being so penniless
— C'est mauvais, marionnette, répondit le jardinier
"That is bad, puppet," answered the gardener
« Si tu n'as pas un sou, je n'ai pas une goutte de lait »
"If you have not one cent, I have not a drop of milk"
— Il faut que j'aie de la patience ! dit Pinocchio
"I must have patience!" said Pinocchio
et il se retourna pour repartir
and he turned to go again
« Attendez un peu, dit Giangio
"Wait a little," said Giangio
« Nous pouvons nous entendre ensemble »
"We can come to an arrangement together"
« Voulez-vous entreprendre de faire tourner la machine à pomper ? »
"Will you undertake to turn the pumping machine?"

« Qu'est-ce que la machine à pomper ? »
"What is the pumping machine?"
« C'est une sorte de vis en bois »
"It is a kind of wooden screw"
« Il sert à puiser l'eau de la citerne »
"it serves to draw up the water from the cistern"
« Et puis ça arrose les légumes »
"and then it waters the vegetables"
« Je peux essayer de faire tourner la machine de pompage »
"I can try to turn the pumping machine"
« Super, j'ai besoin d'une centaine de seaux d'eau »
"great, I need a hundred buckets of water"
« Et pour le travail, tu auras un gobelet de lait »
"and for the work you'll get a tumbler of milk"
« nous avons un accord », a confirmé Pinocchio
"we have an agreement," confirmed Pinocchio
Giangio conduisit ensuite Pinocchio au potager
Giangio then led Pinocchio to the kitchen garden
et il lui apprit à faire tourner la machine à pomper
and he taught him how to turn the pumping machine
Pinocchio se mit immédiatement au travail
Pinocchio immediately began to work
Mais cent seaux d'eau, c'était beaucoup de travail
but a hundred buckets of water was a lot of work
la sueur coulait de sa tête
the perspiration was pouring from his head
Jamais auparavant il n'avait subi une telle fatigue
Never before had he undergone such fatigue
le jardinier vint voir les progrès de Pinocchio
the gardener came to see Pinocchio's progress
« Mon petit âne faisait ce travail »
"my little donkey used to do this work"
« Mais le pauvre animal se meurt »
"but the poor animal is dying"
— Voulez-vous m'emmener le voir ? dit Pinocchio
"Will you take me to see him?" said Pinocchio
« Bien sûr, s'il vous plaît, venez voir mon petit âne »

"sure, please come to see my little donkey"
Pinocchio entra dans l'écurie
Pinocchio went into the stable
et il vit un beau petit âne
and he saw a beautiful little donkey
mais l'âne était étendu sur la paille
but the donkey was stretched out on the straw
il était épuisé par la faim et le surmenage
he was worn out from hunger and overwork
Pinocchio fut très troublé par ce qu'il vit
Pinocchio was much troubled by what he saw
« Je suis sûr que je connais ce petit âne ! »
"I am sure I know this little donkey!"
« Son visage n'est pas nouveau pour moi »
"His face is not new to me"
et Pinocchio s'approcha du petit âne
and Pinocchio came closer to the little Donkey
et il lui parla en langage stupide :
and he spoke to him in asinine language:
« Qui es-tu ? » demanda Pinocchio
"Who are you?" asked Pinocchio
Le petit âne ouvrit ses yeux mourants
the little donkey opened his dying eyes
et il répondit en paroles entrecoupées dans la même langue :
and he answered in broken words in the same language:
« Je... suis... Mèche de bougie"
"I... am... Candle-wick"
Et, ayant de nouveau fermé les yeux, il mourut
And, having again closed his eyes, he died
« Oh, pauvre Mèche de bougie ! » dit Pinocchio
"Oh, poor Candle-wick!" said Pinocchio
et il prit une poignée de paille
and he took a handful of straw
et il sécha une larme qui coulait sur son visage
and he dried a tear rolling down his face
le jardinier avait vu Pinocchio pleurer
the gardener had seen Pinocchio cry

« **Pleurez-vous un âne mort ?** »
"Do you grieve for a dead donkey?"
« **Ce n'était même pas ton âne** »
"it was not even your donkey"
« **Imaginez ce que je dois ressentir** »
"imagine how I must feel"
Pinocchio a essayé d'expliquer son chagrin
Pinocchio tried to explain his grief
— **Je dois vous dire qu'il était mon ami !**
"I must tell you, he was my friend!"
« **Votre ami ?** » **se demanda le jardinier**
"Your friend?" wondered the gardener
— **Oui, un de mes camarades d'école !**
"yes, one of my school-fellows!"
« **Comment ?** » **cria Giangio en riant bruyamment**
"How?" shouted Giangio, laughing loudly
— **Aviez-vous des ânes pour camarades d'école ?**
"Did you have donkeys for school-fellows?"
« **Je peux imaginer la merveilleuse école où tu es allé !** »
"I can imagine the wonderful school you went to!"
La marionnette se sentit mortifiée par ces mots
The puppet felt mortified at these words
mais Pinocchio ne répondit pas au jardinier
but Pinocchio did not answer the gardener
Il prit son gobelet de lait chaud
he took his warm tumbler of milk
et il retourna à la hutte
and he returned back to the hut
pendant plus de cinq mois, il se leva à l'aube
for more than five months he got up at daybreak
Chaque matin, il tournait la machine à pomper
every morning he turned the pumping machine
et chaque jour, il gagnait un verre de lait
and each day he earned a tumbler of milk
le lait était d'un grand bénéfice pour son père
the milk was of great benefit to his father
parce que son père était en mauvaise santé

because his father was in a bad state of health
mais Pinocchio se contentait maintenant de travailler
but Pinocchio was now satisfied with working
pendant la journée, il avait encore le temps
during the daytime he still had time
il apprit donc à faire des paniers de joncs
so he learned to make baskets of rushes
et il vendit les paniers au marché
and he sold the baskets in the market
et l'argent couvrait toutes leurs dépenses
and the money covered all their expenses
il construisit également un élégant petit fauteuil roulant
he also constructed an elegant little wheel-chair
et il emmena son père dans le fauteuil roulant
and he took his father out in the wheel-chair
et son père a pu respirer de l'air frais
and his father got to breathe fresh air
Pinocchio était un garçon travailleur
Pinocchio was a hard working boy
et il était ingénieux pour trouver du travail
and he was ingenious at finding work
Il a non seulement réussi à aider son père
he not only succeeded in helping his father
Mais il a également réussi à économiser cinq dollars
but he also managed to save five dollars
Un matin, il dit à son père :
One morning he said to his father:
« Je vais au marché voisin »
"I am going to the neighbouring market"
« Je vais m'acheter une nouvelle veste »
"I will buy myself a new jacket"
« et j'achèterai une casquette et une paire de chaussures »
"and I will buy a cap and pair of shoes"
et Pinocchio était de bonne humeur
and Pinocchio was in jolly spirits
« quand je reviendrai, vous penserez que je suis un gentleman »

"when I return you'll think I'm a gentleman"
Et il se mit à courir gaiement et joyeusement
And he began to run merrily and happily along
Tout à coup, il s'entendit appeler par son nom
All at once he heard himself called by name
Il s'est retourné et qu'a-t-il vu ?
he turned around and what did he see?
il vit un escargot rampant hors de la haie
he saw a Snail crawling out from the hedge
« Ne me connaissez-vous pas ? » demanda l'Escargot
"Do you not know me?" asked the Snail
« Je suis sûr de vous connaître », pensa Pinocchio
"I'm sure I know you," thought Pinocchio
« et pourtant je ne sais pas d'où je te connais »
"and yet I don't know from where I know you"
« Tu ne te souviens pas de l'escargot ? »
"Do you not remember the Snail?"
« l'escargot qui était une femme de chambre »
"the Snail who was a lady's-maid"
« une servante de la fée aux cheveux bleus »
"a maid to the Fairy with blue hair"
« Ne te souviens-tu pas quand tu as frappé à la porte ? »
"Do you not remember when you knocked on the door?"
« et je suis descendu pour te laisser entrer »
"and I came downstairs to let you in"
« Et tu as eu le pied coincé dans la porte »
"and you had your foot caught in the door"
— Je me souviens de tout, s'écria Pinocchio
"I remember it all," shouted Pinocchio
« Dis-moi vite, mon beau petit escargot »
"Tell me quickly, my beautiful little Snail"
« Où as-tu laissé, ma bonne fée ? »
"where have you left my good Fairy?"
« Qu'est-ce qu'elle fait ? »
"What is she doing?"
« M'a-t-elle pardonné ? »
"Has she forgiven me?"

« Est-ce qu'elle se souvient encore de moi ? »
"Does she still remember me?"
« Est-ce qu'elle me veut toujours du bien ? »
"Does she still wish me well?"
« Est-elle loin d'ici ? »
"Is she far from here?"
« Puis-je aller la voir ? »
"Can I go and see her?"
C'était beaucoup de questions pour un escargot
these were a lot of questions for a snail
mais elle répondit de sa manière flegmatique habituelle
but she replied in her usual phlegmatic manner
« Mon cher Pinocchio, » dit l'escargot
"My dear Pinocchio," said the snail
la pauvre fée est couchée dans son lit à l'hôpital !
"the poor Fairy is lying in bed at the hospital!"
— À l'hôpital ? s'écria Pinocchio
"At the hospital?" cried Pinocchio
— Ce n'est que trop vrai, confirma l'escargot
"It is only too true," confirmed the snail
« elle a été rattrapée par mille malheurs »
"she has been overtaken by a thousand misfortunes"
« Elle est tombée gravement malade »
"she has fallen seriously ill"
« Elle n'a même pas de quoi s'acheter une bouchée de pain »
"she has not even enough to buy herself a mouthful of bread"
« Est-ce vraiment vrai ? » s'inquiétait Pinocchio
"Is it really so?" worried Pinocchio
« Oh, quel chagrin vous m'avez donné ! »
"Oh, what sorrow you have given me!"
« Oh, pauvre fée ! Pauvre fée ! Pauvre fée !
"Oh, poor Fairy! Poor Fairy! Poor Fairy!"
« Si j'avais un million, je courrais le lui porter »
"If I had a million I would run and carry it to her"
« mais je n'ai que cinq dollars »
"but I have only five dollars"
« J'allais acheter une nouvelle veste »

"I was going to buy a new jacket"
« Prends mes pièces, bel escargot »
"Take my coins, beautiful Snail"
et portez les pièces tout de suite à ma bonne fée.
"and carry the coins at once to my good Fairy"
— Et votre nouvelle veste ? demanda l'escargot
"And your new jacket?" asked the snail
« Qu'importe ma nouvelle veste ? »
"What matters my new jacket?"
« Je vendrais même ces chiffons pour l'aider »
"I would sell even these rags to help her"
« Vas-y, escargot, et dépêche-toi »
"Go, Snail, and be quick"
« Retour à cet endroit, dans deux jours »
"return to this place, in two days"
« J'espère pouvoir te donner un peu plus d'argent »
"I hope I can then give you some more money"
« Jusqu'à présent, je travaillais pour aider mon papa »
"Up to now I worked to help my papa"
« à partir d'aujourd'hui, je travaillerai cinq heures de plus »
"from today I will work five hours more"
« Pour que je puisse aussi aider ma bonne maman »
"so that I can also help my good mamma"
« Au revoir, Escargot, dit-il
"Good-bye, Snail," he said
« Je t'attendrai dans deux jours »
"I shall expect you in two days"
À ce moment-là, l'escargot fit quelque chose d'inhabituel
at this point the snail did something unusual
elle ne bougeait pas à son rythme habituel
she didn't move at her usual pace
elle courait comme un lézard sur des pierres chaudes
she ran like a lizard across hot stones
Ce soir-là, Pinocchio resta debout jusqu'à minuit
That evening Pinocchio sat up till midnight
et il ne fit pas huit paniers de joncs
and he made not eight baskets of rushes

mais il a fait seize paniers de joncs cette nuit-là
but be made sixteen baskets of rushes that night
Puis il se coucha et s'endormit
Then he went to bed and fell asleep
Et pendant qu'il dormait, il pensait à la fée
And whilst he slept he thought of the Fairy
il vit la fée, souriante et belle
he saw the Fairy, smiling and beautiful
et il rêva qu'elle lui donnait un baiser
and he dreamt she gave him a kiss
« Bien joué, Pinocchio ! » dit la fée
"Well done, Pinocchio!" said the fairy
« Je te pardonnerai tout ce qui est passé »
"I will forgive you for all that is past"
« Pour te récompenser de ton bon cœur »
"To reward you for your good heart"
« Il y a des garçons qui servent tendrement leurs parents »
"there are boys who minister tenderly to their parents"
« ils les aident dans leur misère et leurs infirmités »
"they assist them in their misery and infirmities"
« De tels garçons méritent beaucoup d'éloges et d'affection »
"such boys are deserving of great praise and affection"
« même s'ils ne peuvent pas être cités comme exemples d'obéissance »
"even if they cannot be cited as examples of obedience"
« même si leur bon comportement n'est pas toujours évident »
"even if their good behaviour is not always obvious"
« Essayez de faire mieux à l'avenir et vous serez heureux »
"Try and do better in the future and you will be happy"
À ce moment, son rêve prit fin
At this moment his dream ended
et Pinocchio ouvrit les yeux et s'éveilla
and Pinocchio opened his eyes and awoke
Vous auriez dû être là pour ce qui s'est passé ensuite
you should have been there for what happened next
Pinocchio a découvert qu'il n'était plus une marionnette en

bois
Pinocchio discovered that he was no longer a wooden puppet
mais il était devenu un vrai garçon à la place
but he had become a real boy instead
un vrai garçon comme tous les autres garçons
a real boy just like all other boys
Pinocchio jeta un coup d'œil autour de la pièce
Pinocchio glanced around the room
mais les murs de paille de la hutte avaient disparu
but the straw walls of the hut had disappeared
maintenant il était dans une jolie petite pièce
now he was in a pretty little room
Pinocchio sauta du lit
Pinocchio jumped out of bed
Dans l'armoire, il trouva un nouveau costume
in the wardrobe he found a new suit of clothes
et il y avait une nouvelle casquette et une paire de bottes
and there was a new cap and pair of boots
et ses nouveaux vêtements lui allaient à merveille
and his new clothes fitted him beautifully
Il mit naturellement ses mains dans sa poche
he naturally put his hands in his pocket
et il tira une petite bourse d'ivoire
and he pulled out a little ivory purse
Sur la bourse étaient écrits ces mots :
on on the purse were written these words:
« De la fée aux cheveux bleus »
"From the Fairy with blue hair"
« Je rends les cinq dollars à mon cher Pinocchio »
"I return the five dollars to my dear Pinocchio"
« et je le remercie de son bon cœur »
"and I thank him for his good heart"
Il ouvrit le sac à main pour regarder à l'intérieur
He opened the purse to look inside
mais il n'y avait pas cinq dollars dans la bourse
but there were not five dollars in the purse
à la place, il y avait cinquante pièces d'or brillantes

instead there were fifty shining pieces of gold
les pièces venaient de sortir de la presse monétaire
the coins had come fresh from the minting press
Il alla ensuite se regarder dans le miroir
he then went and looked at himself in the mirror
et il pensait qu'il était quelqu'un d'autre
and he thought he was someone else
car il ne voyait plus son reflet habituel
because he no longer saw his usual reflection
il ne voyait plus de marionnette en bois dans le miroir
he no longer saw a wooden puppet in the mirror
Il a été accueilli par une image différente
he was greeted instead by a different image
l'image d'un garçon brillant et intelligent
the image of a bright, intelligent boy
Il avait les cheveux châtains et les yeux bleus
he had chestnut hair and blue eyes
et il avait l'air aussi heureux que possible
and he looked as happy as can be
comme si c'était les vacances de Pâques
as if it were the Easter holidays
Pinocchio se sentait assez déconcerté par tout cela
Pinocchio felt quite bewildered by it all
il ne pouvait pas dire s'il était vraiment éveillé
he could not tell if he was really awake
Peut-être rêvait-il les yeux ouverts
maybe he was dreaming with his eyes open
« Où peut être mon papa ? » s'écria-t-il soudain
"Where can my papa be?" he exclaimed suddenly
et il entra dans la pièce voisine
and he went into the next room
là, il trouva le vieux Geppetto assez bien
there he found old Geppetto quite well
il était vif et de bonne humeur
he was lively, and in good humour
tout comme il l'avait été auparavant
just as he had been formerly

Il avait déjà repris son métier de sculpteur sur bois
He had already resumed his trade of wood-carving
et il concevait un beau cadre photo
and he was designing a beautiful picture frame
il y avait des feuilles, des fleurs et des têtes d'animaux
there were leaves flowers and the heads of animals
— Satisfaites ma curiosité, cher papa, dit Pinocchio
"Satisfy my curiosity, dear papa," said Pinocchio
et il jeta ses bras autour de son cou
and he threw his arms around his neck
et il le couvrit de baisers
and he covered him with kisses
comment expliquer ce changement soudain ?
"how can this sudden change be accounted for?"
cela vient de toutes vos bonnes actions, répondit Geppetto
"it comes from all your good doing," answered Geppetto
« Comment cela pourrait-il venir de ma bonne action ? »
"how could it come from my good doing?"
« Quelque chose se passe quand les vilains garçons tournent une nouvelle page »
"something happens when naughty boys turn over a new leaf"
« Ils apportent satisfaction et bonheur à leurs familles »
"they bring contentment and happiness to their families"
— Et où s'est caché le vieux Pinocchio en bois ?
"And where has the old wooden Pinocchio hidden himself?"
« Le voilà, » répondit Geppetto
"There he is," answered Geppetto
et il montra une grosse marionnette appuyée contre une chaise
and he pointed to a big puppet leaning against a chair
la marionnette avait la tête d'un côté
the Puppet had its head on one side
ses bras pendaient à ses côtés
its arms were dangling at its sides
et ses jambes étaient croisées et pliées
and its legs were crossed and bent
c'était vraiment un miracle qu'il soit resté debout

it was really a miracle that it remained standing
Pinocchio se retourna et le regarda
Pinocchio turned and looked at it
et il proclama avec une grande complaisance :
and he proclaimed with great complacency:
« Comme j'étais ridicule quand j'étais une marionnette ! »
"How ridiculous I was when I was a puppet!"
« Et comme je suis heureux d'être devenu un petit garçon bien élevé ! »
"And how glad I am that I have become a well-behaved little boy!"

www.ingramcontent.com/pod-product-compliance
Lightning Source LLC
Chambersburg PA
CBHW010019130526
44590CB00048B/3815